"十三五"北京市教育科学规划课题

《经典民间艺术渗透于幼儿艺术活动中的实践研究》成果

艺术综合主题课程 与 幼儿国民认同教育

（音乐卷）

孟昭荣◎著

光明日报出版社

图书在版编目（CIP）数据

艺术综合主题课程与幼儿国民认同教育／孟昭荣著
. ——北京：光明日报出版社，2018.12
ISBN 978－7－5194－4696－3

Ⅰ.①艺… Ⅱ.①孟… Ⅲ.①艺术教育—教学研究—
学前教育 Ⅳ.①G613.5

中国版本图书馆 CIP 数据核字（2018）第 276682 号

艺术综合主题课程与幼儿国民认同教育

YISHU ZONGHE ZHUTI KECHENG YU YOUER GUOMIN RENTONG JIAOYU

著　　者：孟昭荣

责任编辑：宋　悦　　　　　　责任校对：赵鸣鸣
封面设计：中联学林　　　　　责任印制：曹　诤

出版发行：光明日报出版社
地　　址：北京市西城区永安路 106 号，100050
电　　话：010－63131930（邮购）
传　　真：010－67078227，67078255
网　　址：http：//book. gmw. cn
E－mail：songyue@ gmw. cn
法律顾问：北京德恒律师事务所龚柳方律师

印　　刷：三河市华东印刷有限公司
装　　订：三河市华东印刷有限公司
本书如有破损、缺页、装订错误，请与本社联系调换，电话：010－67019571

开　　本：170mm×240mm
字　　数：340 千字　　　　　　印　　张：19.5
版　　次：2019 年 6 月第 1 版　　印　　次：2019 年 6 月第 1 次印刷
书　　号：ISBN 978－7－5194－4696－3
定　　价：68.00 元

编　委　会

序　言

认同感是提升国家凝聚力的根基。随着全球化的不断发展,文化冲突论、文化相对论等后现代文化多元主义思潮对此提出了严峻的挑战,也不断地冲击着我国培养国民认同感的民族性国家教育体系,强调差异性而忽视共同性的理念更是助长了我国港台及边疆地区的民族分离主义势头,西方"文化帝国主义"也常常在全球一体化和民族文化多元化的掩盖下对此进行推波助澜。然而,放眼世界,在全球化的大背景下,民族性国家教育体系仍没有过时,欧美绝大多数国家依然将民族认同与国家认同作为重要的国家教育目的。其中,多元文化整合的教育对于多民族国家构建公民资格的主体性与形成国民认同感起着至关重要的作用,而且这种教育提前到了学前阶段。

《艺术综合主题课程与幼儿国民认同教育(音乐卷)》研究正是在以上背景下提出来的,它是北京市朝阳区京通幼儿园立项的"十三五"北京市教育科学规划课题《经典民间艺术渗透于幼儿艺术活动中的实践研究》成果,是在"十三五"期间开始实施的一项通过多种民间艺术手段提升幼儿国民认同感的教学研究。在2017年短短一年的时间中,京通幼儿园的教师探索出一系列的主题活动课程,通过民间音乐、民间舞蹈等艺术综合主题活动来让幼儿从小就浸润于中国经典艺术作品之中,以美育德,取得了很好的成效。良好的教育成效与京通幼儿园教师长期以来刻苦钻研、勇于实践开展教学研究是密不可分的,我所接触到的京通幼儿园一线教师是一支踏实肯干、勤奋好学的高素质、专业化的教师团队,正是依靠这样一支富有朝气和教育情怀的教师队伍,才能将幼儿主题艺术活动与幼儿国民认同感教育进行较为完美的结合。

　　本书共分为三个部分。第一部分是课程概况与理论基础,京通幼儿园紧扣当前国家强调立德树人、国民认同与加强学校美育的时代背景,以美善相协为理论基础,设计了一套较为完善的民间艺术综合主题活动体系。第二部分是主题活动课程示例,主要精选了一些教师开发的主题活动设计与详细的活动方案,从不同角度来呈现通过民间艺术的手段提升幼儿国民认同感的具体做法。第三部分是主题课程实施策略与教师专业发展策略,主要展示了京通幼儿园通过主题艺术活动实施所获得的基本经验及自主开发出的一系列促进教师专业发展的具体策略,可以为其他幼儿园开展相关活动提供一定程度上的借鉴。

　　21世纪的今天,学前教育正逐渐受到党和国家越来越多的关注,幼儿园教师也必须勇于承担起国家责任,让我们的孩子在人生的起步阶段就能树立起国民意识,增强国民认同感与自豪感。京通幼儿园的探索令我感到十分欣慰,我也希望京通幼儿园的教学探索能够不断迈向新的台阶,取得更为丰硕的教学成果。

朱旭东
2018 年 4 月

目 录
CONTENTS

第一部分　课程概况与理论基础

一、研究背景

1. "把立德树人作为教育的根本任务"

党的十八大提出要"把立德树人作为教育的根本任务",培养德智体美全面发展的社会主义建设者和接班人,重点强调教育应当继承和弘扬中华民族优秀的历史文化传统,吸收人类文明发展的一切优秀成果。

2014 年 4 月,教育部印发了《关于全面深化课程改革　落实立德树人根本任务的意见》,指出在修订课程方案和课程标准时,要增强思想性,有机融入社会主义核心价值观的基本内容和要求,全面传承中华优秀传统文化,充分体现民族特点,帮助学生形成正确的世界观、人生观和价值观。同年 3 月,教育部颁布的《完善中华优秀传统文化教育指导纲要》中指出,开展中华优秀传统文化教育要以弘扬爱国主义精神为核心,以家国情怀教育、社会关爱教育和人格修养教育为重点。其中"家国情怀教育"就是要帮助学生增强国家认同感,培养爱国情感,树立民族自信。而在小学低年级,优秀传统文化教育的重点则是开展启蒙教育,如帮助学生了解传统故事、知道中华民族的重要传统节日、了解家长的生活习俗、初步感受经典的民间艺术等。重点在于培育学生对中华优秀传统文化的亲近感,培养学生热爱中华优秀传统文化的感情。以上党和国家教育方针政策的颁布为我们实施中华传统文化教育及培养学生国家认同感指明了方向。

3. 幼儿国家认同感亟需培养

国家认同感是一个包括许多复杂成分的心理结构系统,其中包括认知和情感两个成分,认知成分主要是指社会成员对国家的历史、文化、地理等方面的了解和认同;情感成分主要是指人们对祖国的归属感、对民族的自豪感等。[1] 20

---

[1]　[美]S. E. Taylor・A・Pepla;D. O. Sears. 社会心理学(第十版)［M］. 谢晓非等译. 北京:北京大学出版社,2004.

世纪 60 年代和 70 年代初期,有关儿童国家认同感的研究开始涌现。根据国外的研究结果显示,儿童从七岁开始出现对自己国家或民族成员的系统性偏爱,但我们在幼儿园观察时却发现,当幼儿见到航天飞船升天时会激动地鼓掌,当见到少数民族服饰的时候会惊异并赞叹它们的美丽,这说明学前期的幼儿已经具有了国家或民族意识的萌芽,教师在学前阶段可以激发并培养幼儿的国家认同感。

另外,《幼儿园教育指导纲要(试行)》在"社会"领域提出的目标之一就是使幼儿"爱父母长辈、老师和同伴,爱集体、爱家乡、爱祖国"。在内容和要求部分,也提出"教师要充分利用社会资源,引导幼儿实际感受祖国文化的丰富与优秀,感受家长的变化和发展,激发幼儿爱家乡、爱祖国的情感。"但反观我们现阶段的幼儿园教育现状,虽然园所和教师都在逐步加强优秀传统文化教育,如端午节组织幼儿包粽子、中秋节带领幼儿做月饼,但是在具体的组织和实施上还存在很多问题。以一典型案例为例:某教师为激发幼儿爱祖国的情感,培养幼儿的国家认同感,特意在国庆节时组织了《为祖国妈妈过生日》的活动,活动当天教师给幼儿讲国庆节的来历,组织幼儿给祖国妈妈唱生日歌,并特意让厨房师傅准备了蛋糕,幼儿参与的积极性很高,进行到最后切蛋糕环节时,部分幼儿不停地向门外张望并问道:祖国妈妈什么时候来啊? 我们马上就要切蛋糕了。可见,虽然幼儿园在某种程度上开展了爱国教育,但在教育的内容与形式上,尤其是课程的设计、组织与实施方面还需要很大的提高,这也是我们开展本课题研究的初衷。

2. 以美育人,加强美育

以美养德、以美启智、以美育人。虽然培养幼儿国家认同感教育属于德育范畴,但单纯地利用说教的方式实施教育功效甚微。1912 年,蔡元培提出"五育并举"教育思想,认为"以公民道德为中坚,盖世界观及美育皆所以完成道德"。① 朱光潜在《谈美感教育》中也提到:"美育为德育的必由之路,是德育的基础功夫。"② 美育与德育、智育、体育相辅相成、相互促进,因此加强幼儿园美育,充分发挥美育教育中的德育功能,对培养幼儿国家认同感具有重要作用。

2015 年,国务院办公厅印发的《国务院办公厅关于全面加强和改进学校美育工作的意见》直接指出"学校美育课程建设要以艺术课程为主体,各学科相互渗透融合。""幼儿园美育要遵循幼儿身心发展规律,通过开展丰富多彩的活动,

---

① 蔡元培. 蔡元培美学文选[M]. 北京:北京大学出版社,1983:169.
② 朱光潜. 朱光潜全集[M]. 北京:中华书局,2012,9:229.

培养幼儿拥有美好、善良的心灵,懂得珍惜美好事物,能用自己的方式去表现美、创造美,使幼儿快乐生活、健康成长。"《3—6岁儿童发展指南》也建议,"要创造条件让幼儿接触多种艺术形式和作品,如经常让幼儿接触适宜的、各种形式的音乐作品,带幼儿观看或共同参与传统民间艺术和地方民俗文化活动"。因此,本研究课题选择以艺术为载体,强调艺术教育的美育导向,充分发挥艺术教育的美育作用,以美育促德育。

经典民间艺术是中华民族的瑰宝,是中华民族文化的重要组成部分,是我们古国文明最富有民族内涵与特征的一大标志。将我国传统文化当中的经典民间艺术渗透于幼儿艺术活动中,以经典民间艺术为载体,设计并组织实施综合主题活动,充分发挥其情感功能、认知功能和表白功能。通过促进幼儿经典民间艺术认知发展和经典民间艺术表达能力的提升及经典民间艺术情感的发展,生发并提升幼儿的国家认同感,进而促进幼儿的品德发展。

二、理论基础——美善相谐

檀传宝教授在《美善相谐的教育》一书中明确提出了"美善相谐"的理论,主要体现在美育和德育的关系上:一是美育和德育是相互作用的,因此可以相互协调、相互支持;二是美育与德育在对主体的精神自由的追求上是一致或相互沟通的。①"美善相谐"理论为本课题的设计、组织与实施提供了坚实的理论基础。

美育,又称审美教育或美感教育。1975年,席勒在《美育书简》中最早确立了"美育"的概念,并把美育作为改变人性、改造社会的唯一途径。艺术教育是美育的核心,是实现美育的主要手段,是审美教育的主要内容和方式,《国务院办公厅关于全面加强和改进学校美育工作的意见》中也直接从艺术教育入手讨论美育。德育,广义的德育包括思想教育、政治教育、道德教育、心理素质教育等,狭义的德育专指道德教育。檀传宝教授强调德育应该是"环境与生长的统一,价值引导与个体价值构建的统一",其将德育定义为"教育工作者组织适合德育对象品德成长的价值环境,促进他们在道德价值理解和道德实践能力等方面不断建构和提升的教育活动"。②

关于美育和德育的关系,可以用相融和相成来解释。相融关系,即美育和德育相互融合成不分你我的一体关系;相成关系,即两者之间相互促进、相互推

① 檀传宝.美善相谐的教育[M].哈尔滨:黑龙江教育出版社,2003,12:156.
② 詹万生.整体构建德育体系研究报告集[M].北京:教育科学出版社,2001,4.

动的关系。

第一,相融关系。美育和德育作为教育的下位概念,只具有相对意义的区别。在现实教育活动中,美育和德育总是以相融的面目存在,如劳动教育,其实质是让学生通过参与劳动培养劳动习惯、获得劳动技能的道德教育,但当看到整洁、干净、漂亮的教室时,学生又会产生审美愉悦,所以很难断定劳动教育是属于德育还是美育。此外,美和善也具有相融性。从客体角度看,美的物体和善的物体是相融的;从心理角度看,审美心理和品德心理也是相融和同一的。

第二,相成关系。可以从美育对德育的促进作用和德育对美育的促成作用两个方面来看。一方面,美育对德育的促进作用。早在两百多年前,美育美学大师希勒就提出了"自然——审美——道德"①的命题,也就是说美育具有育德功能,其原因在于美育活动本身具有某种固有的促进道德成长的"善性"。

一是审美活动的储善性。道德内容的善性内储于主体心理结构,外储于美的事物的形式之中,即审美活动的主体和对象中,审美活动可以将这种内储的"善性"唤醒、外显、现实化。

二是审美活动的导善性。审美活动通过对审美对象的形式关照使人从当前功利走向超功利,由个体走向整体,从而导向或达到善。导善性揭示了审美活动现实的育德意义。

三是审美活动的立善性。立善性主要指审美活动在育德上存在高效性和创造性。首先,审美活动可以在不经意间陶冶德行,并且能创造道德文化教育的第一前提——"精神自由";其次,审美活动能推动道德学习个体的道德创造性的培养。② 除了从审美活动本身的储善性、导善性和立善性的角度来解释之外,还体现在客体事物"真善美"的统一上,而且审美情感、需要、意志等与道德的相应心理成分之间可以相互沟通和促成。

另一方面,德育对美育的促成作用。这种促成作用主要体现在道德教育对教育对象美学观(审美观)的影响上。"一个庸俗的、品质低下的人,是不可能作出很好的审美盘算的""美育的任务之一,是纠正不良的趣味,引导学生同各种低级的、庸俗的审美趣味做斗争"。③ 而个人美学观除了与个人进行的美学学习和修养有关,更和其世界观、道德修养有关。

虽然美育和德育相融相成,但美育的育德功能不等同于纯粹的德育活动本

---

① 蒋孔阳. 美学新论[M]. 人民:人民文学出版社,1993:190.

② 檀传宝. 美善相谐的教育[M]. 哈尔滨:黑龙江教育出版社,2003,12:1-13.

③ 南京师范大学教学教育系编. 教育学[M]. 北京:人民教育出版社,1984,1:340.

身,这主要是因为美育的育德功能是在美育领域内发挥的,不能违背美育的本性和前提。美育的育德功能有其自身的特殊性。首先,美育育德由情感入手促进学生的道德成长。其次,美育育德是整体性的,其强调的是主体对于审美对象的整体理解和把握。再次,美育育德指向整体人格,由整体人格的达成走向道德角色的完成。第四,美育育德功能具有隐形特征,育德功能的发挥体现在对形象的表达和理解上,而不是道德内容和概念的授受。第五,美育育德功能的实质在于创造育德的前提。① 因此,德育活动不应该仅仅借用美育手段,而应该吸收审美精神,形成新的德育观。

所谓"美善相谐的教育",一是在美育和德育的关系上,应当实现美育与德育的相互沟通与协调;二是在整个教育的追求上,合目的性的活动(即善)应当以合目的性与合规律性的统一(即美)的形式去实现,也就是要实现实践活动的真、善、美的高度统一。② 本课题正是在这样的理论基础上设计实施的,以经典民间艺术为载体,通过以艺术为主体的综合主题活动的组织与实施,充分发挥美育教育中的育德功能,通过培养幼儿的艺术欣赏能力、艺术认知能力和艺术表达能力,来激发和培养幼儿的国家认同感,促进幼儿的品德发展,力求在幼儿园阶段实施"美善相谐的教育"。

三、基本原理

1. 主题课程目标为促进幼儿国民认同感的形成

全球化发展在拉动各国经济增长的同时,不同国家的文化也在相互渗透,同时对本国民族文化也产生了冲击。其他国家文化在渗透的过程中,不断弱化民族文化在国家的主导地位,对国家认同感提出了挑战。面对这一挑战,向幼儿与青少年施以国家民族和文化的认同感教育,增强学生对自己国家的归属感与认同感成为当务之急。

国家认同感是指人们对自己的国家成员身份的知悉和接受,包括认识观念与情感评价两个维度。认知维度上的国家认同感主要表现在能意识到自己归属于这个国家,自己的身份在国家内被认可,也包括了人们对自己国家和人群的知识和相关看法。情感评价,涉及人们对于自己国家和人群的情感、情绪和评价等方面③,幼儿与青少年在了解到自己是真正的"中国人",是一名"中国公

①　檀传宝.美善相谐的教育[M].哈尔滨:黑龙江教育出版社,2003,12:25-28.
②　檀传宝.美善相谐的教育[M].哈尔滨:黑龙江教育出版社,2003,12:156.
③　佐斌.论儿童国家认同感的形成[J].教育研究与实验,2000(2):33-37.

民"的同时还会被唤醒内心对自己身份的自豪感与骄傲,即情感层面的认同感,也就是爱国主义意识。

认同感的背后实际是对本民族与其他民族异质性特征的认识,即能够区分自己与其他国家成员的不同之处,能明确指出身为"中国人"与他国之间的差异,加深对本国的了解与认识。认同感可分为国家层面与个人层面两部分。从国家角度来看,认同被认为是国家在国际关系中的特性,即别国对本国的认同;从个人角度而言,可以理解为"个人对所处政治共同体合法性的主动认同,并愿为维护共同体的生存和发展做出贡献"①,即本国成员对国家的认同。在本书中,国家认同感主要是指个人层面的认同,也就是个人对本国与他国之间异质性特征的认识。

国家认同感的形成包括对代表国家自然、历史、人文与当代发展的了解与熟悉,对自己身为国家一员的归属感、自豪感与荣辱感。民族文化是国家认同感形成的主要因素,也是认同感教育的核心部分,文化作为传承历史精华的载体,是凝聚力与认同感的基础,文化中的传统文化是一个民族身份的象征②,当人们对传统文化有了一定的了解和认同,就能对国家产生亲近感与归属感,这一过程便是国家认同感的形成。

青少年与少数民族成员是培养国家认同感的主要对象,这类群体在成长与发展过程中亟需增强对国家和民族的情感,这将有助于当代学生理解中华民族独特的价值观念、历史传统与民族文化,在面对外来文化的冲击时,能根据本国的特点对异质文化进行批判的选择、改造和吸收,为民族的团结和发展发挥重要作用③。但其实,认同感教育从幼儿时期就应该进行,对幼儿施以启蒙式的教育更有利于加深其对国家的认识与接受度。目前我国幼儿的民族文化认同感不高,尤其是随着经济的发展、技术的进步,我国目前的幼儿教育受西方文化的熏陶,从小学习英语,过西方节日,淡化了国家意识和民族情怀。因而,培养幼儿的民族文化认同感十分迫切。《3—6岁幼儿学习与发展指南》中也将民族文化认同感作为幼儿发展的目标之一。

然而,以抽象的民族文化为课程内容,或是在幼儿不了解其他民族文化的情况下教育幼儿,又或接触主流文化时忽略本民族文化,这些都是不够全面的,

---

① 林震.论台湾民主化进程中的国家认同问题[J].台湾研究集刊,2001(2):67-77.
② 赵旭峰.儒学的传入与云南少数民族国家认同感的形成[J].怀化学院学报,2006,25(9):4-7.
③ 孙立.基于培养学生民族文化认同感的校本课程开发研究[D].华东师范大学,2006.

对幼儿进行以中华民族认同感为主体的启蒙教育应当将民族认同与国家认同有机结合,构建中华民族多元一体的幼儿教育体系。对幼儿进行中华民族认同感的启蒙教育,使幼儿从小养成国家意识、民族意识,培养国家情感、民族情怀,树立强烈的民族责任感和国家自豪感,为未来国家的建设、民族的文化传承打下坚实的基础。

2. 主题课程内容以将民间艺术活动为主要素材

民间艺术是指一定社会中的平凡人运用特定媒体,遵循自适的可能性精神,创造极具有地域文化风俗性的艺术形态①。民间艺术是民族文化的重要组成部分,是国家文化的凝聚体现与符号。不同国家都拥有独属于自身的文化表现形式,民间艺术是最为大众化的形态,直接来源于生活并反映生活,其内容、表现手段和表现形式总是与特定地区的自然条件、社会生活紧密相关,因此表现出其独特的区域性特征,受众也最为广泛。广义上说,民间艺术是劳动者为满足自己的生活和审美需求而创造的艺术,包括了民间工艺美术、民间音乐、民间舞蹈和戏曲等多种艺术形式;狭义上说,民间艺术指的是民间造型艺术,包括了民间美术和工艺美术各种表现形式。

经典民间艺术内容区别于长期流散在乡土生活里的那些可能比较简单、粗糙,没有经过深入细致的雕琢加工,甚至还可能夹杂着低俗、平庸成分的民间艺术。经典民间艺术充分体现了人类最基本的审美观念和精神品质,具有认识、教育、娱乐等多种审美功能。经典民间艺术能培养幼儿敏锐的欣赏能力、丰富的想象力、透彻的理解力,能带给他们以真的启迪、善的熏陶、美的享受。

幼儿艺术活动是具有鲜明的人文性、综合性、创造性的活动。在艺术活动中,幼儿用自己的方式来理解世界,自由地表现、表达自己的所思、所想和所感,并获得经验。艺术活动能丰富幼儿的生活,怡情养性,优化其精神世界;能够使幼儿继承优秀艺术文化,提高其艺术修养,尤其提高幼儿的民族性艺术情趣与艺术品位。

幼儿艺术活动萌发于幼儿对美的原始冲动,并且将这种自发的、对美的冲动与自主的活动形式及自由的表现方式和谐地统一为一体,这便是幼儿在艺术活动中的自主学习。幼儿的思维是直观形象的,他们喜欢用各种各样的艺术形式表达自己的意志与思想,幼儿园的艺术活动能够很好地为孩子提供一个创造美、表现美的平台。因此,艺术活动是能充分体现幼儿自主性的活动,也是能更有效地促进幼儿自主学习能力发展的活动,教师可以适当地通过艺术教育活动

---

① 梁玖. 什么是经典民间艺术[J]. 中华手工. 2004(1).

引导幼儿自主学习。

幼儿艺术活动是学前教育的重要组成部分,对促进幼儿自主学习及全面和谐发展有着特殊的功效。然而,目前学前教育中的幼儿艺术活动主要基于西方的艺术形式,缺乏中国经典民间艺术的渗透。这一方面源于学前教育对于我国经典民间艺术的不自觉忽视,另一方面是因为我国尚未建立民族经典民间艺术学。长期以来,民族经典民间艺术一直处于自生自灭的状态,在历史发展过程中,经典民间艺术没有得到应有的尊重,民众日用而不知,圣贤们对之不屑一顾,文献资料极为匮乏,学科资源薄弱。另外,现代艺术观念将西方艺术视为高雅与先进,在这种艺术观念的光照中,民族经典民间艺术只有屈居一隅。

经典民间艺术是中华民族的瑰宝,是中华民族文化的重要组成部分,是我们古国文明最富有民族内涵与特征的一大标志。国家教育部颁发的《完善中华优秀传统文化教育指导纲要》中提出:"……以培育学生对中华优秀传统文化的亲近感为重点,开展启蒙教育,培养学生热爱中华优秀传统文化的感情……初步感受经典的民间艺术……"①2014年10月,习近平总书记在中国国际文化交流中心成立30周年大会中也强调:"大力弘扬中华优秀传统文化,推动中华文化走向世界,发挥民间往来优势,增强我国的文化软实力。"

《3—6岁幼儿学习与发展指南》也体现出了对中国经典民间艺术的重视,建议对于艺术活动的实施要带幼儿观看或共同参与传统经典民间艺术和地方民俗文化活动②。将我国传统文化当中的经典民间艺术渗透于幼儿艺术活动中,能极大丰富幼儿素质教育的内涵,充分发挥文化的传递功能。将民间艺术引入到幼儿园课程中,不是简单而直接地添加进现有的课程体系,而是把课程的部分内容与民间艺术相融合,使幼儿在接受活动课程内容的同时受到民间艺术的熏陶与渗透。

本书中提及的经典民间艺术主要是指幼儿经典民间音乐,即适宜幼儿的、幼儿喜爱的并能促进幼儿成长与发展的经典民间音乐。经典民间乐曲纷繁复杂,并不是所有的音乐作品都适合运用到幼儿教育当中,因此幼儿园教师需要针对幼儿发展特点,选择提取适合幼儿的经典作品。

3. 主题课程组织采用以艺术为中心的综合活动设计

幼儿园主题课程组织将民间艺术活动作为中心,但不限于艺术学习,而是在不同程度上围绕艺术活动开发设计综合主题课程。整体来看,我园开发的综

---

① 中国教育报.完善中华优秀传统文化教育指导纲要[J].中小学德育,2014(4):4-7.
② 李季湄,冯晓霞.3-6岁幼儿学习与发展指南解读[M].北京:人民教育出版社,2013.

合主题课程中有两种使用民间艺术活动的方式。

（1）在综合主题活动中使用民间音乐活动

节日文化与民族文化是国家文化中的重要组成部分，民间传统音乐作品也常常涉及节日和民族两大元素。教师在设计主题活动时可以根据不同内容，有针对性地选用相应的民间音乐活动。

①以节日为起点

节日是一个民族在历史发展过程中沉淀而成的时间符号，承载着民族的历史与某种特殊情感，是抽象符号的丰富化与具体化。传统节日是民族文化重要的传承载体，是中华五千年文明史中的一段历史、某个片段的升华和折射，深蕴着中华文化的层层积淀①。

让幼儿了解传统节日本身就是对整个国家与民族文化的传承与发展，是具有深刻意义与价值的，由传统节日入手导入国家认同感教育，更有助于幼儿理解与感受节日的习俗和情感。幼儿的学习途径最主要是通过直接经验的习得，幼儿能够亲身体验与感受不同节日的氛围，丰富对传统文化的经验，同时也能够提升幼儿对国家的归属感。

以端午节为例，不同地区的节日习俗截然不同。将艾叶、菖蒲、桃叶等草药捆绑成一束悬挂或插在家中大门，以及包粽子和佩香囊是过端午节较为普遍的习俗，中国南方地区还会在节日当天举行赛龙舟项目，相传这一项目起源于楚国人因舍不得贤臣屈原投江死去，许多人划船追赶拯救。他们争先恐后，追至洞庭湖时不见踪迹，之后每年农历五月五日借划龙舟驱散江中之鱼，以免鱼吃掉屈原的身体，并以赛龙舟纪念屈原。因此，教师在设计端午节主题活动时，可以选取有关赛龙舟的音乐作品，既能体现南北地区习俗的差异，也能让幼儿了解节日背后的历史故事。另外，富有节奏感的音乐作品更能唤起幼儿对节日的情绪情感，帮助再现划龙舟时的情景，使幼儿更直观地感受节日的气氛。

②以民族为起点

我国是一个多民族国家，汉族之外还有55个少数民族，对多民族国家而言，处理好民族认同与国家认同的关系是最重要的议题，让幼儿学习与了解与自己民族毫不相同的民族特点与文化更有利于加强他们对国家整体的认识，感受到祖国多样的魅力。让幼儿尊重多民族文化、喜爱多民族文化、了解汉族与其他少数民族的不同并理解民族之间的情感纽带是认同感教育的重要课程内容，教师应当有意识地选择少数民族的民谣作品，让幼儿从侧面认识少数民族

---

① 赵东玉. 中华传统节庆文化研究［M］. 北京：人民出版社，2002：209

并产生亲切感,培养民族文化认同感。教师在引导幼儿承认与尊重不同民族文化的基础上应当强调中华文化是 56 个民族文化的大融合,培养幼儿的中华民族意识,使其认识到与本民族习俗文化不同的少数民族同属于中华民族,让幼儿对少数民族也能够产生归属感与自豪感,为以后的爱国主义教育打下基础。

以蒙古族为例,作为"逐水草而居"的马背民族,蒙古人在长期的游牧生产劳动中创造了许多长调牧歌,都能够展现出蒙古族人在日常放牧时的所看所想,同时也营造出了辽阔草原的壮丽景观,对于没有去过草原的幼儿来说,是一种新文化的刺激,无论在感官还是在情绪体验上都能够引起幼儿的兴趣。不同于南方民歌的婉转细腻,牧歌的曲调更为悠长,节奏也更为舒展,在欣赏这类音乐作品时教师也可以引导幼儿想象,去感受蒙古族自由奔放的文化特点。

(2)基于民间音乐作品设计综合主题活动

民间大量的经典音乐作品都能够作为幼儿园课程的优质资源,并且作为课程的起点生发出系列的学习活动。教师在课程设计过程中可以根据音乐作品的特色来策划不同表现形式的活动,大致可以分为由单一音乐作品衍生出的主题活动与由系列音乐作品衍生出的活动两种类型,下面将展开说明。

①由单一音乐作品衍生出的主题活动

由单一作品衍生出的主题活动是指整个主题活动的中心只有一首经典音乐作品,在设计综合主题活动时应围绕这首乐曲延伸出更多与之相关的文化资源,是一个由中心向外扩展的形式。以《凤阳花鼓》主题活动为例,整个教学活动由多个子活动组合而成,这些子活动都围绕《凤阳花鼓》展开。第一周的"唱凤阳"以音乐活动为主,包括舞蹈、打击乐与歌唱活动,针对乐曲本身设计活动,使幼儿熟悉并学习乐曲;第二周的"说凤阳"则是组织幼儿了解凤阳当地的传统文化和生活习俗,活动延展到传统文化上;第三周"表现凤阳"向幼儿介绍凤阳地区另一种传统文化"凤画"的相关知识,了解凤画的历史与绘画特点。可以看出,这类综合活动的设计由中心层层向外推进,看似范围广,其实都以《凤阳花鼓》这首乐曲为中心。因此教师在设计这类活动时,应当以音乐作品为出发点,搜集大量的相关资源,例如风土人情或其他文化形式的素材来丰富活动内容,强化活动的主题性。

②由系列音乐作品衍生出的主题活动

与上述类型相比,这类主题活动主要是指活动由一系列相关乐曲衍生而出,活动的主题由不同乐曲不断强化而形成,是一个依次推进、不断加强的形式,往往这类活动的主题所代表的文化指向范围更大。以《新疆好地方》主题活动为例,活动共含有三首乐曲,每一首都是新疆地区的代表性民歌,对新疆文化的贡献相当,不存在偏向性。因为音乐作品数量较多,活动安排不需要过多的延伸知识,可以设计成一个个独立的小主题活动,最终所指向的都是新疆文化。

教师在设计这类系列音乐作品的活动时,首先需要将更多精力放在挑选作品上,虽然每首曲子相对独立,但在整个综合主题活动中要有连贯性,体现出其系列特征,突出强调作品的整体文化导向。其次,在曲目选择上也应尽量挑选相对异质性的作品,能反映出文化的不同角度,使得主题更加全面。

4. 主题课程实施中注重审美性、价值性、综合性、游戏性、生活化原则

课程实施是教师在设计教学活动后的重要步骤,是将活动方案付诸实践的主要方式,帮助教师将理想化课程转变为现实课程。《幼儿园教育指导纲要(试行)》中"组织与实施"部分的第二条指出,幼儿园教育活动是教师以多种形式有目的、有计划地引导幼儿生动、活泼、主动活动的教育过程。在课程实施过程中,教师应创设适合幼儿身心发展需要和特点的多种形式的活动,引导幼儿积极参与。

以民间艺术为载体的音乐教育活动应当关注艺术本身及艺术对幼儿产生的影响,尤其作为艺术活动,更应该强调其价值性与审美性。同时幼儿园课程的实施方式也应当适应幼儿的发展规律,以游戏为主,突出其综合性与生活化,促进幼儿认知、情感、个性等方面的整体发展。

(1)审美性

音乐教学活动是向幼儿实施美育的重要途径,其本质是培养幼儿对美的感受与表达能力。利用民间音乐作品引导幼儿感受作品的美,发展其对音乐的敏感性与想象力,是音乐活动的审美性目的,即审美能力是音乐教学活动的核心。音乐欣赏活动、韵律活动等都是让幼儿耐心倾听音乐作品,感受和初步鉴赏不同乐曲的美感,并通过身体动作或其他形式表达情感体验的审美过程。在主题活动的实施中,教师应当克服单一强调音乐知识与技能的观念,有意识地让幼儿多感受和表达,丰富他们的感性经验,激发他们表现美、创造美的情趣,培养其审美能力。

教师要从审美特征的感知、理解与创造等多个方面考虑选择教学内容,实施全面深入的审美教育。在活动准备中,教师应该创设有吸引力且具有审美性的物质环境,实现准备的材料和教室布局都与教学内容相协调。教师的语言指导表达要非常准确规范,符合幼儿的年龄特点,同时又要体现音乐领域的审美性和创造性,准确使用音乐术语。在示范过程中,要求教师丰富幼儿审美经验,启发想象力,使幼儿获得更多审美体验,示范的类型与时机都应与开展的活动

相适宜。

(2)价值性

传统民间艺术文化是中华民族的瑰宝,经典的音乐作品无论在艺术领域还是在历史文化领域都有极其重要的价值。它们反映了民族在不同时期、不同地区的文化样貌,有利于幼儿熟悉与感受国家文化的多样性。教师在主题活动的实施中,要充分展示出作品的代表性与价值性,发挥传统音乐作品的文化感染力。在强调音乐欣赏与知识传授的同时,还应培养幼儿对传统文化的兴趣,让幼儿深刻感受到作品内涵及背后所承载的历史文化,提高其对经典文化和国家的认同感。

因此,在主题活动实施中要求教师要对所选音乐作品进行详细分析,收集相关资料,了解作品的创作背景与地域文化,分析作品在音乐领域的地位并思考作品是否具有幼儿适宜性。同时教师需要对与音乐作品有关的其他相关知识有一定的了解,才能在活动设计时呈现出更丰富、更全面的内容。以《凤阳花鼓》为例,教师在设计活动前要对这首曲子进行作品分析,《凤阳花鼓》是安徽凤阳著名的民歌,被周总理比作东方的芭蕾舞,自此凤阳花鼓又被称作"东方芭蕾"。同时,凤阳是安徽省省级历史文化名城,古有"帝王之乡""明皇故里"之名,朱元璋登基第二年,在凤阳营造了中国第一都城"大明中都皇城",成为后来南京故宫、北京故宫的蓝本。凤阳当地的传统艺术不只有花鼓,凤画也是独有的民间绘画艺术,已有六百余年的历史,现为安徽省非物质文化遗产项目之一。教师在准备活动前要先对所选作品的相关文化有一定了解,这样在以后的活动设计中可以适当融入,强调作品的价值性。

(3)综合性

以音乐作品为主题的教学活动所涉及的领域不仅仅是艺术领域,幼儿园教育的其他四大领域的内容也应当紧密联系。幼儿园课程将教学活动划分为健康、语言、科学、社会和艺术五大领域,具有相对性,但实际上教师在课程设计与实施时都是将各领域的内容整合起来,以促进幼儿认知、情感、语言、社会性等全方面的综合发展。音乐教学活动的教学目标除了培养幼儿的艺术审美与表达之外,可以增加认知与操作方面的具体目标,内容方面也可以以多种形式呈现,以达到各领域之间的整合,共同促进幼儿的全面发展。

因此,主题活动实施中需要教师将五大领域的知识都融会贯通,渗透到活动的各个环节中。艺术课程的子活动可以安排组织其他领域活动,例如社会活动,能让幼儿了解不同地区的风土人情,理解并能够遵守当地社会习俗;语言活动,可以组织幼儿讨论对音乐作品的感受或对当地文化的认识,发展幼儿的语言组织能力和表达能力;科学活动可以带领幼儿观察和认识作品所使用的乐器,学习相关知识,并激发幼儿对新鲜事物的好奇心和求知欲,培养动手探究问题的能力等。

（4）游戏性

强调幼儿园教学活动的游戏性是指让课程内容更贴近幼儿的生活,增加活动的趣味性以引起幼儿的学习兴趣,这也是适应幼儿发展水平的体现。活泼好动是这一阶段幼儿的总体特征,游戏成为幼儿园的基本活动,也是幼儿最喜爱的活动,是生活的主要内容。在游戏中幼儿的身心处于放松、愉快和自由的状态,在这种状态下往往能激发他们的学习潜能,更有助于课程的理解与吸收。因此,教师在实施课程时要尽量避免单一的语言讲解或让幼儿静坐观察,要使课程在游戏的自然活动中进行,以游戏承载课程内容,增添课程的趣味性,对幼儿的身心发展都具有积极作用。

在实际教学活动中,教师要根据活动内容设计不同的游戏情境,引发幼儿的活动兴趣。在介绍音乐作品时,教师要选用多种方法和形式使幼儿对音乐感兴趣,游戏是最好的导入形式,教师可以将音乐的歌词或旋律编成游戏,结合动作使幼儿更容易感受和理解音乐。例如在设计韵律活动时,由于单纯的律动动作没有情节会缺乏情趣,幼儿的学习无法持久,这时教师可以创设一个有情节、趣味性较强的游戏环节,引导幼儿边玩游戏边学习。

（5）生活化

直接经验是幼儿学习新事物的主要途径,幼儿园的课程内容基本源于幼儿的生活经验,然而传统文化距离幼儿的生活比较远,他们很难从实际情境中直接感受与理解。针对这一点,教师可以将活动内容与幼儿的生活相联系,在传统艺术文化与幼儿日常生活生活之间搭建桥梁,课程的生活化能够帮助幼儿进行已有知识的迁移以达到对新知识的同化。民间音乐作品代表某特定地区的文化与习俗,教师在进行活动之前可以创设机会丰富幼儿的相关经验,为课程进一步实施做铺垫。同时在活动结束后,也可以将主题延伸至幼儿的平日生活中,可以采用家园共育、环境创设或游戏等方式进行。

教师在实施教学活动时应该将活动内容与幼儿现实生活经验相融合。经典音乐作品的创作内容距离当前幼儿生活较远,如果教师不加以加工,则无法被幼儿所理解,因此教师需要尽可能地将传统文化与当今生活相联系,由生活中的事物引出音乐作品。以《春江花月夜》主题活动为例,作品的创作背景是江南春季的夜景,乐曲整体氛围偏古朴,许多幼儿没有去过江南地区,没有感受过江边的夜景,自然无法想象乐曲传达出的情感。那么教师可以在活动开展前进行家园合作,由家长带着幼儿提前去体验春夜的景色,丰富幼儿的审美经验,这将有助于幼儿展开想象。然而,光凭短暂的教学活动无法让幼儿完全理解和真正感受作品,为了达到更好的教学效果,教师可以将乐曲延伸到幼儿园一日生活中,甚至鼓励幼儿在回家后与父母再次感受和学习,通过多种途径渗透到幼儿的生活中。

5. 主题课程评价中强调表现性评价

《幼儿园教育指导纲要(试行)》对教育评价提出了具体要求,评价应该将发展性、合作性与多元性相结合,重视教育过程,尊重个体差异。这里要求教师在评价时应更多关注教学活动的过程而非结果,重点是考察幼儿过程性行为表现与能力发展。

(1)表现性评价的定义

表现性评价是通过完成一些实际任务,诱导学生的真实表现,以此评价学生掌握和运用知识与能力的方法①。这类评价方式能够较为全面的评价幼儿的学习与发展情况,注重知识技能的掌握与实际运用能力,也能对幼儿在课程中的行为表现或倾向进行评价。

与传统的测验评价方式相比,表现性评价更为主观,主要依靠教师根据教学经验与对教学目标的理解来进行判定,没有完全固定的标准,此类评价方式的灵活性更强。同时,传统评价方式一般采用期末测验的形式展开,其评价内容指向幼儿的学习结果,但表现性评价既能考察结果,也对幼儿的学习过程进行评价。幼儿作为独特的个体具有发展性,其在课程开始前与结束后的发展水平是不同的,表现性评价能够更为明显地发现幼儿的成长与进步,对于他们的持续发展有积极作用。

表现性评价是教师在教育活动中,为幼儿在真实情境或模拟的真实情境中设计一定的任务,通过分析幼儿在完成该任务时的行为表现来评价幼儿发展的一种评价方式②。从广义角度看,游戏化评价、档案袋评价、评定量表等都属于表现性评价的范畴。

(2)表现性评价的运用

在实际的音乐教学活动中,教师创设、安排真实的任务情境,结合表现性评价量表对班级幼儿活动表现进行记录,并观察和分析幼儿对音乐任务的掌握情

---

① 一帆. 表现性评价[J]. 教育测量与评价,2011(10):64.
② 周文叶. 中小学表现性评价的理论与技术[M]. 上海:华东师范大学出版社,2014:93 - 100.

况。教师的观察分为感知、欣赏、表现和创造四个维度,每个维度又细分为不同项目,教师对照幼儿的行为为其打分,旨在获悉不同幼儿对活动的理解与表现,而不存在成绩的高低。

以《我是草原小骑手》活动为例,教师在导入活动时创设了一个任务情境,播放音乐后要求幼儿做出相应的动作,这时幼儿必须在没有教师示范的情况下凭借自己的想象和创造力去表现。幼儿的表现方式各式各样,有的幼儿根据以往经验会模仿骑马的姿势,并随着音乐节奏的改变调整自己的动作;而有的幼儿在旁边观察其他幼儿的行为,会跟着骑马的幼儿学,也做出骑马的姿势。从表现性评价的角度来看,这两名幼儿的创造力表现是不同的。第一种情况的幼儿能够感受到音乐作品的变化,能根据不同段落变换不同动作,表达自己对音乐作品的理解,身体动作与音乐的节奏节拍还较吻合,动作也协调自如。而第二种情况的幼儿未能完全理解音乐,只是跟随模仿其他人来做动作,在用动作表现音乐的情绪变化方面和在聆听音乐做即兴动作方面的表现还稍微弱一些,缺乏灵活性。面对这种情况,教师可以倾向性地为表现较弱的幼儿提供更多表现的机会,鼓励他们大胆表演,同时也注意丰富他们的生活经验。教师应该根据不同幼儿的表现情况适当调整活动计划,基本满足所有幼儿的发展需求。

表现性评价是当前幼儿园较为推崇的方式,在具体活动中教师可以根据教学目标和课程目标灵活地选择评价类型。由于这种评价方式没有完全的标准,全凭教师的主观性判断,这就要求教师能够完全把握教学目标,并对幼儿的发展水平有深入了解,总体来说,对幼儿园教师的专业能力提出了更高的要求。因此,教师在设计整个音乐主题活动的同时也要不断提升自己的专业水平,关注幼儿的成长,促进他们身心全面和谐的发展。

第二部分　主题活动课程

主题名称:城门城门几丈高

一、主题缘起

不久前,小二班组织开展了一节音乐游戏活动——"城门城门几丈高",幼儿在这次活动中表现出了极高的参与度和兴趣热情,不仅能够听辨音乐进行游戏,不少幼儿还对"城门"产生了浓厚的兴趣,他们开始好奇地追问老师:"城门是什么样子的呀?"《幼儿园教育指导纲要》中指出:"充实利用社会资源,引导幼儿实际感受祖国文化的富厚与优秀,感受家乡的美好,引发幼儿爱祖国、爱家乡的情感。"针对幼儿的兴趣点,我们利用北京得天独厚的教育资源,决定组织开展民间文化主题活动"城门城门几丈高",利用音乐、故事、游戏、制作等多种幼儿喜欢的形式,让幼儿运用多种感官感知北京的名胜古迹、自然人文,萌发幼儿从小爱祖国、爱家乡的情感。

二、主题目标

1. 通过参与一系列的城门主题活动,了解北京城门的故事,认识北京的名胜古迹,从而感受家乡的美好。

2. 通过参与"国旗国旗真美丽""我爱北京天安门"等活动,认识国旗,萌发幼儿从小爱祖国、爱家乡的情感。

3. 喜欢跟读和城门有关的童谣,感受童谣稳定的节奏特点,尝试用自己喜欢的乐器为童谣伴奏。

4. 感受不同风格的城门,尝试用绘画、拓印、泥工等多种艺术形式表现自己喜欢的城门。

5. 通过参与社会实践活动"我喜欢的城门",参观不同的城门,感受城门的美与壮观,知道身边的名胜古迹。

6. 通过参与音乐活动,学习用自然的声音进行演唱,尝试运用声音表达对于城门的喜爱。

7. 能用自然的声音演唱《城门城门几丈高》等相关歌曲,并尝试随音乐做简单的动作。

8. 通过参与"过城门"等体育游戏活动,发展幼儿动作的灵活性与协调性。

三、主题网络图

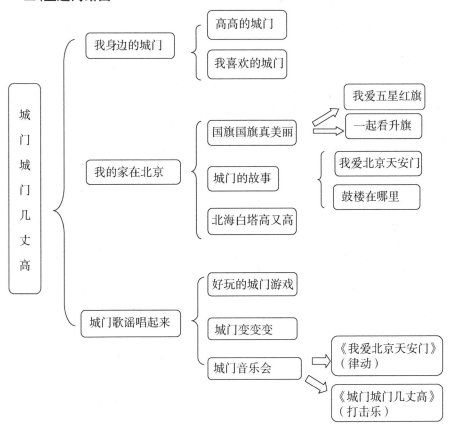

四、主题活动计划表

（一）教育活动

	活动名称	活动目标
第一周	1. 语言活动:我身边的城门 2. 艺术活动:高高的城门 3. 语言活动:国旗国旗真美丽 4. 社会活动:我爱五星红旗 5. 艺术活动:我喜欢的城门 6. 艺术活动:我家旁边的城门	幼儿能够认识身边的城门,通过多种多样的活动,知道北京有很多名胜古迹,从而萌发爱北京的情感。
第二周	1. 唱歌活动:城门城门几丈高 2. 打击乐活动:城门城门几丈高 3. 语言活动:城门城门几丈高 4. 律动活动:我爱北京天安门 5. 音乐游戏:城门城门在哪里 6. 体育活动:城门有多高	通过参与艺术活动,幼儿能够运用多种形式表现自己喜欢的城门。
第三周	实践活动: 亲子共同参观身边的城门	亲子通过参观身边的城门,感知城门的外形,知道它的名称。

（二）区域材料投放与游戏指导

1. 图书区

（1）材料投放:创设北京城门的墙面环境。

①投放北京城门图片:前门、天安门、鼓楼等。

②投放一些适合幼儿阅读的相关绘本。

（2）游戏指导:教师陪伴阅读,发现幼儿感兴趣的页面就指一指、说一说,渐渐地他们就知道怎么样看一本书,同时也能更加了解关于城门的故事。

2. 表演区

（1）材料投放:创设"城门城门几丈高"的表演环境。

①学过的城门儿童歌曲。

②适合小班幼儿伴奏的乐器(响板、打棒、手摇铃)。

（2）游戏指导:指导幼儿学习正确使用打击乐器的方法。如幼儿在使用串铃、沙锤等乐器时,教师除了可以引导他们用摇奏的方法玩乐器外,还可引导其用此类乐器敲击身体各个部位(手、腿等),体验创造性地玩乐器的乐趣。

3．建筑区

（1）材料投放

①城门实物（见图一），建筑区墙面环境（见图二）。

②幼儿参观的城门照片（天安门、永定门等）。

③积木（彩色泡沫积木）。

④各种辅材（纸盒、易拉罐）。

（2）游戏指导

引导幼儿观察城门的外形，尝试使用积木、辅助材料运用堆高、围拢等技能，搭建自己喜欢的城门。

建筑区城门的辅助
材料（图一）

建筑区墙面环境（图二）

4．益智区

（1）材料投放：投放适宜幼儿拼插操作的玩具（乐高积木、大插片等），让幼儿自由拼组自己喜欢的城门建筑。

（2）游戏指导：教师可用情境性策略鼓励幼儿参与游戏和表达自己的操作，增加游戏的情境性；运用情境性的语言帮助幼儿自我指导、调整自己的操作。

5．美工区

（1）材料投放：提供多种材料让幼儿进行艺术创作。

①提供超轻黏土（图片）。

②拓印工具（印章、拓印刷子）。

（2）游戏指导：提供食物图片供幼儿参考，帮助幼儿有效地调动已有经验，明确活动内容和方法；鼓励幼儿进行探索操作。

（三）主题墙布置（见图三）

1. 我身边的城门（见图四）

（1）结合幼儿实践参观城门照片装饰墙面。

（2）幼儿美术作品《高高的城门》。

2. 我的家在北京

（1）国旗国旗真美丽（活动照片）。

（2）幼儿搭建的城门照片布置。

（3）家长进课堂城门的故事过程照片。

3. 城门歌谣唱起来（见图五）

（1）城门歌谣学习过程的照片的布置。

（2）城门音乐会。

主题墙整体环境（图三）

子主题墙面呈现（图四）

子主题墙面呈现（图五）

(四)家园共育

1. 利用周末与十一长假,家长与幼儿共同参观身边的城门,认识身边的城门。

2. 利用假期家人与幼儿可以到不同地区旅游,欣赏当地的城门。

五、音乐作品分析

音乐作品名称:《城门城门几丈高》	
背景(地域文化)	中国传统童谣是中华民族文化宝库中的一颗明珠,千百年来,世世代代口耳相传、经久不衰,《城门城门几丈高》便是经典童谣的代表作。它来源于南京,有着鲜明的南京特色,明朝皇帝朱元璋时期,在南京"高筑墙"城墙上还有气势宏伟的大成楼。南京的明城墙是南京的骄傲,也是世界上最长的古城墙,童谣内容其实说的就是南京人当时对城门的仰望。
特点(曲调曲式结构等音乐本身的特点)	童谣《城门城门几丈高》是首经典的民间童谣,它富有情节又很有趣味,非常贴近幼儿生活。节奏非常明快,稳定,易于幼儿掌握,同时,歌曲的音域在C1—C6之间,易于小班幼儿进行演唱。
选择缘由(对国家认同的贡献;儿童适宜性;音乐上的地位与价值)	《城门城门几丈高》这首童谣是南京人儿时的回忆,反映的是以前的南京生活,大家口口相传至今。游戏歌是儿童在游戏中伴唱的儿歌,儿歌内容与游戏动作一致,有一定情节。它一般采用对唱、合唱形式,在美妙的音律节奏中协调大家的动作,使孩子一举手、一投足都切合音乐性,童谣音韵黏合,游戏载歌载舞,活泼有趣。
相关资源(故事、人文景观、其他艺术作品的生活运用)图文并茂	前三门指的是前门、宣武门、崇文门,因为是在正面,一般就叫成了前三门,它们是北京内、外城的界线。北京内外城的界线以城墙为界,过去的行政区域划分也是按照城墙划分的,如外城分为五个区,叫外一区、外二区……内城分为六个区,内一区、内二区……新中国成立后,内城分为四个区,有西单区、西四区、东单区、东四区。外城分为三个区,有前门区、东城区、西城区。在1958年,把内城四个区合并为两个区即东城区、西城区,外城的三个区把前门划分到宣武、崇文两个区内,以前门大街为分界线,一直到现在。

音乐作品名称:《我爱北京天安门》	
背景(地域文化)	《我爱北京天安门》是一首颂赞毛泽东的歌曲,创作于1970年,于1971年正式在中央人民广播电台首播。这首儿歌经反复使用、加工而成为歌诵性抒情歌曲中的标志性作品,进入了代表那个时代精神的经典作品的行列。
特点(曲调曲式结构等音乐本身的特点)	歌曲旋律清新、节奏活泼,只有9度音域,演唱的适应面广,富有儿歌特点。主题鲜明、题材短小,歌曲多为分节歌,一般为四句六句,儿童易学上口。调式单一,适于幼儿进行演唱。歌曲内容反映了当时儿童对于祖国的热爱之情,并且运用简单的句式表达了对天安门的喜爱之情。
选择缘由(对国家认同的贡献;儿童适宜性;音乐上的地位与价值)	1972年4月23日,《人民日报》发表了这首《我爱北京天安门》。仅仅一个星期之后,当年新闻电影制片厂摄制的《北京"五一"游园会》专题节目中,突然出现了孩子们伴随着这首歌曲欢快起舞的场面,这首歌也开始在全国唱开。《我爱北京天安门》的脍炙人口,几乎成了接下来几代中国人热爱祖国的启蒙教育。同时,从歌曲内容来说比较简洁、生动,易于幼儿进行欣赏、理解与表现,并且从中激发了幼儿从小爱家乡的情感。
相关资源(故事、人文景观、其他艺术作品的生活运用)图文并茂	我爱北京天安门,最初来源于当时英语课本中的两句内容:"我爱北京,我爱天安门"。作者金果临说,"我爱"这个句式在英语中是最简单的,他用这种方式表达对天安门的热爱。

附:具体活动方案

活动一　小班音乐活动:城门城门几丈高

一、活动目标

1. 体验歌曲活泼、欢快的情绪,积极愉快地参与活动。

2. 借助图片和动作理解歌词内容,在情境表演中记忆歌词。

3. 初步熟悉歌曲旋律,并用自然的声音演唱歌曲。

二、活动重难点

活动重点:熟悉歌曲旋律,能用自然的声音演唱歌曲。

活动难点:能够在情境表演中记忆歌词。

三、活动准备

经验准备:幼儿对"城门"有基本的了解。

物质准备:ppt课件城门图片;音乐《郊游》《小星星》;钢琴。

四、活动过程

(一)开始部分

1. 律动入场:听音乐《郊游》能随音乐合拍做律动。

2. 发声练习:《我爱我的小动物》。

(二)基本部分

1. 幼儿完整欣赏歌曲《城门城门几丈高》

——你听到歌曲里唱了什么?

(1)幼儿在图片的帮助下,了解记忆歌词。

(2)教师带领幼儿一边看图,一边有节奏地念歌词。

2. 熟悉旋律,学唱歌曲

(1)幼儿跟随教师学唱。

(2)在教师的引导下,边演唱歌曲,边表演歌曲内容,帮助幼儿记忆歌词。

(3)幼儿尝试完整演唱歌曲。

(三)结束部分

复习律动:小星星

——天黑了,星星真多真亮呀,让我们一起去数星星吧。

律动《小星星》结束。

活动二 小班语言活动:我爱北京天安门

一、活动目标

1. 初步学习诗歌内容,能用自然的声音朗诵诗歌。

2. 在学习诗歌《我爱北京天安门》的基础上,幼儿萌发对北京的热爱之情。

二、活动重难点

活动重点:初步学习诗歌内容,能用自然的声音朗诵诗歌。

活动难点:能够理解诗歌内容,感受诗歌的韵律美。

三、活动准备

经验准备:幼儿去过天安门;对于天安门的外形有所了解。

物质准备:天安门图片一张;诗歌课件。

四、活动过程

(一)开始部分

1. 谈话导入活动。

——谁去过北京天安门? 天安门是什么样的?

——天安门中间的画像是谁呀?

——为什么要把毛主席的画像挂在天安门上呢?

2. 出示图片,引导幼儿有目的地进行欣赏。

结合诗歌内容谈谈天安门城楼上的特征。

重点欣赏天安门的城墙、城门、中间的毛主席画像等。

(二)基本部分

1. 幼儿观看课件完整欣赏诗歌。

——你听到诗歌里说了什么?

2. 教师有感情地完整朗诵诗歌。

——你从这首诗歌里感受到了什么?

3. 幼儿学习朗诵。重点提示幼儿吐字清楚,发音正确。

4. 幼儿朗读诗歌。(用自然的声音朗诵)

(三)结束部分

幼儿有感情的、用自然的声音朗诵诗歌,感受诗歌的韵律美,从而萌发幼儿从小爱北京的情感。

活动三　小班音乐活动:城门城门几丈高(打击乐)

一、活动目标

1. 尝试运用打棒为歌曲《城门城门几丈高》伴奏。

2. 通过为歌曲《城门城门几丈高》伴奏,体验使用乐器的快乐。

二、活动重难点

活动重点:幼儿正确地使用打棒为音乐伴奏。

活动难点:幼儿尝试合拍地为音乐进行伴奏。

三、活动准备

经验准备:幼儿情绪饱满;有良好的音乐常规。

物质准备:乐器打棒;音乐《城门城门几丈高》《玩具兵进行曲》《开汽车》;城门图谱若干。

四、活动过程

(一)开始部分

律动进场:随音乐《开汽车》,教师与幼儿小碎步模仿开汽车动作,情绪愉快地律动入场。

(二)基本部分

1. 故事导入

——今天小乐器来到了小二班,很想和小朋友们做游戏,它带来了一首你们熟悉的歌曲,我们一起来听一听吧。

2. 感受节奏

（1）出示城门图片，引导幼儿观察。

（2）逐行观看图谱进行节奏练习。

（3）听音乐，看图谱进行节奏练习。

3. 乐器表现

（1）请幼儿听音乐取乐器。

（2）用乐器逐行练习拍出节奏。

（3）全体幼儿看教师指挥为音乐配伴奏。

（4）幼儿使用乐器听音乐进行合奏。

（三）结束部分

请幼儿拿好手中的乐器，随音乐《城门城门几丈高》边演奏边送小乐曲回家，自然结束活动。

活动四　小班美术活动:我喜欢的城门

一、活动目标

1. 学习用拓印的方法作画，并大胆尝试用各种材料进行印画。

2. 愿意参与拓印活动，发现拓印画的特殊效果美。

二、活动重难点

活动重点:学习用拓印的方法作画。

活动难点:能大胆尝试用各种材料进行印画。

三、活动准备

经验准备:欣赏过拓印画。

物质准备:颜料(红 黄 蓝);纸盘子;拓印工具;简笔线条城门画纸(若干)。

四、活动过程

(一)开始部分

故事导入:下雪了，下雪了，美丽的城门被盖上白白的雪，我们一起来帮助城门，让它穿上漂亮的衣服吧。教师出示没有装饰的城门图示。

(二)基本部分

1. 欣赏城门图片

——城门是什么颜色的呀?

——城门上面有什么?(彩色的旗子)

——你想给城门上面装饰什么图案?

2. 学习拓印方法

(1)出示画纸与拓印材料，教师与幼儿一同讨论如何进行拓印。

(2)引导幼儿观察怎么使用拓印工具作画。

3. 幼儿创作

(1)幼儿开始印画:尝试用各种材料进行拓印。

(2)引导幼儿正确使用拓印工具作画。

(3)鼓励幼儿大胆装饰自己喜欢的城门。

(三)结束部分:作品分享

1. 幼儿将自己的作品进行展示,同伴之间相互欣赏。

2. 鼓励幼儿大胆介绍自己的作品。

3. 教师针对幼儿的拓印作品进行小结经验提升:如装饰的有序排列、运用多种颜色进行装饰等。

活动五 小班社会活动:国旗国旗真美丽

一、活动目标

1. 认识五星红旗,知道五星红旗是中国的国旗。

2. 尊重国旗、爱护国旗,激发爱国情感。

二、活动重难点

活动重点:认识五星红旗,知道五星红旗的名称及特点。

活动难点:了解升旗仪式礼仪,知道要尊敬国旗。

三、活动准备

经验准备:参加过每周的升旗仪式。

物质准备:国旗若干个;天安门升旗仪式视频。

四、活动过程

(一)开始部分

1. 认识五星红旗

观看多媒体课件,引导幼儿观察、认识五星红旗。

——这是什么? 是什么颜色的? 上面有什么?

2. 热爱国旗、尊重国旗

(1)谈话:观察图片。

——这张图片上有谁? 他们在干什么? 为什么要升国旗?

(2)热爱国旗的方法。

——国旗代表中国,解放军叔叔每天在天安门广场升旗,所有的人看到我们的国旗都要敬礼;运动员比赛得了第一名就会升起国旗;小学生们看到升旗也要敬礼。

我们在升国旗时要站立端正,面对国旗行"注目礼",直到国旗冉冉升起,这样做就是"尊重国旗"。

3. 教育幼儿从小热爱、尊重国旗

——你们是怎样尊重国旗的？幼儿园升国旗时你是怎么做的？

请幼儿示范站姿并说说自己怎么做的。

(二)结束部分

欣赏歌曲《国旗多美丽》,萌发幼儿对国旗的热爱之情,自然结束活动。

活动六　小班音乐活动:我爱北京天安门(打击乐)

一、活动目标

1. 喜欢参与打击乐活动,体验使用乐器的快乐。

2. 尝试运用乐器响板为歌曲伴奏。

二、活动重难点

活动重点:能够正确使用乐器为歌曲进行伴奏。

活动难点:能够合拍地为歌曲进行伴奏。

三、活动准备

经验准备:参加过打击乐活动;有良好的音乐活动常规。

物质准备:音乐《快乐森林》《我爱北京天安门》《玩具兵进行曲》;乐曲《响板》;天安门图片。

四、活动过程

(一)开始部分

律动进场:幼儿和教师随音乐《快乐森林》模仿小动物情绪愉快地律动入场。

(二)基本部分

1. 出示图片,激发幼儿参与兴趣

——孩子们这是哪里呀？今天天安门举行了隆重的节日庆祝会,它也想邀请我们小二班的小朋友参加,我们一起来听一听吧。(完整欣赏歌曲)

2. 感受节奏

(1)出示天安门图片,引导幼儿观察。

(2)逐行观看图谱进行节奏练习。

(3)听音乐,看图谱进行节奏练习。

3. 乐器表现

(1)请幼儿听音乐取乐器。

（2）用乐器逐行练习拍出节奏。

（3）全体幼儿看教师指挥为音乐配伴奏。

（4）幼儿使用乐器听音乐进行合奏。

（三）结束部分

请幼儿拿好手中的乐器,随歌曲《我爱北京天安门》边演奏边送小乐器回家,自然结束活动。

活动七　小班体育活动:城门城门几丈高

一、活动目标

1. 学习"城门城门几丈高"的玩法,练习弯腰钻过小朋友搭的城门。

2. 在游戏中能一个一个、连贯有序地钻过城门。

二、活动重难点

活动重点:知道"城门城门几丈高"的玩法,能够弯腰钻过小朋友搭的城门。

活动难点:在游戏中能够一个一个、连贯有序地钻过城门。

三、活动准备

经验准备:会念"城门城门几丈高"的儿歌;有过户外集体游戏的经验。

物质准备:宽敞、安全的场地。

四、活动过程

（一）开始部分

热身准备:幼儿与教师一起模仿几种小动物,充分活动身体各个部位。

（二）基本部分

1. 谈话导入,激发幼儿参与活动的兴趣。

——今天咱们一起来玩一个好玩的游戏,它叫"城门城门几丈高"。我们一起来说一说这首儿歌吧!

2. 介绍游戏规则:两名小朋友搭起一个高高的城门,小朋友们要一个跟着一个从城门里钻过去。等我们把儿歌念完,我们就把城门关了,被城门关住的小朋友就要回答问题,说出来了,就继续玩,说不出来,就站在圆圈中间停止游戏一次。

3. 师幼分组进行游戏活动新玩法:幼儿搭城门的人数增加,并请搭城门的幼儿一只脚相对要求钻城门的诱饵在钻的过程中不能碰到城门的幼儿相对的脚,幼儿能够一个跟着一个连贯、有序地钻过城门,钻过城门后再搭好城门。

（三）结束部分

幼儿随教师一起做放松动作,自然结束活动。

（高杨　王景娟）

主题名称:快快乐乐过端午

一、主题缘起

《3—6岁儿童学习与发展指南》中指出:"教师要引导幼儿了解中国主要的民族文化。"我国传统节日有着丰富的教育价值与内涵,幼儿能在快乐的节日活动中感受丰富的文化内涵与节日氛围。教师有意识地在过渡环节播放与端午节相关的音乐作品,并渗透与端午节相关的活动内容。在此过程中,幼儿会对音乐作品《划龙舟》及"插艾叶""挂香包"等活动充满好奇,并表现出极大的兴趣。因此,教师以幼儿兴趣为出发点,结合小班幼儿具体形象思维的年龄特点,通过音乐、故事、游戏、手工制作等多种形式,在端午节即将来临之际,开展了主题活动"快快乐乐过端午",让幼儿在直接感知、亲身体验的过程中初步了解端午节习俗,锻炼和发展幼儿的动手能力,感受端午节热闹的节日气氛。

二、主题目标

1. 喜爱端午节这一传统民族节日,喜欢参与端午节活动,能够感受节日的氛围。

2. 了解端午节的来历,知道端午节的习俗,如吃粽子、划龙舟。

3. 通过参与"包粽子"活动,知道粽子是端午节的节日食品,了解粽子是由粽叶、糯米等材料包成的,会比较观察不同种类粽子的形状和品种。

4. 喜欢朗诵《过端午》等有关端午节的童谣,感受童谣稳定的节奏特点,尝试用自己喜欢的动作有节奏地表现童谣中有关端午节的活动内容。

5. 了解与端午节有关的故事,如"屈原的故事",感受故事中所体现出的爱国情感,并能复述故事的主要情节。

6. 尝试用绘画、泥工或剪纸等多种美工形式制作与端午节相关的艺术作品,如粽子、香包等,表达过端午节的快乐。

7. 能用自然好听的声音演唱《过端午》等有关端午节的歌曲,并随音乐节奏做简单的动作。

8. 在"划龙舟"游戏中感受划龙舟乐曲中欢快、热闹的情绪,体验端午节的快乐,并锻炼身体的协调性。

三、主题网络

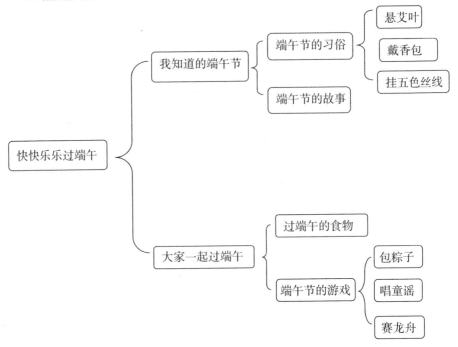

四、主题计划表

(一)教育活动

	活动名称	活动目标
第一周	1. 语言活动:我知道的端午节 2. 社会活动:热闹的龙舟比赛 3. 科学活动:好吃的粽子 4. 绘画活动:画龙舟 5. 体育游戏:赛龙舟	喜爱端午节这一传统民族节日,了解端午节的来历,知道端午节的习俗。
第二周	1. 歌唱活动:端午节 2. 音乐欣赏:划龙舟 3. 打击乐活动:过端午 4. 打击乐活动:划龙舟	1. 能用自然好听的声音演唱有关端午节的歌曲,并随音乐节奏做简单的动作。 　2. 喜欢跟读有关端午节的童谣,感受童谣稳定的节奏特点,尝试用自己喜欢的动作有节奏地表现童谣中有关端午节的活动内容。

	活动名称	活动目标
第三周	小组活动:端午节真热闹	乐于参加包粽子、制香包等活动,体验节日的快乐。

(二)区域材料投放与游戏指导

1. 图书区

(1)材料投放:有关端午节的图书、图片;自制端午节图书。

(2)游戏指导:引导幼儿仔细观察端午节活动图片,结合图片内容说一说端午节的习俗和相关活动;鼓励和支持幼儿自编端午节的故事,并为自编的故事配上图画,制成图书。

2. 户外

(1)材料投放:"赛龙舟"游戏所需的竹竿、彩条、纸棍、小旗。

(2)游戏指导:引导幼儿遵守游戏规则进行游戏,游戏过程中注意安全,不推挤。

3. 美工区

(1)材料投放

①纸粘土、各种彩纸、水彩笔、油画棒等多种美术材料。

②布置与端午节有关的图片和艺术作品的美工墙饰。

(2)游戏指导

①鼓励幼儿自主选择创作材料,用自己喜欢的方式去模仿创作表现端午节的相关景物、物品。

②发挥墙饰的隐性教育功能,引导幼儿通过观察图片或艺术作品丰富经验,进行大胆创作。

③展示幼儿作品,鼓励幼儿用自己的作品或艺术品布置环境。

④对幼儿创作行为及作品给予及时的肯定与鼓励,增强幼儿自信。

4. 表演区

(1)材料投放

①端午节相关的音乐、童谣音频。

②划龙舟道具、龙舟、头饰。

③赛龙舟图片。

(2)游戏指导

①欣赏和回应幼儿在表演过程中的哼哼唱唱、模仿、表演等自发的艺术活

动,赞赏鼓励幼儿独特的表现方式。

②在幼儿需要帮助时及时给予具体的帮助和指导。

5. 自然角

(1)材料投放:新鲜的粽子叶、艾叶、艾草。

(2)活动指导:鼓励幼儿摸一摸、闻一闻。

6. 娃娃家

(1)材料投放:提供包粽子的材料(粽子叶、纸粘土、绳子等)。

(2)活动指导:与幼儿一起进行包粽子游戏。

(三)主题墙布置

1. 幼儿探索端午节的相关习俗与物品的精彩瞬间(在园内、在家与家长的照片等)。

2. 幼儿收集制作的与端午节有关的物品,如香包、多种形式制作的粽子。

3. 艾叶的图片,各式香包图片、实物,赛龙舟热闹场面的图片。(见图一)

4. 各种各样粽子的图片、实物,端午节传统食物的图片、照片或实物(制作材料)。(见图二)

5. 幼儿在社会实践和亲子活动过程中的发现、收获与体验。

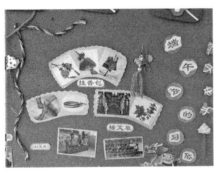

(图一)　　　　　　　　　　　　　　(图二)

(四)家园共育

1. 请家长协助幼儿进行端午节资料的调查与收集,丰富幼儿端午节习俗的相关经验。

2. 请家长来园参加包粽子的亲子活动,在亲子活动中让幼儿同家长和老师一起感受节日的氛围。

3. 节日期间请家长带幼儿感受身边过节的节日气氛,与幼儿在家一起包粽子、做香包,了解端午节的节日习俗。

五、音乐作品分析

音乐作品名称:《划龙舟》	
作品背景	划龙舟,也叫赛龙舟,是端午节的主要习俗。相传起源于古时楚国人因舍不得贤臣屈原投江死去,许多人划龙舟追赶拯救。他们争先恐后,追至洞庭湖时不见踪迹。之后每年五月五日借划龙舟驱散江中之鱼,以免鱼吃掉屈原的身体,并以赛龙舟纪念屈原。赛龙舟也先后传入其他国家,1980年,赛龙舟被列入中国国家体育比赛项目,并每年举行"屈原杯"龙舟赛。
特点	歌曲朴素、粗犷豪迈,具有安徽民歌风味,表现了激烈热闹的端午划龙船场景。
选择缘由	赛龙舟是端午节的特色活动,有助于增进幼儿对端午节风俗习惯的了解,使幼儿喜欢参与端午节等中国传统节日,增强国民认同感。《划龙舟》音乐很欢快、热烈,富有节奏感,能引发幼儿参与活动的兴趣。这首曲子生动地表现出端午节划龙舟过程中人们喊号子、齐心协力比赛的场景,有助于增强幼儿对团结合作和爱国情感的体验。
相关资源	1. 赛龙舟是中国端午节的习俗之一,也是端午节最重要的节日民俗活动之一,在中国南方地区普遍存在,在北方靠近河湖的城市也有赛龙舟习俗,而大部分是划旱龙舟、舞龙船的形式。 　　2. 屈原的故事:很久很久以前,有个叫屈原的人,他很爱自己的祖国,为了把自己的祖国建设得更好,他提了很多好的建议,但是没有人听他的,他还被赶出了自己的国家,出去流浪。后来他的国家被别的国家攻占了,他很伤心,就跳江自杀了,他跳江的那天刚好是农历的五月初五。老百姓都很爱他,怕江里的鱼会咬他的身体,所以渔夫敲着锣鼓去打捞他的身体,还一边把准备好的粽子和雄黄酒倒进江里。以后,在每年的农历五月初五,就有了龙舟竞渡、吃粽子、喝雄黄酒的风俗,来纪念爱国诗人屈原。

音乐作品名称:《过端午》	
背景	端午节有着众多丰富而有特色的习俗,中华民族两千多年的传统,不仅形成了众多的节日习俗,各地也形成了不同的习俗民情及相应的节日歌谣,《过端午》这首歌谣就反映了端午节丰富且有特色的习俗,如门插艾、赛龙舟等,这一类歌谣不仅唱出了端午节习俗的不同内容,也表现出不同地区端午节习俗的差异和特点。
特点	整首童谣都为XX X的稳定节奏,童谣内容具有合辙押韵、节奏明快易唱、语言活泼的特点,表现出端午节有趣的习俗和热闹的节日场面。

音乐作品名称:《过端午》	
选择缘由	《过端午》这首童谣蕴含着端午节丰富的文化内涵,有助于幼儿了解端午节丰富而有特色的习俗,有利于传承端午节深邃的民俗文化和精神内涵。童谣内容上浅显易懂,符合幼儿的生活经验、思想程度和兴趣。语言精练、简洁、有趣、口语化,适合幼儿学习和演唱。这首童谣是附着于端午节所孕育出的一首较为经典的民间童谣,通过传唱童谣,既可以使幼儿得到快乐,又可以学到端午节的习俗知识,同时童谣合辙押韵、稳定的节奏特点对幼儿中华民族语言美感的熏陶都有着潜移默化的作用。
相关资源	端午节的相关习俗: 　　1. 端午插艾:端午节期间,将艾叶、菖蒲、桃叶等草药捆绑成一束悬挂或插在家中大门是过端午节较普遍的一种习俗。传说,人们把艾草、菖蒲挂在门前,可以消疾病、驱鬼邪、避晦气,给今后的日子带来平安和好运。(见图三) 　　2. 佩香囊:端午节佩香囊,传说有避邪驱瘟之意,实则是用于襟头点缀装饰。 　　3. 画额:用雄黄酒在小儿额头画王字,一借雄黄以驱毒,二借猛虎以镇邪。(见图四)   　　　　(图三:插艾)　　　　　　　　　(图四:画额)

附:具体活动方案

活动一　小班语言活动:我知道的端午节(谈话活动)

一、活动目标

1. 幼儿喜欢围绕端午节话题进行讨论,乐于表达自己的想法。

2. 感受粽子、香袋的颜色、形状的美。

3. 观察艾草和菖蒲的外形,了解它们在端午节期间的特殊用途。

二、活动重难点

活动重点:幼儿喜欢围绕端午节话题进行讨论,乐于表达自己的想法。

活动难点:观察艾草和菖蒲的外形,了解它们有驱蚊虫的特殊用途。

三、活动准备

经验准备:过渡环节播放《过端午》童谣和与端午节相关的音乐。

物质准备:事先请家长和幼儿准备艾草、菖蒲和香包并带到教室,香包挂件布置在教室墙上;艾叶,艾草挂在教室门前;粽子挂饰布置在教室各处。

四、活动过程

(一)开始部分

教师:你们知道端午节那一天我们要做哪些事情嘛？今天老师把端午节的活动都请到了教室,大家观察一下我们的教室有什么变化吧。(引导幼儿观察周围环境的变化)

(二)基本部分

1. 观察艾叶和菖蒲

(1)认识它们的特点和作用。

——你们观察艾叶和菖蒲的外形有什么特点?

(2)比较艾叶和菖蒲的区别。

——你们知道这两样哪一样是艾叶? 哪一样是菖蒲?

——请小朋友们回家问问家长。

(3)介绍端午节中艾叶和菖蒲的作用。

——你们知道艾叶和菖蒲有什么作用吗?

2. 观察粽子香包

——香包的形状有什么特点?

——端午节为什么要吃粽子、戴香包呢?

——我们来闻闻香包的味道吧。(把装有香料的香包分给每一组的小朋友,让他们闻一闻)

(三)结束部分

端午节还有戴香包的习俗,也可以防蚊虫,而且香包有不同颜色和形状,挂在胸前也很漂亮呢! 那我们明天一起学习怎么做香包吧!

活动二　小班音乐活动:童谣《过端午》(韵律)

一、活动目标

1. 喜欢和老师同伴一起唱童谣,感受端午节的热闹氛围。

2. 尝试用自己喜欢的动作有节奏地表现童谣内容。

二、活动重难点

活动重点:学唱童谣,感受童谣XX X 稳定的节奏特点。

活动难点:尝试用自己喜欢的动作有节奏地表现童谣内容。

三、活动准备

经验准备:幼儿对端午节的习俗有简单的了解;能根据音乐内容做简单的模仿动作。

物质准备:音乐《过端午》;视频;与歌词内容相关的图片。

四、活动过程

(一)开始部分

入场:播放音乐《划龙舟》,幼儿随歌曲内容做小碎步、划龙舟的动作入场。

(二)基本部分:故事导入,激发幼儿参与活动的兴趣

1. 请小朋友讲一讲有关端午节的故事,调动幼儿原有经验,激发幼儿参与活动的兴趣。

——小朋友们,你们知道端午节都有什么有趣的事情吗?

2. 学唱童谣《过端午》。

(1)播放童谣,鼓励幼儿说出童谣内容,教师出示相应图片。

——这有一首好听的童谣,我们一起听一听,端午节里还会发生什么有趣的事吧。

——你都听到了什么?(教师出示幼儿听到的童谣内容的图片)

(2)跟唱童谣,引导幼儿根据图片内容学唱童谣。

(3)再次播放童谣,引导幼儿一边拍手一边说童谣,感受童谣稳定的节奏特点。

3. 引导幼儿用自己喜欢的动作表现童谣内容。

——端午节到了,有这么多有趣的事情,你们的心情是什么样子的?

——你想用什么动作表现你快乐的心情?你想用什么动作表现划龙舟比赛时热闹的场面呢?

4. 再次播放童谣,鼓励幼儿用自己喜欢的动作有节奏地表现童谣内容。

(三)结束部分

端午节里真热闹,大家一起划龙舟、包粽子、挂艾叶……有这么多有趣的事情。今天我们还学习了这首好听的童谣《过端午》,我们一起再来有节奏地唱一遍这首童谣吧。师幼一起唱童谣,活动自然结束。

活动三 小班体育游戏:赛龙舟

一、活动目标

1. 喜欢参加体育游戏活动,在赛龙舟的游戏中,体验龙舟竞赛齐心协力、相互竞争的紧张、热烈氛围。

2. 尝试模仿划龙舟动作,两两合作协调向前快跑。

二、活动重难点

活动重点:喜欢参加体育游戏活动,在赛龙舟的游戏中,体验龙舟竞赛齐心协力、相互竞争的紧张、热烈氛围。

活动难点:尝试模仿划龙舟动作,两两合作协调向前快跑。

三、活动准备

经验准备:幼儿观看过龙舟比赛的视频。

物质准备:宽阔的活动场地;三面红旗。

四、活动过程

(一)开始部分

教师带领幼儿模仿赛龙舟的动作(划船、打鼓、擦汗等)活动身体。

(二)中间部分

1. 游戏:"划龙舟"

(1)幼儿五人一组,后面的幼儿依次抱住前面幼儿的腰或者拉住衣服,蹲着向前走。

(2)幼儿自由探索怎样使龙舟划得又快又好的方法。

——怎样划龙舟,才能更快更稳呢?

2. 教师分组指导

幼儿自由探索游戏时,能否步调一致,有节奏地蹲着向前走。

3. 划龙舟比赛

幼儿分三组进行划龙舟比赛,比一比哪组的龙舟能够齐心协力最先到达终点,最先取得红旗的组为胜利。

(三)结束部分

做全身放松动作,活动自然结束。

活动四　小班音乐活动:赛龙舟(欣赏)

一、活动目标

1. 喜欢欣赏划龙舟的音乐,在欣赏过程中想象赛龙舟热闹的场景。

2. 感受划龙舟乐曲所表现的赛前紧张、赛时激烈、赛后兴奋的情绪。

3. 能够跟随音乐旋律有节奏地模仿划桨的姿势。

二、活动重难点

活动重点:感受划龙舟乐曲所表现的赛前紧张、赛时激烈、赛后兴奋的情绪。

活动难点:能够跟随音乐旋律有节奏地模仿划桨的姿势。

三、活动准备

经验准备:幼儿欣赏过划龙舟的视频,并在户外做过赛龙舟的游戏,体验过龙舟竞赛齐心协力、相互竞争的紧张、热烈氛围。

物质准备:比赛前、比赛中、比赛后的图片。

四、活动过程

(一)开始部分

1. 谈话活动激发幼儿参与活动兴趣。

——端午节那天,湖边可热闹了。湖面上还停着许多漂亮的龙舟,你们知道他们这是要做什么吗?

2. 幼儿自由讨论、发言。

(二)基本部分

1. 欣赏音乐,引导幼儿说一说、学一学龙舟竞赛时人们是怎样呐喊加油的。

——我们来听一听龙舟竞赛的时候他们在喊什么?

——刚才你听到人们在喊加油的声音了吗? 他们怎么喊的? 我们也来喊一喊。

2. 出示比赛前、比赛中、比赛后的图片,让幼儿辨认并按序摆放,说明理由。

——这三张赛龙舟的照片,请你们来看一看,哪一张是比赛前准备的照片,哪一张是比赛中的照片,哪一张是比赛后的照片。

3. 分段欣赏。

(1)感受赛前的紧张。(提示幼儿倾听时长时短、忽高忽低的歌声)

(2)体验赛时的激烈。

引导幼儿跟随音乐有节奏地做划船的动作。

——赛龙舟的选手是怎么喊口号的?

——为什么喊加油的节奏越来越快了?

(3)感受赛后的兴奋。(欣赏音乐,鼓励幼儿用动作自由表现自己的感受)

4. 完整欣赏。

赛龙舟真是又紧张又兴奋,我们再欣赏一遍音乐,感受一下赛龙舟的热闹场面吧。(欣赏过程中鼓励幼儿用自己喜欢的方式表现自己听到音乐的感受)

(三)结束部分

玩游戏"赛龙舟",组织幼儿按组在地上坐成若干排,营造真正的赛龙舟气氛。

准备好了吗? 我们也来比一比,就像歌曲里唱的,比一比哪条龙舟能得第一! (听音乐,模仿赛龙舟的动作,活动自然结束)

活动五　亲子活动:端午节真热闹(综合实践活动)

一、活动目标

1. 了解端午节的习俗,乐于参加包粽子、制香包等活动,体验节日的快乐。

2. 知道农历五月初五是端午节,端午节是一家人团聚的日子。

3. 尝试和家人一起包粽子,在家人的帮助下制作香包。

二、活动重难点

活动重点:了解端午节有吃粽子、挂香包、戴五色丝线的习俗。

活动难点:尝试自己动手包粽子,在成人的帮助下制作香包。

三、活动准备

经验准备:幼儿已初步了解制作粽子和香包所需要的材料。

物质准备:

1. 做香包的材料:香料(艾草、艾叶)、布、针、线等。

2. 包粽子的糯米、苇叶、红枣、棉线。

3. 五种颜色的线(红、黄、蓝、白、黑)。

四、活动过程

(一)端午歌会

请小朋友集体表演端午节童谣《过端午》,活动正式开始。

(二)热热闹闹过端午——亲子活动

以家庭为单位分三组进行亲子活动。

第一组:与家长一起包粽子。

方法:家长和幼儿一起完成包粽子的任务,幼儿在家长的帮助和指导下可以把米、红枣等材料放入粽叶,最后幼儿与家长共同完成包粽子的活动。粽子煮熟后可以自己品尝,也可与其他小朋友一同分享。

第二组:与家长一起做香囊。

方法:以家庭为单位,每位小朋友及家长分发一块色彩鲜艳的丝布、一根可以挂在脖子上的细带子、一些香料、一副针线。每位家长和小朋友利用手中的材料制作小香囊。香囊制作完毕后,可以自带,也可以送给他人。

提示:注意针线的使用安全,为保证幼儿安全,缝制部分由家长完成。制作香囊过程中,可以向幼儿讲述端午节佩戴香囊的习俗。(佩香囊是端午节的习俗之一,有避邪驱瘟之意。香囊内可以加入艾叶、艾草等香料,香囊的颜色形状各不相同,有单个的,还可结成一串,形形色色,玲珑可爱。)

第三组:家长给幼儿结五丝,与幼儿一起编织五色丝线。

"五丝"由红、黄、蓝、白、黑五色线配成,古代没有棉花而用五色丝,所以叫"五丝"。后有了棉花,就以棉线代丝,而名称未改。早晨,在未出太阳时,给孩子的手腕上、脚踝上和脖子上都戴上"五丝",要一直戴到下大雨。下大雨时,解下来扔在水流里,使其顺水漂走。传说这"五丝"能变成蚯蚓,习俗认为戴"五丝"能去灾、辟邪、保护幼儿。

幼儿相互赠送礼物(粽子、香包、五彩绳),并向同伴说一句端午节祝福的话。

(三)结束部分

在欢乐的氛围中,活动自然结束。

活动六　小班打击乐活动:过端午

一、活动目标

1. 喜欢运用乐器为童谣伴奏。

2. 初步掌握<u>XX</u> X 的节奏型。

3. 感受打击乐活动的快乐。

二、活动重难点

活动重点:喜欢运用乐器为童谣伴奏。

活动难点:初步掌握<u>XX</u> X 的节奏型。

三、活动准备

经验准备:幼儿使用过简单的打击乐器。

物质准备:手铃、响板、赛龙舟图片和视频。

四、活动过程

(一)开始部分

还记得我们昨天的龙舟比赛吗,龙舟比赛真热闹。今天的比赛又要开始了,我们来说一个童谣为他们加油吧!

(二)基本部分

1. 节奏练习

(1)教师朗诵童谣并打出节奏型。

(2)拍手说童谣,帮幼儿掌握<u>XX</u> X 的节奏型。

(3)引导幼儿运用多种方法,如拍肩、拍腿等方法巩固、掌握节奏型。

——还可以用身体的哪些部位打节奏呢?

2. 乐器演奏

(1)取乐器:请小朋友们听音乐选一种自己喜欢的乐器为参赛的选手加油。

(2)乐器演奏:关注幼儿持乐器的方法,指导幼儿听音乐节奏演奏乐器。

(3)交换乐器演奏:鼓励幼儿富有表情地进行乐器演奏。

(三)结束部分

龙舟大赛结束了,你们演奏得太好听了,每个小朋友都按节奏演奏,谢谢你们!

(刘　晴)

主题名称：快乐的春节

一、主题缘起

正值春节临近，老师带领孩子们布置班级环境，孩子们看着红色喜庆的春节装饰纷纷感叹："这些灯笼好漂亮呀！""老师，这个窗花真好看！"《3—6 岁儿童学习与发展指南》中指出："教师要引导幼儿了解中国主要的民族文化。"春节是中国的传统节日，蕴含着中华民族优秀文化的智慧和结晶，传承着中国人的社会伦理观念。春节里，除了年夜饭，还有各式各样的民间活动，例如舞龙、舞狮、赏花灯等。《3—6 岁儿童学习与发展指南》同时提出，"应充分利用自然和实际生活机会，为幼儿创造亲身体验和直接感知的条件"，为了引导幼儿体验到过春节的快乐，对身边常见事物和现象产生爱好和探究欲望，借此春节契机带领幼儿开展了"快乐的春节"这一主题活动，让幼儿在直接感知、亲身体验的过程中了解春节习俗，感受春节的热闹气氛。

二、主题目标

1. 通过各种形式来认识、了解春节，知道春节的象征意义。

2. 对大自然的变化能产生兴趣和探究欲望，积极参与活动，体验节日的快乐。

3. 乐意与同伴、家人进行情感交流，鼓励幼儿在集体面前大胆地表现自己，增强自信心，在活动中体验春节带给人们的快乐。

4. 认识冬天里的礼物是丰富多彩的，知道春节是中国人的节日。

5. 知道过年自己长大了一岁，自己可以做很多力所能及的事了。

6. 积极主动地参与春节的设计与庆祝活动，与教师、同伴及家长共同欢度春节，感受节日的快乐。

7. 结合春节的主题，让幼儿了解一些春节的民俗习惯，并喜欢参与到节日活动中去。

三、主题网络图

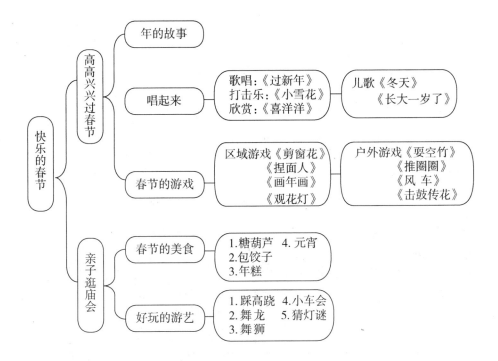

四、主题活动计划表

（一）教育活动

	活动名称	活动目标与内容
第一周	1. 语言领域：冬天（儿歌） 2. 社会领域：长大一岁了 3. 艺术领域：小雪花（打击乐） 4. 语言领域：年的故事（故事）	1. 喜欢听儿歌，激发幼儿勇敢、不怕冷的精神。 　2. 幼儿通过认照片、看录像、试衣服等活动，感受到自己的成长。 　3. 愿意参加打击乐活动，能够正确掌握单响筒的使用方法；初步控制节奏。 　4. 喜欢听故事，理解其中的内容，体验过春节的快乐。 　5. 喜欢民族节日，了解简单的新年风俗和有关的民间传说。

续表

	活动名称	活动目标与内容
第二周	1. 健康领域:安全放炮竹 2. 艺术领域:过新年(歌唱) 3. 艺术领域:小鞭炮(手工) 4. 艺术领域:喜洋洋(欣赏)	1. 知道烟花爆竹是非常危险的物品,自己单独一个人不要燃放烟花爆竹。 　　2. 感受歌曲的欢快旋律,会用活泼跳跃的唱法歌唱;能用自然的声音演唱歌曲,不喊唱。 　　3. 学习使用各种美工用具,独立制作鞭炮,知道粘贴的正确方法。 　　4. 通过欣赏,引导幼儿感受乐曲欢快活泼的情绪和优美抒情的风格特点。
第三周	1. 艺术领域:彩色灯笼(手工) 2. 艺术领域:漂亮的窗花 3. 综合活动:热热闹闹过春节(春节游园会)	1. 愿意参与手工制作(撕纸)的活动,体验活动的乐趣。 　　2. 引导幼儿继续学习用正方形纸折剪成窗花,并学习粘贴窗花的方法;引导幼儿喜爱民间剪纸艺术,培养幼儿欣赏窗花的审美情趣。 　　3. 通过活动,幼儿和家长能够感受到节日的气氛,共同分享节日的快乐。 　　4. 通过游园活动,感受幼儿园大家庭的温暖,加深家园情、师生情、亲子情。

(二)区域材料投放与游戏指导

1. 图书区

(1)材料投放

①家长与幼儿共同搜集春节活动材料、照片,共同制作图册。

②投放与春节相关的绘本故事和图书。

(2)游戏指导

鼓励幼儿学会一页一页翻看故事,并学会观察故事书中的内容,能用语言表达出来。

2. 表演区

(1)材料投放

①投放响板、单响筒、沙锤、小铃鼓、碰铃等幼儿容易操作的乐器。

②投放幼儿学过的新年歌曲和乐曲。

③投放幼儿喜欢的头饰、衣服和材料。

(2)游戏指导

①鼓励幼儿选择自己喜欢的服饰和材料进行游戏,引导幼儿运用自然好听的声音演唱新年歌曲。

②引导幼儿运用自己喜欢的动作表现《我爱新年》这首乐曲。

③指导幼儿打击乐的使用方式方法,初步学会看图谱进行打击乐活动。

3. 美工区

(1)材料投放

①投放布老虎、春节剪纸作品、红灯笼等材料,营造"过春节"环境。

②投放纸黏土、安全剪刀等易于幼儿操作制作的材料工具。

(2)游戏指导

鼓励幼儿动手操作,喜欢用美工区的材料制作春节相关的作品,如包饺子、团元宵、画灯笼、粘鞭炮。

4. 角色区

(1)材料投放

①投放灯笼、竹签、糖葫芦、布贴画等易于幼儿操作的半成品。

②创设温馨、舒适、热闹的环境。

(2)游戏指导

指导幼儿选择自己喜欢的角色进行活动,并引导幼儿思考自己的爸爸妈妈在家中是什么样子的、做哪些事情,提高幼儿的角色意识。

5. 环境布置

幼儿、家长、教师一同收集材料,一同布置班级春节环境。

活动指导:和幼儿一同协商班级布置计划,询问幼儿想如何布置班集体,提高幼儿归属感。

(三)主题墙布置(见图一)

1. 高高兴兴迎春节

(1)年的故事(查找有关年的故事)。

(2)春节的游戏。

(3)春节的歌舞。

2. 亲子逛庙会

(1)春节的美食

(2)春节的游艺。

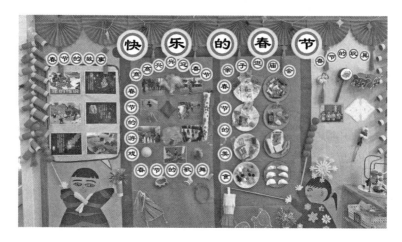

（图一）

（四）家园共育

1. 收集相关春节活动的材料。

2. 利用周末时间,带领幼儿观察生活中的春节景象。

3. 利用多种渠道了解中国春节的习俗。

4. 提供幼儿喜欢的玩具和材料,一起制作冰花并布置幼儿园环境。

5. 加强幼儿安全行为及自我保护意识,不去危险的地方滑冰、不燃放烟花爆竹。

五、音乐作品分析

音乐作品名称:《过新年》	
背景	此歌曲以儿童的视角来表现人们对新年的美好愿景。
特点	《过新年》为2/4拍,曲调是欢快、热烈的,给人一种喜庆的愉悦之情;歌词工整,多为四字,结构对仗;采用象声词,如咚咚咚锵,来表达新年热闹的情景,表现人们对美好生活及新的一年的祝福。
选择缘由	春节是最富特色的传统节日,过新年是中国的汉族和一些少数民族都要举行的节日活动,它承载着中国人太多的感情、愿望、信仰和梦想。过新年的形式丰富多彩,带有浓郁的民族特色,人们在这一天都尽可能地回到家里和亲人团聚,表达对未来一年的热切期盼和对新一年的美好祝福。

音乐作品名称:《过新年》	
相关资源	《年兽的故事》 相传中国古时候有一种叫"年"的怪兽,长得青面獠牙、尖角利爪,凶恶无比。年兽长年深居山中,每到除夕才下山吞食牲畜伤害人命。因此,每到除夕这天,人们都离家躲避年兽的伤害,把这个称为"过年"。 某年除夕,人们正扶老携幼上山避难,从村外来了个乞讨的老人。人们有的封窗锁门,有的收拾行装,到处一片匆忙恐慌景象,没有人关心这乞讨的老人,只有村东头一位老妇包了饺子请老人吃,劝他快上山躲避年兽。为了报答老妇的好心,老人告诉她年最怕红色、火光和炸响,要她穿红衣,在门上张贴红纸、点上红烛,在院内燃烧竹子发出炸响。 半夜时分,年兽闯进村。发现村中灯火通明,它的双眼被刺眼的红色逼得睁不开,又听到有人家传来响亮的爆竹声,于是浑身战栗地逃走了。从此人们知道了赶走年的方法,每年除夕家家贴红对联、燃放爆竹;户户烛火通明、守更待岁。初一一大早,还要走亲串友道喜问好,恭贺对方渡过了年兽的肆虐。后来这风俗越传越广,成了中国民间最隆重的传统节日。

音乐作品名称:《喜洋洋》	
背景	《喜洋洋》是我国著名民乐,以新板胡为主要乐器演奏。由我国已故民乐大师刘明源先生于1958年创作。
特点	节奏欢快轻松,充满喜庆氛围。全曲共分三段,是ABA结构。 A的主题取材于山西民歌《卖膏药》,乐曲在热闹的气氛中开始,然后以两个笛子声部的重叠、顿音和加花的手法,营造了热情洋溢的气氛。 B的主题根据另一首山西民歌《碾糕面》改编,作者保持了原曲舒展的特点,将上下两句发展成起承转合的四句,加上笛子、二胡与板胡以各种技巧润饰旋律,木鱼则以规整的节奏衬托曲调,喜悦的歌声犹闻在耳。第三段完整重复了A的旋律。
选择缘由	1.《喜洋洋》是广东音乐,亦称粤乐,是我国地方民间音乐中的瑰宝,是流传于珠江三角洲一带的民间器乐曲种。形成乐种只有百余年的历史,属新兴地方民间音乐乐种。 2. 逢年过节孩子们都会听到这首乐曲,对于幼儿来说是耳熟能详的音乐,幼儿通过倾听、感受音乐,表达自己对春节的喜爱之情。
相关资源	广东新年美食、小吃与北京的春节美食、小吃有相似之处。席上一般有鸡(寓有计)、鱼(寓年年有余)、蚝豉(寓好市)、生菜(寓生财)、腐竹(寓富足)、蒜(寓会计算)等以求吉利。此外还有红豆馅糯米皮的炸油角、炸煎堆、炒米糕。小吃果品类如芋头糕、糖莲子、炒粉皮、芝麻酥、花生酥等。

附:具体活动方案

活动一　语言领域:冬天(儿歌)

一、活动目标

1. 喜欢听儿歌,激发幼儿勇敢、不怕冷的精神。

2. 理解儿歌内容,并能发准"钻"(zuan)"早"(zao)等音。

二、活动准备

经验准备:幼儿知道冬季,喜欢参加冬季长跑和户外游戏。

物质准备:儿歌内容PPT。

三、活动过程

(一)开始部分

提问引入活动主题。

——小朋友们,你们知道现在是什么季节吗?

——冬天是什么样子的?

(二)基本部分

1. 观看PPT,理解儿歌内容

——你们看到了什么?(鼓励幼儿将自己看到的用语言表达出来)

支持幼儿大胆讲述、模仿图片上的内容。

2. 学说儿歌《冬天》

——你听到这首儿歌里面有谁? 他们都怎么了?

跟随教师朗读儿歌,重点发准"钻"(zuan)"早"(zao)等音。

——我们小朋友怕不怕冷?(让幼儿谈一谈自己参加锻炼后的感受)。

(三)结束部分

幼儿伴随音乐离场,活动自然结束。

延伸活动:鼓励幼儿乐于参加户外体育活动,增强幼儿不怕冷的意志。

附儿歌:

冬天

冬天又来了,北风呼呼叫,

小鸟钻进窝,小猪睡懒觉。

我们小朋友,天天起得早,

跑跑又跳跳,身体暖和了。

活动二 社会领域:长大一岁了

一、活动目标

1. 幼儿通过认照片、看录像、试衣服等活动,感受到自己的成长。

2. 初步运用比较的方法,知道自己长大了。

二、活动重难点

活动重点:幼儿通过操作比较感受到自己的成长。

活动难点:激发幼儿为自己的成长感到自信和自豪的情感。

三、活动准备

1. 幼儿小时候的照片、录像。

2. 各类婴儿衣物等。

四、活动过程

(一)开始部分

1. 教师创设情境,引导幼儿观察娃娃家"幸福一家人"墙面引出话题。

——请你找找哪张是你自己的照片?

——照片墙上的朋友会是班中的谁呢?

2. 出示个别幼儿的照片让大家认一认。

——这是谁呢?

——怎么和现在长得不一样呢?

教师小结:我们长大了,所以和现在不一样。

(二)基本部分

1. 教师出示幼儿小时候的衣服,通过比较的方式发现自己长大了。

——小朋友都带来了小时候穿的衣服,去试一试现在还穿得下吗?

(幼儿试穿小时候的衣物,感觉身体上的长大。)

2. 幼儿根据自己的操作讲述自己的发现。(个别幼儿试穿、讲述。)

教师小结:我们的头、身体、手、脚等各个地方都长大了,说明我们真的长大了。

3. 教师分别播放"小时候的宝宝"和"上幼儿园的宝宝",引导幼儿观察。

——宝宝在干什么?为什么要妈妈帮忙?

——这两个宝宝有什么不一样呢?

(三)结束部分

教师总结:第一个宝宝什么事情都要妈妈做,第二个会自己的事情自己做,就像我们现在的小朋友一样,所以我们的小朋友长大了。

附儿歌:

长大一岁了

新年到,新年到,

敲锣打鼓真热闹,

我送布娃娃一顶小红帽,

布娃娃眯眯笑,

伸手要我抱。

哎呀呀,不抱不抱,

我们长大一岁了,

你呀知道不知道。

活动三　艺术领域:小雪花(打击乐)

一、活动目标

1. 愿意参加打击乐活动,能够正确掌握单响筒的使用方法。

2. 初步控制节奏。

二、活动重难点

活动重点:正确使用打击乐器单响筒。

活动难点:初步控制节奏。

三、活动准备

经验准备:熟悉歌曲《小雪花》;幼儿感受过2/4拍节奏。

物质准备:音乐《小雪花》《欢乐舞》;不同颜色衬纸的雪花节奏卡;打击乐器(单响筒)。

四、活动过程

(一)开始部分

1. 律动进场:幼儿随音乐《欢乐舞》做拍手、伸脚动作入场。

——今天有一个爱唱歌的好朋友来到咱们班,你们听一听它是谁?(小雪花)

2. 欣赏音乐《小雪花》,可引导幼儿随音乐节奏拍拍手,感知X　X丨X　X节奏型。

——我们拍拍小手欢迎欢迎小雪花这个好朋友吧。

(二)基本部分

1. 情境引入:小雪花送礼物。

——今天小雪花还给我们小朋友带了小礼物,这个小礼物就藏在你们的椅

子底下,请我们小朋友轻轻地拿出来。(单响筒)

2. 引导幼儿可以看一看、敲一敲单响筒。(教师做收的动作时,幼儿停止敲击)

——现在我们小朋友可以和单响筒做做游戏,敲一敲它。

3. 教师引导幼儿正确敲击乐器。

4. 出示图谱,引导幼儿按图谱敲击乐器。

(1)引导幼儿按图谱敲击乐器。(不放音乐)

——小雪花现在要和我们小朋友做一个小游戏,老师指小雪花一下,小朋友就敲一下手里的单响筒。

(2)听音乐看节奏卡敲击乐器。

——现在我们小朋友听着音乐,看着小雪花敲击自己的单响筒。

5. 引导幼儿看教师指挥随音乐敲击乐器。

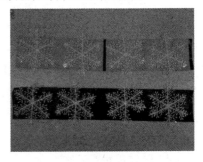

——小雪花说小朋友伴奏得真好听,它还想再听一遍。但是,这次小朋友们要看着老师的手势进行敲击。(结束后提示幼儿将单响筒放回椅子底下)

(三)结束部分

幼儿听音乐《欢乐舞》做动作自然离场。

(图二)

——小雪花今天和我们小朋友一起做游戏真开心,现在我们听着欢乐的音乐出去玩一玩。

附节奏卡:(图二)

X X ｜X X ｜X X ｜X X ｜

小雪 花呀小雪花　飘飘洒洒　在空中

X X ｜X X ｜X X ｜X X ｜

一会转个 小圈圈　一会翻个　大跟头

活动四　语言领域:年的故事(故事)

一、活动目标

1. 喜欢听故事,理解其中的内容,体验新年的快乐。

2. 喜欢民族节日,了解简单的新年风俗和有关的民间传说。

二、活动重难点

活动重点:喜欢听民间的传统故事。

活动难点:了解新年是中国人民的传统节日。

三、活动准备

经验准备:幼儿对过新年有一定的经验。

物质准备:故事绘本《年的故事》。

四、活动过程

(一)开始部分

——你们知道"年"是怎么来的吗?

——我们为什么要过年?

——都有谁过年?

(二)基本部分

1. 出示故事绘本《年的故事》,激发幼儿参与活动的兴趣。

——请小朋友看一看,你们看到了什么?

2. 教师讲述故事,引导幼儿安静倾听。

——故事里面发生了一件什么事情?

——故事里的怪兽叫什么名字?

——谁把怪兽打跑了?

——怪兽最怕什么?

(三)结束部分

再次欣赏绘本故事《年的故事》。

附故事:《年兽的故事》

从前,有一种怪兽的名字叫"年"。它的头上长着角,非常厉害。平时,年兽躲在海底下,快过春节了,年兽就会从海底下爬出来,吃牛羊鸡猪,甚至是人。

有一次,老百姓知道年兽要来了,都带着牲口进山里躲避。这时候,来了一位白胡子老爷爷。一位老婆婆劝白胡子老爷爷赶快躲一躲,白胡子爷爷说,我住在这里,不会怕年兽的,只会是年兽怕我。

老婆婆和村里的人都躲到大山里去了,白胡子爷爷留在了老婆婆家里。晚上,年兽闯进村子,第一个就到了老婆婆家。它看到老婆婆家的门口贴着红纸,身体抖了起来。年兽气得怪叫一声,朝院子里冲进去。正在这时候,院子里响起了"砰砰啪啪"的声音,还有火光。年兽抖得更厉害了。原来,年兽最怕红色、响声和火光。

年兽刚进院子,屋子的门打开了,白胡子爷爷穿着红衣服从屋子里出来,朝着年兽哈哈大笑。年兽一看,吓得转身就逃。白胡子爷爷去追年兽,一直追到大海边。年兽躲到海里,再也不敢出来了。

第二天,老婆婆和村子里的人回来一看,家家户户的门口都贴着红纸,院子里都堆着一边燃烧一边"砰砰啪啪"响的竹子。

从那以后,大家知道了赶走年兽的好办法。春节快到的时候,人们都会在门口贴上红对联、红福字,在窗子上贴上红窗花,还会放起"砰砰啪啪"响的爆竹、烟花。

活动五 健康领域:安全放炮竹(安全)

一、活动目标

1. 了解燃放烟花爆竹的安全注意事项。

2. 知道烟花爆竹是非常危险的物品,自己单独一个人不要燃放烟花爆竹。

3. 在日常生活中,和大人一起燃放烟花爆竹时能提醒大人注意安全。

二、活动重难点

活动重点:知道烟花爆竹是危险物品。

活动难点:知道燃放烟花爆竹的安全注意事项。

三、活动准备

经验准备:幼儿喜欢看烟花、放烟花。

物质准备:自制炮竹一个;禁止燃放烟花爆竹标志一个;教师自制 PPT。

四、活动过程

(一)开始部分

1. 出示自制爆竹,激发幼儿参与活动的兴趣。

——这是什么? 你知道怎么引爆这根爆竹吗?

2. 请部分幼儿演示引爆烟花爆竹的方法,集体讨论他们的动作对不对。

——谁的方法是对的? 谁的方法是错的?

3. 教师小结:引爆烟花爆竹的时候,最好用一根硬一些、长一些的香,身体要远离烟花爆竹再去点燃,点着后要迅速远离。最重要的是,小朋友单独一个人的时候不能燃放烟花爆竹。

(二)基本部分

1. 引导幼儿观察图片,分组讨论燃放烟花爆竹要注意什么。

——那放烟花爆竹时要注意什么呢? 我们一起来看看图片上是怎么说的。

2. 教师出示图片,请幼儿互相讨论燃放的注意事项。

——这些小朋友在哪里燃放烟花爆竹? 为什么要在这些地方燃放烟花爆竹?

——猜猜图上的小朋友为什么要捂着耳朵?

——我们来看看这位小朋友做得对不对? 为什么?

(三)结束部分

引导幼儿说说其他的注意事项。

——除了图片上讲到的这些注意事项,你们还觉得要注意什么?

活动延伸:集体游戏——美丽烟花飞起来。为幼儿提供多种道具,进行放烟花的游戏。

活动六 艺术领域:过新年(歌唱)

一、活动目标

1. 感受歌曲的欢快旋律,会用活泼跳跃的唱法歌唱。

2. 能用自然的声音演唱歌曲,不喊唱。

3. 鼓励幼儿运用简单的动作表现歌曲的内容。

二、活动重难点

活动重点:用活泼跳跃的唱法歌唱。

活动难点:用简单的动作表演歌曲。

三、活动准备

经验准备:幼儿已有的过年的意识经验。

物质准备:钢琴伴奏;图谱。

四、活动过程

(一)开始部分

教师与幼儿交谈,引出新年话题。

——快过年了,你们想做些什么呀?

——有没有看过放鞭炮啊? 是什么声音? (噼啪)

——有一首儿歌你们还记得吗? (新年到新年到,敲锣打鼓放鞭炮……)

——那你们知道敲锣打鼓是什么样的吗? (咚咚咚锵)

(二)基本部分

1. 教师演唱歌曲。

——歌曲好听吗? 歌曲里都唱了些什么?

2. 提问并根据回答出示图谱。

——你们听到什么了?

3. 音乐伴奏,看着图谱学唱歌曲。

——我们来跟着音乐试着唱一遍。

4. 鼓励小朋友大胆想象,给歌曲创造简单的动作。

——你想用哪些喜欢的动作来表现歌曲内容?

5. 学习小朋友自己创编的动作并进行表演。

(三)结束部分

鼓励幼儿大胆到同伴面前听音乐伴奏,一边演唱歌曲一边做自己喜欢的动作。

活动七 手工活动:小鞭炮(艺术领域)

一、活动目的

1. 学习使用各种美工用具独立制作鞭炮,知道粘贴的正确方法。

2. 通过做做玩玩,感受过新年的热闹喜庆的氛围。

二、活动重难点

活动重点:正确使用胶棒,学会粘贴的方法。

活动难点:尝试卷折粘贴。

三、活动准备

红纸、黄纸、胶棒;教师提前编制好的鞭炮绳两条。

四、活动过程

(一)开始部分

导入活动,引起幼儿学习的兴趣。

——小朋友们,你们知道过新年要放什么吗?

——你喜欢放鞭炮?为什么?

(二)基本部分

1. 观察炮竹的图片。

——请小朋友仔细看看,这个炮竹是什么样子的?

——这个炮竹是使用什么材料做的?

——你能说一说,这个炮竹是怎么做出来的吗?

2. 幼儿动手制作,教师观察和帮助。

——让我们一起来做小鞭炮吧。(教师重点示范卷折粘贴的技巧)

(三)结束部分

教师带领幼儿将共同制作的小鞭炮布置在主题墙上,增强幼儿自豪感和喜悦感。

附儿歌：

小鞭炮

我是一个小鞭炮，

穿红衣，戴黄帽，

一点着，

噼里啪啦，噼里啪啦，

叫又跳。

活动八　艺术领域:喜洋洋(欣赏)

一、活动目标

1. 通过欣赏，引导幼儿感受乐曲欢快活泼的情绪和优美抒情的风格特点。

2. 培养幼儿欣赏音乐和表现音乐的兴趣。

二、活动重难点

活动重点:感受乐曲欢快活泼、优美抒情的风格特点。

活动难点:大胆用动作表现乐曲。

三、活动准备

经验准备:幼儿在环节过渡的时候听过《喜洋洋》这首民乐;幼儿愿意用动作来表现音乐。

物质准备:乐曲《喜洋洋》完整乐段;乐曲《喜洋洋》分段乐段;新年场景PPT;伍辉版《进行曲》。

四、活动过程

(一)开始部分

幼儿随音乐《进行曲》和老师一起律动入场。

(二)基本部分

1. 观看新年PPT,丰富幼儿认知情感。

——这些人在做什么? 什么节日做这些事情?

——过年的时候大家的心情是怎么样的? 喜欢吃些什么?

2. 完整欣赏,感受乐曲的情绪。

——今天,老师带来一首非常欢乐的曲子,请你们听一听。

3. 完整欣赏后进行提问

——听完这首乐曲,你们觉得人们在春节里做了哪些事情?

——为什么?

4. 教师小结:这首乐曲节奏活泼、轻快,旋律优美,是山西的民歌,表现了一种喜洋洋的气氛,适合在热闹开心的时候播放,所以大家就给它取了一个好听的名字《喜洋洋》。

5. 分别播放三段音乐,引导幼儿通过想象做动作。

——这段音乐是快的还是慢的,听了以后你觉得怎么样?你好像看到了什么?(播放第一段)

——这一段和第一段一样吗?哪儿不一样?你觉得这段音乐里的人们在干什么?(播放第二段)

——最后一段和第几段是一样的?可以用什么动作来表现?(播放第三段)

(三)结束部分

再次完整欣赏,让幼儿试着用简单的动作进行表现。

活动九　制作活动:彩色灯笼(艺术领域)

一、活动目标

1. 愿意参与手工制作(撕纸)的活动,体验活动的乐趣。

2. 懂得用正确的方法和步骤进行粘贴,懂得进行收拾。

二、活动重难点

活动重点:用正确的方法和步骤进行粘贴。

活动难点:用正确的方法和步骤进行撕纸。

三、活动准备

各异形状的彩色纸片(长方形、正方形、圆形);胶棒若干;碎纸筐6个。

四、活动过程

(一)开始部分

出示小灯笼,激发幼儿动手参与兴趣。

——请小朋友看一看,这是什么?

——它是怎么做出来的?

(二)基本部分

1. 出示材料,给予幼儿动手操作的机会。

——你们想试一试做一个小灯笼吗?

2. 教师提要求:撕下的碎纸放到碎纸筐里,爱护班级环境;保护好小胶棒的帽子,用完要将小帽子盖回去。

3. 幼儿动手制作,教师巡回指导。

(三)结束部分

教师带领幼儿互相欣赏和分享作品。

活动十 艺术领域:漂亮的窗花(制作)

一、活动目标

1. 引导幼儿继续学习用正方形纸折剪成窗花,并学习粘贴窗花的方法。

2. 培养幼儿对剪纸的兴趣,引导幼儿喜爱民间剪纸艺术,培养幼儿欣赏窗花的审美情趣。

3. 发展幼儿手部动作的灵活性。

二、活动重难点

活动重点:幼儿学习用正方形纸折剪成窗花,并学习粘贴窗花的方法。

活动难点:培养幼儿对剪纸的兴趣,引导幼儿喜爱民间剪纸艺术,培养幼儿欣赏窗花的审美情趣。

三、活动准备

经验准备:幼儿会使用剪刀进行剪纸活动;幼儿有一定的剪纸常规。

物质准备:各种窗花的范样;正方形彩色纸若干;剪刀、胶棒;剪刀工具盒;碎纸筐。

四、活动过程

(一)开始部分

出示窗花,引起幼儿兴趣。

——小朋友们,你们看看我手里的窗花好看吗?

——什么时候贴窗花?

小结:这是用剪纸的方法制作的。剪纸是我们中国人发明的,中国人过年就用红纸剪出好看的图案,贴在窗户上,这就叫窗花。

(二)基本部分

1. 引导幼儿观察、了解折剪窗花的方法。

——请小朋友仔细看看,你们发现了什么?(两边是一样的)

——请小朋友先想一想,怎么折剪窗花?

2. 教师讲解示范剪窗花的方法。

3. 幼儿操作,教师指导。

(三)结束部分

1. 请幼儿互相欣赏作品,说一说自己的窗花是怎么剪出来,用了哪些好看的图形或形状。

2. 展览窗花。

活动十一　艺术领域:热热闹闹过春节(春节游园会)(综合)

一、活动目标

1. 通过活动,幼儿和家长能够感受到节日的气氛,共同分享节日的快乐。

2. 让幼儿在游戏中表现自己,体验到努力就会成功的快乐。

3. 通过游园活动,感受幼儿园大家庭的温暖,加深家园情、师生情、亲子情。

二、活动准备

温馨提示;幼儿游戏票;班级环境布置。(图三、图四)

三、活动过程

活动时间:2017 年 12 月 28 日(周四)　上午 8:25—12:00

活动地点:京通幼儿园

活动安排:欣赏民间艺术展;民俗游艺活动;观看传统文化演出。

四、注意事项

1. 请家长在家给幼儿吃好早饭,每名幼儿由一位家长陪同。

2. 对幼儿进行安全教育,不做危险动作,不离开成人,在幼儿园指定区域内活动。

3. 认真听从班级教师及工作人员的要求,遇问题及时与工作人员沟通,避免发生争执,友好相处。

4. 做孩子的榜样,举止文明,爱护公物,不吸烟、不随手乱扔垃圾。

5. 在活动中不拥挤,遇人多的区域耐心等候或选择人少的区域活动。

6. 保管好自己的随身物品,以防丢失。

(图三)　　　　　(图四)

(魏然然　安　康　王海燕)

主题名称:我是北京娃娃

一、主题缘起

前期活动中我们准备了歌曲《拉大锯扯大锯》,发现幼儿对这首童谣特别感兴趣,不仅爱跟着唱,还会根据音乐节奏自主设计游戏。在区域活动中,一些幼儿在表演区会边哼唱边做动作,甚至还会对歌曲进行创编,玩得很开心。从这些情况来看,幼儿对节奏感强的音乐很感兴趣,因此我选择了一首节奏感较强的北京童谣作为活动歌曲,引起幼儿的学习兴趣。

《3—6岁儿童学习与发展指南》中提出:3—4岁的幼儿喜欢自哼自唱或模仿有趣的动作、表情和声调。于是我结合幼儿喜欢节奏感强的音乐这一特点,组织幼儿开展了"我是北京娃娃"的主题活动,旨在活动中让幼儿能有节奏地唱童谣,并且能随童谣的节奏做简单的动作,同时也想通过这个主题活动帮助幼儿了解北京的童谣文化,培养幼儿的国民认同感。

二、主题目标

1. 幼儿通过理解歌词内容,用自己喜欢的方式模仿简单的动作,并能随音乐做简单的律动。

2. 幼儿能够仔细倾听歌谣并尝试模仿学唱。

3. 幼儿能够感受理解歌曲的情绪,并积极地表现出来。

4. 幼儿在活动中能够积极与同伴互动,愿意与同伴和老师交流。

5. 幼儿能够初步尝试用绘画、泥工、剪纸等多种美工材料制作与歌曲相关的作品。

三、主题网络

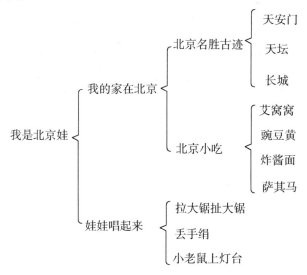

四、主题活动计划表

(一)教育活动

	活动名称	活动目标
第一周	1. 语言活动:小老鼠上灯台(童谣) 2. 音乐游戏:小老鼠上灯台 3. 语言活动:天安门(诗歌欣赏) 4. 音乐欣赏:我爱北京天安门 5. 艺术活动:天安门(绘画) 6. 艺术活动:制作北京小吃(泥工) 7. 社会活动:参观北京天安门	1. 使幼儿对北京名胜古迹及北京小吃有初步了解。 2. 初步了解我国首都北京。
第二周	1. 语言活动:拉大锯扯大锯 2. 音乐游戏:拉大锯扯大锯 3. 健康活动:小老鼠偷油	幼儿能够感受与欣赏北京童谣的意境美,感知北京童谣生动、活泼、顺口、有趣的特点。

(二)区域材料投放与活动指导

(1)图书区

材料投放:创设故事讲述台,鼓励幼儿进行简单的故事表演。

①投放故事讲述台。(见图一、图二)

(图一)   (图二)

②投放《小老鼠上灯台》及《拉大锯扯大锯》图书。

③投放自制关于北京名胜古迹的书。

④投放自制关于北京小吃的书。

(2)活动指导:教师引导幼儿能口齿清晰地用手偶进行《小老鼠上灯台》《拉大锯扯大锯》的讲述并创编简单的故事内容;引导幼儿看图书,喜欢边看边讲述故事内容;引导幼儿了解北京的名胜古迹,知道北京有名的建筑,并愿意和他人交流;引导幼儿了解北京有名的小吃。

2. 表演区(见图三)

(1)材料投放:创设俏皮、可爱的表演环境,为幼儿提供可以表演北京童谣的道具材料,使幼儿喜欢参加音乐表演,愿意选择喜欢的道具表演北京童谣。

①投放小老鼠、大花猫的头饰以及漂亮的表演服装。

②投放《小老鼠上灯台》和《拉大锯扯大锯》的儿童歌曲。

(图三)

③创设有关表演活动游戏规则与步骤流程图的墙饰。

(2)活动指导:引导幼儿选择喜欢扮演的角色头饰和相关表演服装,并根据角色内容进行表演;鼓励幼儿音乐能跟随歌曲音乐进行演唱。

3. 美工区

(1)材料投放:创设具有北京特色的欣赏制作环境。

①投放具有北京代表性的摆件引导幼儿观察、创作,如兔爷、葫芦、布贴小老鼠等工艺品。

②投放易于幼儿操作制作的材料。

(2)活动指导:引导幼儿了解北京有名的艺术品,丰富幼儿对北京特有的艺术作品的兴趣;引导幼儿用喜欢的材料,根据艺术作品进行简单的模仿。

4. 建筑区

(1)材料投放:主题搭建——北京建筑。

①积木(各种形状的积木,幼儿根据自己需求选用)。

②各种辅材(自制琉璃瓦、圆形盖顶等)。

③与幼儿共同商量搭建高楼的方法,并用照片的方式投放在墙饰上。

(2)活动指导:引导幼儿学习简单的搭建方法,如搭高、围拢、延长等;引导幼儿在教师的帮助下用积木搭建北京建筑,如天安门,故宫等。

5. 角色区

(1)材料投放:投放北京特色的用具、食物。(彩泥或者废旧物制作各种北京小吃)

(2)活动指导:教师引导幼儿用投放的材料制作北京小吃等。

6. 科学区:北京地图。

活动指导:引导幼儿知道北京在地图上的位置。

(三)主题墙布置

1. 北京的名胜古迹

(1)幼儿参观北京名胜古迹的照片,教师与幼儿共同布置到主题墙饰中。

(2)幼儿及家长运用多种形式制作的北京的名胜古迹。

2. 北京小吃(见图四)

(1)幼儿与教师将品尝过的北京小吃的图片布置到主题墙饰中。

(2)幼儿自己动手制作的北京小吃。

(图四)

3. 娃娃唱起来

(1)幼儿与教师将《小老鼠上灯台》游戏的活动照片布置到墙饰中。

(2)幼儿与教师将《拉大锯扯大锯》游戏的活动照片布置到墙饰中。

(四)家园共育

1. 家长与幼儿共同参观北京名胜古迹、品尝北京小吃。

2. 亲子制作小老鼠、大花猫服饰,鼓励亲子表演《小老鼠上灯台》。

五、音乐作品分析

(一)《拉大锯扯大锯》

背景(地域文化)	《拉大锯扯大锯》是一首北京胡同里的童谣,歌词曲调欢快,是北京四合院的老人们,用通俗易懂的语言创造的一首童谣。在童谣的轻声细语中,老太太晃动着小小子儿(孩童的爱称),淘气的小小子儿便慢慢地、舒服地睡着了。这是哄孩子睡觉时唱的一首有趣的童谣。
特点(曲调曲式结构等音乐本身的特点)	我国古代称儿歌为童谣,童谣的特点是比较简短,形式多样,富有变化,节奏鲜明,朗朗上口,易念易记易传,这首童谣的节奏型是××× × ×× ×。
选择缘由(对国家认同的贡献;儿童适宜性;音乐上的地位与价值)	《拉大锯扯大锯》是一首广为流传的北京童谣,整首音乐具有幽默、有趣等特点,符合小班幼儿好奇、好模仿、好动的特点,幼儿对这首音乐也表现出了浓厚的兴趣,并且这首童谣篇幅短小、精炼,容易被幼儿所接受。
相关资源(故事、人文景观、其他艺术作品的生活运用)图文并茂	 (图五)

(二)《小老鼠上灯台》

背景(地域文化)	《小老鼠上灯台》是一首非常流行的儿童歌曲,由于中国古代普通百姓家庭大都用油灯照明,而当时采用的一般是用动物脂肪经过加热熬出的油来点燃照明,所以古代的老鼠才会上灯台偷油吃。

特点(曲调曲式结构等音乐本身的特点)	这首童谣的歌词简单,曲调活泼生动,妙趣横生,唱起来朗朗上口。此童谣是专为儿童作的短诗,强调格律和韵脚,通常以口头形式流传。
选择缘由(对国家认同的贡献;儿童适宜性;音乐上的地位与价值)	《小老鼠上灯台》是一首非常流行的童谣,歌词简单,曲调活泼生动,妙趣横生,唱起来朗朗上口,富有教育意义,非常适合于小班幼儿学习。同时,这首童谣又富含教育意义,在孩子们的心中也有着不可替代的地位。
相关资源(故事、人文景观、其他艺术作品的生活运用)图文并茂	由于中国古代普通百姓家庭大都用油灯照明,而当时采用的一般是用动物脂肪经过加热熬出的油来点燃照明,所以古代的老鼠才会上灯台偷油吃。而在近现代由于电灯的发明,我们早已没有使用油灯了,只有在一些偏远山区或是没有通电的地方还有油灯的存在,所以大部分小朋友都不认识油灯,自然也就看不见偷油的老鼠了。但通过这首有趣的童谣《小老鼠上灯台》的学习,幼儿就可了解我国古代的趣事,并且感受童谣活泼、生动等特点。

(三)《丢手绢》

背景(地域文化)	《丢手绢》是我国民间广为流传的集体游戏,它的语言浅显、音韵优美,易为幼儿接受。
特点(曲调曲式结构等音乐本身的特点)	童谣《丢手绢》,"丢、丢、丢手绢,轻轻地放在小朋友的后面,大家不要告诉他,快点快点捉住他,快点快点捉住他"。当唱到"丢手绢"时,幼儿就会把手绢轻轻地放在某个小朋友的身后,然后快速离开,伴随着欢快的歌声孩子们开始追逐嬉戏。将童谣变成歌谣后,童谣有了旋律,不仅轻松易学而且也增添了趣味,更易为幼儿接受。
选择缘由(对国家认同的贡献;儿童适宜性;音乐上的地位与价值)	《丢手绢》是我国传统的民间儿童游戏,可谓是儿歌的经典,通过玩"丢手绢"的游戏,对幼儿多方面能力的发展具有促进作用,如观察能力、追跑能力、游戏理解能力等。
相关资源(故事、人文景观、其他艺术作品的生活运用)图文并茂	丢手绢,又叫丢手帕,我国传统的民间儿童游戏。开始前,准备几块手绢,然后大家推选一个丢手绢的人,其余的人围成一个大圆圈蹲下。游戏开始,被推选为丢手绢的人沿着圆圈外行走。丢手绢的人要不知不觉地将手绢丢在其中一人的身后,被丢了手绢的人要迅速发现自己身后的手绢,然后迅速起身追逐丢手绢的人,丢手绢的人沿着圆圈奔跑,跑到被丢手绢人的位置时蹲下,如被抓住,则要表演一个节目,可表演跳舞、歌谣、讲故事等。

附:具体活动方案

活动一 歌唱活动:小老鼠上灯台(歌唱活动)

一、活动目标

1. 喜欢参加歌唱活动,能够感受歌曲活泼有趣的特点。

2. 感受歌谣稳定的节拍特点,并能用动作表现歌曲内容。

二、活动重难点

活动重点:感受歌谣稳定的节拍特点。

活动难点:能用动作表现歌曲内容。

三、活动准备

经验准备:幼儿学习过歌曲《走路》。

物质准备:小老鼠头饰若干、毛绒玩具若干;音频、视频。

四、活动过程

(一)开始部分

1. 入场:播放《走路》音乐入场,幼儿随歌曲内容做小动物走路的姿势。

2. 发声练习:引导幼儿用好听的声音演唱《我爱我的小动物》,不喊唱。

——发生练习的简谱要附在开始部分,数字标点正确的位置。

$\underline{1\quad 2\quad 3\quad 4\quad 5\quad -}\ |\ \underline{5\quad 4\quad 3\quad 2\quad 1\quad -}\ |$

小朋 友 们 好　　　王 老 师 您 好

(二)基本部分

1. 用故事讲述的形式引出活动内容,激发幼儿参与活动的兴趣。

2. 教师播放《小老鼠上灯台》音频,请小朋友们欣赏。

——小朋友们,你听到了什么?

3. 再次播放音乐,引导幼儿尝试跟唱。

(1)集体跟着钢琴伴奏进行演唱。

(2)用情景体验法帮助幼儿掌握歌谣稳定的节拍特点。教师表演哄宝宝睡觉的情景,引导幼儿观察。

——刚刚老师在做什么?

——老师是怎么做的?

——请小朋友们也学老师的样子哄娃娃睡觉。

(3)集体跟钢琴伴奏进行再次演唱,重点指导幼儿稳定节拍。

4. 多媒体导入法引导幼儿用动作表现歌曲内容。

(1)请幼儿欣赏《小老鼠上灯台》视频。

——小老鼠是怎么上灯台的?

——小心翼翼地走是什么样子的?

——小猫是怎么样叫的? 小老鼠是怎么从灯台上滚下来的?

——你能用动作来表演一下吗?

(2)幼儿戴头饰边听音乐边用动作表现歌曲内容。

(三)结束部分

幼儿听音乐,用不同的音色模仿不同的动物离场,活动自然结束。

附:故事《小老鼠上灯台》

有一只小老鼠,它的肚子很饿,于是就到别人家里去偷吃油灯里的油,它悄悄地推开房门,慢慢地爬到灯台上面,刚要吃,就听见"喵喵"的声音,它吓了一跳,于是就叽里咕噜地滚了下来!

活动二　诗歌、语言活动:我家在北京

一、活动目标

1. 喜欢欣赏诗歌,初步理解诗歌的内容。

2. 进一步认识首都北京,增强对北京的认识。

3. 用轻柔的声音有感情地朗诵诗歌。

二、活动重难点

活动重点:初步欣赏诗歌,理解诗歌内容。

活动难点:用轻柔的声音有感情地朗诵诗歌。

三、活动准备

经验准备:幼儿有去天安门广场参观的经历。

物质准备:天安门图片若干。

四、活动过程

(一)开始部分:谈话引出主题

1. 教师请去过北京天安门的幼儿讲述天安门是什么样的。

2. 教师出示图片,引导幼儿边看图边结合诗歌内容谈话,如讨论天安门城楼上的特征。

(二)基本部分:欣赏诗歌

1. 教师朗读诗歌,幼儿倾听。

——你们听到了什么?

2. 教师再次进行朗读,幼儿轻声和老师一起朗读诗歌。

（三）结束部分：引导幼儿了解我们的首都在北京

1. 引导幼儿了解我的家在北京。

2. 引导幼儿进行集体诗歌朗读。

3. 引导幼儿用轻柔的声音有感情地朗诵诗歌。

活动三　泥工活动：可爱的小老鼠

一、活动目标

1. 幼儿对泥工活动感兴趣，喜欢用彩泥制作小老鼠。

2. 幼儿初步用团、搓等方法表现小老鼠头、身子、耳朵、尾巴等外形特征。

二、活动重难点

活动重点：对泥工活动感兴趣，喜欢玩泥。

活动难点：幼儿初步用团、搓等方法表现小老鼠头、身子、耳朵、尾巴等外形特征。

三、活动准备

经验准备：幼儿对小老鼠的形态有一定的了解。

物质准备：彩泥若干；小老鼠手偶若干。

四、活动过程

（一）开始部分：教师创设游戏情境激发幼儿兴趣

——今天，我们班来了一个小客人，小朋友们快听："吱吱吱，谁来了？"

——教师边出示小老鼠手偶边说儿歌《小老鼠上灯台》，激发幼儿参与活动的兴趣。

（二）基本部分：教师引导幼儿观察小老鼠的外形特征及制作方法

1. 出示事先捏好的小老鼠引导幼儿观察，教师介绍团、搓的方法引导幼儿进行制作。

——小朋友们看一看，小老鼠是什么样子的呀？

——你们看看老师是怎么捏的？

（1）取出橡彩泥用团的方法捏成一个大的和一个很小的两块泥。（小老鼠的身体）

（2）把大的一块做成小老鼠的身体，先团圆后再搓成一头尖一头圆的形状。

（3）在尖的一头用泥工工具做出小老鼠的尖嘴巴，嘴巴上面捏出两只半圆形的小小的耳朵。

（4）最后把剩下的一块泥搓成长长的、细细的尾巴，注意用稍粗一点的一头连结老鼠的身体。

2. 幼儿操作,教师巡回指导。

(1)教师提示幼儿分泥要一大一小,搓时要上下都用力。

(2)鼓励幼儿大胆思考并创作,捏出自己喜欢的小老鼠。

(三)结束部分:游戏"小老鼠上灯台"

——小朋友们快把你们捏好的小老鼠拿起来,我们来当小老鼠做一个小游戏吧!

教师扮演鼠妈妈进行情境引入,另一位老师当大花猫,进行"小老鼠上灯台"游戏,活动自然结束。

活动四 体育活动:小老鼠上灯台

一、活动目标

1. 幼儿喜欢体育活动,对"小老鼠上灯台"的体育活动感兴趣。

2. 幼儿能够跳跃和协调身体动作。

3. 幼儿能够遵守游戏规则。

二、活动重难点

活动重点:幼儿能够跳跃和协调身体动作。

活动难点:幼儿能够遵守游戏规则。

三、活动准备

经验准备:幼儿学习过童谣《小老鼠上灯台》。

物质准备:老鼠、猫的头饰若干。

四、活动过程

(一)开始部分:热身运动,将椅子拼成独木桥状。

——小朋友们看一看,今天谁来和我们做游戏了?

——我们一起来做游戏吧? 跟着老师出发吧!

教师带领幼儿先穿过大森林,再走过一条独木桥,绕过一条条小河,到河对面去找粮食吃。

(二)基本部分:幼儿探索椅子的多种玩法。

1. 幼儿自由玩

——椅子除了这样玩,还可以怎么玩? 下面请小朋友们自己想办法跟椅子做游戏!

幼儿自由玩,教师与幼儿一起探索椅子的多种玩法。

2. 重点引导幼儿从椅子上向下跳(应有安全员保护)。

——咱们看看xxx小朋友是怎么玩的! (从椅子上跳下来)你们愿不愿意

试一试?

——小朋友跳的时候注意安全,双脚同时起跳,同时落地,如果小朋友没站稳的话就用双手撑地。

(三)玩游戏:"小老鼠上灯台"。

——我们一起玩一个"小老鼠上灯台"的游戏吧,小椅子来当"灯台"。

(1)讲解游戏规则:全体幼儿和教师扮小老鼠说儿歌,边说儿歌,边走到椅子上,当说到"猫来了"时,幼儿定住不动,否则就会被大花猫捉走。当说到"叽里咕噜滚下来"时,小朋友双脚跳下,再重新做游戏。

(2)请一名幼儿扮猫,再游戏2次。

(四)结束部分:小老鼠和鼠妈妈一起回家休息。

活动五　律动活动:拉大锯扯大据

一、活动目标

1. 能根据歌词内容有节奏地表现拉大锯的动作。

2. 体验用动作表现音乐的乐趣。

二、活动重难点

活动重点:体验民间童谣的快乐。

活动难点:根据童谣内容有节奏地表现拉大锯的动作。

三、活动准备

经验准备:了解锯子的作用,知道拉锯的动作。

物质准备:音乐视频、音乐MP3。

四、活动过程

(一)开始部分

幼儿听《祖国祖国我爱你》伴奏音乐,做走路拍手的动作进场。

(二)基本部分

1. 播放音乐《拉大锯扯大锯》并一起演唱,帮助幼儿进一步理解、熟悉歌曲的内容和旋律。

2. 教师提出问题:怎样拉大锯?

(1)出示"锯",进一步让幼儿感知拉锯的动作。

(2)请幼儿说一说、做一做拉大锯的动作。

(3)请幼儿配合,边说歌词,边根据歌曲的节奏做拉大锯的动作。

3. 幼儿集体听音乐做动作,来表现《拉大锯扯大锯》这首歌曲。请全体幼儿伸出双手,在教师的带领下边说歌词,边根据歌曲的节奏做拉大锯的动作。

4. 与同伴合作:请幼儿两两结伴,互握双手,边说歌词,边根据歌曲的节奏做拉大锯的动作(鼓励小朋友同伴之间互相合作,找好朋友进行表演)。

5. 请个别幼儿上前与老师合作,边表演边朗诵儿歌。

6. 组织集体再次表演唱歌曲《拉大锯扯大锯》。

(三)结束部分

幼儿听《拉大锯扯大锯》歌曲拍手走步离场,活动自然结束。

活动六　音乐游戏:丢手绢

一、活动目标

1. 体验与同伴一起做游戏的快乐。

2. 感受歌曲的旋律,理解歌词大意,学唱歌曲。

3. 积极参加游戏活动,遵守游戏规则。

二、活动重难点

活动重点:感受歌曲旋律,理解歌词大意,学唱歌曲。

活动难点:幼儿懂得遵守游戏规则,不能看见手绢就告诉背后放了手绢的人。

三、活动准备

经验准备:幼儿见过哥哥姐姐玩过丢手绢的游戏。

物质准备:手绢一条;音乐《丢手绢》;"丢手绢"的视频。

四、活动过程

(一)开始部分:教师出示手绢,让幼儿欣赏手绢,引起幼儿兴趣。

——小朋友们看,这是什么?(手绢)

——手绢可以用来做什么?

——今天,我们来和手绢一起做游戏吧!

(二)基本部分:观看哥哥姐姐玩"丢手绢"的视频,学唱歌曲《丢手绢》。

1. 播放视频,引导幼儿理解歌词内容,学唱歌曲《丢手绢》。

2. 初步了解游戏规则。

——他们是怎么玩的丢手绢?

——我们要怎么丢手绢,才不会让别人发现呢?(轻轻地放在小朋友的后面)

——如果我们把手绢放在别人的后面,其他小朋友应该怎么做?(大家不要告诉他)

——丢手绢的小朋友把手绢丢在一个小朋友的背后以后,接下去他应该怎么做呢?(去抓后面有手绢的小朋友。快点快点抓住他。)

3. 幼儿完整演唱歌曲。

4. 游戏:丢手绢。

(1)详细讲解游戏规则

小朋友原地围成圆圈坐下,一边拍手一边唱《丢手绢》儿歌。先请一个小朋友来丢手绢,边唱儿歌边绕着圆圈走,当唱到"轻轻地放在小朋友的后面"时把手绢放在一位小朋友的后面不能让他发现,并快速地跑开。当你发现你自己后面有小手绢时你要马上拿起小手绢去追那个丢手绢的小朋友,而我们丢的小朋友要马上跑到那个小朋友的位置上去做好,如果丢手绢的小朋友被你捉住了,那就要请丢手绢的小朋友上来表演一个节目了。

(2)幼儿游戏:丢手绢。

(三)结束部分:游戏自然结束。

活动七　小班纸巾画活动:漂亮的花手绢

一、活动目标

1. 体验用颜料染色的游戏,感受颜色的变化。

2. 通过印染活动掌握印染的方法,感受印染作品的美。

3. 喜欢自己的印染作品。

二、活动重难点

活动重点:掌握印染的方法。

活动难点:体验用颜料染色的游戏,感受颜色的变化。

三、活动准备

经验准备:幼儿知道对角折、对边折的方法。

物质准备:各种颜料;塑料小盆;防水围裙;一块湿毛巾;范例若干;餐巾纸若干。

四、活动过程

(一)开始部分:出示手绢,引发幼儿参与活动的兴趣

——今天我带来了几块漂亮的手帕,你们看这些手帕漂亮吗?

(二)基本部分:出示印染好的手绢,引发幼儿观察

——小朋友们看一看,这块手绢是用什么做的,你们知道是怎么做的吗?

1. 老师讲解、示范印染方法

(1)将纸巾用对角折或者对边折的方法折好,然后将折好的角或者边放到颜料盆里,引导幼儿观察纸的变化,将所有的边和角都沾好颜料。

（2）教师在最后一次故意蘸得多一点，请幼儿想一想颜料为什么会滴下来；和幼儿一起讨论要注意的问题。

——蘸颜料的时间不能太长。

——打开时小心慢一点，不能把纸弄破。

2. 幼儿染手绢，教师巡回指导

（1）鼓励幼儿大胆印染；提醒幼儿不弄脏衣服。

（2）鼓励能力较弱的幼儿大胆尝试，引导幼儿在打开时慢慢打开，不把纸弄破。

（三）结束部分：作品欣赏，经验提升

——我们看看我们做的小手绢的花纹为什么不一样？（折纸的方法不同）

——两种颜色相遇会怎么样？（颜色变了）

（王明明　张爱玲　李媛媛）

主题活动:小看戏

一、主题缘起

冬天到了,孩子们开始期盼下雪,在一次晨间谈话过程中,几个小朋友充满期待地问我:"老师,什么时候下雪啊?""冬天就会下雪,我奶奶家下的雪可大了!"另一个小朋友回答道,"你奶奶家在哪儿啊?""在东北,特别冷,到了冬天会下特别大的雪,我还堆雪人呢。""哇,我也想堆雪人! 东北可真有意思啊!"……发现孩子们的这个兴趣点,教师在过渡环节中有意识地播放《小看戏》等具有东北特色的歌曲,孩子们被歌曲欢快的旋律、独具特色的曲调及歌词内容的诙谐幽默所深深地吸引,纷纷问我:老师,这首曲子叫什么名字啊? 真好听!

《3—6 岁儿童学习与发展指南》中指出:教师要创造条件让幼儿接触多种艺术形式和作品。于是,我以本班幼儿对东北地区地域文化与艺术作品的兴趣为出发点,结合小班幼儿具体形象思维的年龄特点,通过音乐、故事、游戏等多种方式设计了主题活动"小看戏"。旨在使幼儿能够感受并喜爱东北地区地域文化、环境和艺术作品中的美,从而萌发幼儿对不同地域文化的喜爱之情。

二、主题目标

1. 初步了解东北地区的人文、自然景观,对东北地区独具特色的地域文化感兴趣。

2. 感受东北地区艺术作品欢快、热闹、诙谐的风格特点,能够大胆地用自己喜欢的方式表达自己的情感和体验。

3. 尝试用绘画、泥工或剪纸等多种美工形式表现自己知道的东北地区的美丽景观和特产。

4. 具有一定的适应能力,能在较冷的户外环境中参加体育游戏。

5. 认识常见的农作物并初步了解其营养价值(如大豆、小麦、蘑菇、木耳等)。

6. 在教师的引导下知道不挑食、不偏食,喜欢吃健康的食物。

7. 喜欢听故事、看图书,并能根据画面描述出图中内容和情节。

三、主题网络图

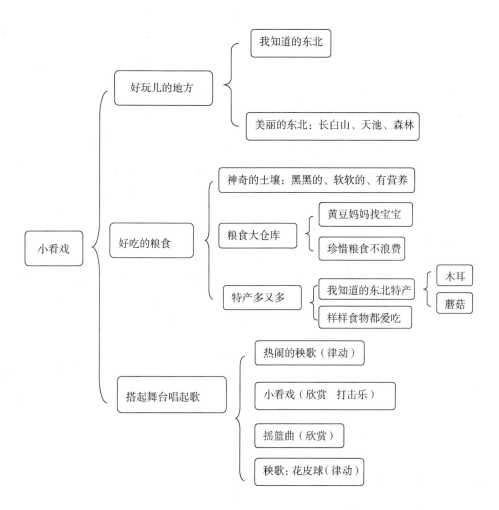

四、主题活动"小看戏"计划表

（一）教育活动

	活动名称	活动目标
第一周	1. 社会、语言活动:东北好地方 2. 语言活动:我知道的东北特产 3. 音乐欣赏:神奇的黑土地 4. 绘画活动:美丽的东北 5. 音乐欣赏:小看戏 6. 韵律活动:小看戏	1. 初步了解东北地区的人文、自然景观,如肥沃的黑土地、美丽的雪乡,对东北地区独具特色的地域文化感兴趣。 2. 感受东北地区艺术作品欢快、热闹、诙谐的风格特点,能够大胆地用自己喜欢的方式表达自己的情感和体验。
第二周	1. 音乐欣赏:摇篮曲 2. 打击乐活动:小看戏 3. 科学活动:我认识的种子宝宝 4. 泥工活动:漂亮的蘑菇 5. 体育游戏:森林探险 6. 健康活动:珍惜粮食不浪费 7. 艺术表演:东北大舞台	1. 认识常见的农作物并初步了解其营养价值(如大豆、小麦、蘑菇、木耳等),在教师的引导下知道不挑食、不偏食,喜欢吃健康的食物。 2. 尝试用绘画、泥工或剪纸等多种美工形式表现自己知道的东北地区的美丽景观和特产。 3. 具有一定的适应能力,能在较冷的户外环境中参加体育游戏。

（二）区域材料投放与游戏指导

1. 图书区

（1）材料投放

①有关东北地域文化的图书、图片,供幼儿欣赏、阅读。

②自创二人转表演图书。

（2）游戏指导

①引导幼儿仔细观察东北地域的自然景观、人文景观,结合图书内容说一说东北地域的景观特点。

②鼓励和支持幼儿绘画出自己表演的二人转动作,并将幼儿作品制作成图书。

2. 户外

（1）材料投放:"森林探险"游戏所需的垫子、拱形门、高跷、小旗等。

（2）游戏指导:引导幼儿运用提供的材料完成挑战任务,进行游戏时遵守游戏规则,游戏过程中注意安全,不推挤。

3. 美工区

（1）材料投放

①太空泥、各种彩纸、水彩笔、油画棒等多种美术材料。

②提供东北农作物及特产的有关图片和艺术作品的美工墙饰。

（2）游戏指导:

①鼓励幼儿自主选择创作材料,让幼儿尝试自制玉米、蘑菇、饺子、面条等,并用自己喜欢的方式去模仿创作表现东北特色的相关景物、物品。

②发挥墙饰和成品展的隐性教育功能,引导幼儿通过观察图片或艺术作品丰富经验,进行大胆创作。

③展示幼儿作品,鼓励幼儿用自己的作品或艺术品布置环境。

④对幼儿创作行为及作品给予及时的肯定与鼓励,增强幼儿自信心。

4. 表演区

（1）材料投放

①东北二人转《小看戏》音频。

②二人转手绢花、扇子及二人转服装。

③打击乐器若干。

④二人转动作图片。

（2）游戏指导

①欣赏和回应幼儿在表演过程中的哼哼唱唱、模仿表演等自发的艺术活动,赞赏鼓励幼儿的特色表现方式。

②在幼儿需要帮助时给予具体的帮助和指导。

5. 自然角

（1）材料投放:新鲜的花生种子、大豆种子、玉米种子、大蒜,将其植入土壤中。

（2）游戏指导

①鼓励幼儿用放大镜仔细观察,探索种子的不同特点。

②引导幼儿了解和尊重动植物的自然习性,提供和探索适于动植物生长的环境和条件。

③启发幼儿设计植物的观察记录表,引导幼儿有目的地进行观察并记录,了解动植物生长变化的过程。

6. 角色区

（1）材料投放:提供制作东北特色菜的材料:擀面杖、面板、饺子面(白色太空泥)、肉块(粉色太空泥)、粉条(透明塑料条)。

(2)游戏指导:教师在不干预幼儿游戏的前提下,以角色的身份适时参与到幼儿的游戏中,引领幼儿有兴趣、深入地开展餐厅游戏,解决随时出现的各种问题。

(三)主题墙布置

1. 幼儿与家长共同搜集的东北特色自然人文景观的图片。

2. 幼儿收集的东北特产及农作物的图片和实物。如黑木耳、蘑菇、大米、大豆等。

3. 幼儿在美工区制作的东北特产农作物及东北特色食物。

4. 东北二人转舞蹈基本动作的图片及二人转舞蹈手绢花、扇子实物。

5. 幼儿自主探索展现的东北二人转动作及打击乐演奏照片。

(四)家园共育

1. 家长带领幼儿了解关于东北景色的相关资料,可以是图片、视频、文本,了解内容主要以东北自然人文风景为主。

2. 家长带幼儿通过视频及现场观看东北二人转,了解东北戏剧表演文化。

3. 家长与幼儿一同搜集东北特产,来园与小朋友分享。

4. 家长带幼儿共同在家排练东北舞台戏表演。

五、音乐作品分析

音乐作品名称:《小看戏》	
背景	这是一首东北的民间小调。中国广大农村,每逢节日、庙会或喜庆之时,便有自己搭班或请城里剧团演戏的习俗,民间称之为"社戏"。这类活动对于足不出村、常年埋头于庄稼劳作的农民来说犹如过大节,他们梳洗打扮、穿戴一新,尤其是年轻的姑娘媳妇们更是如此。《小看戏》反映的就是这样的生活内容。
特点	曲体结构,总体分为两部分,前面是"正词"段,由两个短乐汇与两个五言句相结合,实质上,它们应为一个乐句,所以正词段是"上上下"关系的三句体。后一部分是衬词加反复构成的,衬腔的音调是从前面第二乐句演变出来的,由低而渐高,进一步渲染了欢悦之情。最后是前面第三乐句的反复,起到了回应和终止作用。此曲的传播范围遍及全东北地区。

音乐作品名称:《小看戏》	
选择缘由及活动效果	本活动通过让孩子在倾听和自由探索中去尝试区分出不同乐器能演奏出不同的音色,培养孩子对民族乐器的兴趣;继而通过感受和创作表现,孩子能够体验到乐曲的情绪,在培养孩子创造能力的同时,初步体验民间音乐的艺术魅力。
相关资源	《小看戏》表现出了东北人特有的诙谐、风趣;舌尖颤音贯穿全曲,加上模仿锣鼓声所使用的衬词,淋漓尽致地表现出东北民歌"活""俏""浪""逗"的特点,以及高超的演唱技巧;有时歌词中方言的运用,突出了东北的地域特征,听起来让人有亲切感。这些演唱技巧都加深了东北民歌的演唱难度。

附:具体活动方案

活动一　小班科学活动:黄豆妈妈找宝宝

一、活动目标

1. 认识黄豆及制品,知道豆制品主要是用黄豆加工制成的。

2. 初步了解黄豆的营养价值。

二、活动重难点

活动重点:认识黄豆及制品,知道豆制品主要是用黄豆加工制成的。

活动难点:初步了解黄豆的营养价值。

三、活动准备

经验准备:幼儿吃过黄豆及黄豆制品。

物质准备:

豆腐一块,黄豆一把(可事先浸泡好一部分);黄豆妈妈头饰一个;幼儿操作材料,黄豆妈妈的宝宝图片,如豆腐、豆腐干、腐乳、豆皮、熏干、黄豆酱。

四、活动过程

(一)开始部分:猜谜语,激发幼儿参与活动的兴趣。

1. 谜语:四四方方,白白胖胖,一碰就碎,又嫩又香,营养很好,做菜做汤。

——请小朋友们猜一猜谜语里的食物是什么?

2. 出示豆腐,讨论豆腐是用什么做成的。(出示黄豆,让幼儿知道用黄豆或其他豆子做成的东西叫豆制品)

——豆腐是由什么做成的?

(二)基本部分:游戏"黄豆妈妈找宝宝",认识其他豆制品。

1. 老师戴上"黄豆妈妈"的头饰问:我的宝宝在哪里? 幼儿答:你的宝宝在这里!

(引导幼儿从操作材料中找出"黄豆妈妈的宝宝",如豆腐干、豆腐乳、豆皮等)

2. 帮助幼儿认识豆制品的营养价值。

——你吃到的豆制品都是怎样烧的? 豆制品都可以怎样吃?

(素炒三丝、西湖豆腐羹等)

(三)结束部分:让幼儿简单了解豆制品含有丰富的蛋白质,知道经常吃豆制品身体会更健康。

活动二　小班音乐活动:小看戏(欣赏)

一、活动目标

1. 幼儿喜欢听《小看戏》乐曲,能够感受东北乐曲欢快的节奏感。

2. 了解民乐及民族乐器的演奏特点。

3. 能够用喜欢的动作有节奏地表现《小看戏》乐曲内容。

二、活动重难点

活动重点:了解民乐及民族乐器的演奏特点。

活动难点:能够用喜欢的动作有节奏地表现《小看戏》乐曲内容。

三、活动准备

经验准备:幼儿欣赏过民乐演奏。

物质准备:二胡、扬琴、唢呐乐器图片及音频。

四、活动过程

(一)开始部分:欣赏乐曲

——小朋友们,你们在什么地方听过民乐演奏?

——前几天,我们听了民乐团来我们园给小朋友们用民乐演奏的表演,小朋友们特别喜欢。今天,郝老师也带来了一首民乐,请大家一起来欣赏。

——你们知道这首乐曲里都用了哪些民乐吗?

(二)基本部分

——请小朋友自己一边听音乐,一边观察图片中的乐器,小朋友们猜一猜哪种乐器对应哪一种声音。

(根据幼儿猜测的乐器,老师当场播放唢呐、二胡、扬琴的音频,让幼儿直接感知乐器的音色)

1. 幼儿完整欣赏乐曲,教师介绍:"这是一首我国非常有名的民间乐曲,名叫《小看戏》。"

——小朋友们听了这首《小看戏》的乐曲,你好像看到了什么?想到了什么?

(引导幼儿想象人们是怎么看戏的?表演的人又是怎样的,他们会有什么表情?)

2. 帮助幼儿认识二胡、扬琴、唢呐这三种乐器的演奏特点。

——小朋友们,你们看到的这三种乐器,你们感觉它们都是怎么演奏的呢?

(二胡是拉的、扬琴是弹的、唢呐是吹的)

3. 幼儿用喜欢的动作有节奏地表现《小看戏》的乐曲内容。

——让我们一起用身体动作跟随音乐来表现这段旋律吧。

(三)结束部分:集体听乐曲完整表现

幼儿找到同伴一起跟随音乐完整表现,同伴间互相欣赏评价。

活动三 小班美术活动:美丽的雪花

一、活动目标

1. 了解雪花的特征,并能用语言表达。

2. 运用撕撕、拼拼、贴贴、涂涂的方法制作美丽的雪花。

3. 在活动中体验成功的快乐,初步产生热爱大自然的情感。

二、活动重难点

活动重点:体验美术活动的快乐,初步产生热爱大自然的情感。

活动难点:运用撕撕、拼拼、贴贴、涂涂的方法制作美丽的雪花。

三、活动准备

经验准备:幼儿欣赏过东北雪乡的美丽景色,对冬天下雪有浓厚的兴趣。

物质准备:雪景的图片、雪花图案;白纸、胶水、刷子、颜料、白蜡笔若干。

四、活动过程

(一)开始部分

1. 播放小雪花音乐导入活动,引起幼儿的兴趣。

——小朋友,冬天到了,你们最喜欢冬天里的哪些景色呢?(引导幼儿讨论)

——冬天天气很冷,天空中下起了雪花,小朋友们喜欢雪花吗?

2. 播放美丽的雪花PPT,通过看课件,引导幼儿认识下雪了、雪花、雪人等词汇,并知道雪花有六个花瓣。

——视频中出现了什么?(下雪了、雪花、雪人)

——雪花有几个花瓣?

(二)基本部分

1. 介绍绘画工具:出示刷子引起幼儿的兴趣,教师边画边讲解。

——今天老师还请来了一位朋友来帮忙,你们看他是谁?

教师示范刷子的使用方法,讲解涂色的要领,提醒幼儿颜色未干时千万不能用手去摸画面,如果手上脏了,可以请抹布帮忙。

2. 幼儿操作,教师巡回指导。

请幼儿选择自己喜欢的方式进行创作,一组幼儿撕贴雪花,一组幼儿涂色变雪花。教师巡回指导,提醒幼儿颜色未干时千万不能用手去摸画面。

(三)结束部分:欣赏并展示幼儿作品

教师引导幼儿相互欣赏同伴的作品,并和幼儿一起用自己的作品布置环境。

活动四 小班音乐活动:小看戏(律动)

一、活动目标

1. 喜欢参加律动活动,感受有趣和欢快的东北秧歌。

2. 引导幼儿感受乐曲中不同的旋律结构,并用不同的动作进行表现。

二、活动重难点

活动重点:喜欢参加律动活动,感受有趣和欢快的东北秧歌。

活动难点:引导幼儿感受乐曲中不同的旋律结构,并用不同的动作进行表现。

三、活动准备

经验准备:幼儿欣赏过《小看戏》的歌曲。

物质准备:东北秧歌视频;节奏图谱;绸带、扇子。

四、活动过程

(一)开始部分

1. 欣赏东北秧歌舞蹈视频,感受东北秧歌的有趣和欢快。

——我们一起来感受一下传统的东北秧歌音乐吧?

——他们跳秧歌时手里拿的是什么?

——这个表演给你的感觉是怎样的?(欢快的还是悲伤的)

2. 教师小结:东北秧歌是农民伯伯在稻田栽种粮食时唱的歌曲,也叫作秧歌,每逢节日时人们总是伴着秧歌充满着热情又唱又跳,非常开心有趣,并且人们还喜欢用手绢、扇子和系在腰间的红色绸带来跳舞。

（二）基本部分

幼儿听音乐,感受乐曲中不同的旋律结构,教师引导幼儿用身体的动作来进行表现。

1. 播放乐曲《小看戏》,请幼儿感受乐曲的旋律特点。

——请小朋友们一起来欣赏一段东北秧歌《小看戏》的旋律。小朋友们可以边听边尝试用身体动作来打节奏。

——这段旋律你们听后的感觉是怎样的?

2. 出示节奏图谱,教师带领幼儿一起把节奏表现出来。

——我们可以用什么动作来表现?（拍手,拍腿等）

——我们一起跟着音乐用身体动作完整地将这段旋律表现出来。

（三）结束部分

男孩子系上腰带,女孩子手拿扇子,教师带领幼儿一起听音乐跳秧歌,感受秧歌的欢快和有趣。

活动五　小班音乐活动:小看戏（打击乐）

一、活动目标

1. 幼儿愿意使用自己喜欢的打击乐表现《小看戏》乐曲。

2. 了解民乐及民族乐器的演奏特点。

3. 幼儿能够学习使用多种打击乐器演奏乐曲《小看戏》,表现乐曲欢快、诙谐的情绪。

二、活动重难点

活动重点:了解民乐及民族乐器的演奏特点。

活动难点:幼儿能够学习使用多种打击乐器演奏乐曲《小看戏》。

三、活动准备

经验准备:幼儿欣赏过民乐演奏《小看戏》。

物质准备:撞铃、铃鼓、单响筒若干;《小看戏》音频。

四、活动过程

（一）开始部分

播放小看戏乐曲,教师与幼儿共同舞蹈,熟悉乐曲旋律。

——刚才我们跳的舞蹈叫什么名字?（《小看戏》）

——我们刚才用舞蹈表现了这首乐曲的节奏,你们会用身体动作来表现这首乐曲的节奏吗?（幼儿自由探索身体动作）

（二）基本部分

幼儿跟随音乐,先用动作熟悉后用乐器演奏。

1. 教师指导幼儿分声部练习"身体动作总谱"。

——我们都可以用身体的哪个部位来打击节奏呢?(拍手、跺脚)

——刚才我们听到的节奏怎么样能用拍手和跺脚的方式来进行演奏?

2. 教师引导幼儿探索打击乐器演奏形式并进行乐器演奏。

——我们拍手的地方可以用什么乐器来替代呢? 拍脚的地方又可以用什么乐器来替代呢?

——我们一起跟着音乐用打击乐器完整地将这段旋律表现出来吧。

(三)结束部分

引导幼儿演奏乐器并交换乐器演奏,感受打击乐器演奏乐曲《小看戏》欢快、诙谐的情绪。

活动六 小班音乐活动:摇篮曲(欣赏)

一、活动目标

1. 通过倾听音乐体验轻柔、缓慢的情感。

2. 感受《摇篮曲》的安静、温柔的旋律特点,能够在《摇篮曲》的情境中轻轻地哄宝宝睡觉。

二、活动重难点

活动重点:通过倾听音乐体验轻柔、缓慢的情感。

活动难点:感受《摇篮曲》的安静、温柔的旋律特点,能够在《摇篮曲》的情境中轻轻地哄宝宝睡觉。

三、活动准备

经验准备:幼儿了解过什么是摇篮曲。

物质准备:《摇篮曲》音频;《摇篮曲》歌词;布偶娃娃人手一个。

四、活动过程

(一)开始部分:创设情境

——我们什么时候才会听到《摇篮曲》呢?

教师小结:天黑了,外面的世界变得静悄悄的,辛勤工作一天的人们也回到了家里,准备睡觉休息了。这时我们的爸爸妈妈会为我们唱起《摇篮曲》,他们的歌声让静静的夜显得更美丽了。

(二)基本部分:欣赏《摇篮曲》

1. 播放《摇篮曲》乐曲,感受音乐的特点。

——听了这段音乐你想到了什么呢?

——这段音乐给我们的感觉是怎么样的呢？

教师小结：《摇篮曲》给我们的感觉很安静、柔和，速度是缓慢的，是专门哄宝宝睡觉的曲子。

2. 教师讲述歌曲内容，并再次播放《摇篮曲》乐曲。

——听了这首曲子你觉得发生了一件什么事情？为什么？

教师小结：这段音乐讲述了妈妈在哄自己心爱的宝宝睡觉的场景。

3. 教师引导幼儿表演音乐内容。

——爸爸妈妈在哄你们睡觉时是什么样子的？（幼儿尝试扮演爸爸妈妈哄娃娃睡觉）

（三）结束部分

教师播放《摇篮曲》，小朋友每人取一个布偶娃娃，随音乐有节奏地哄娃娃睡觉，进一步感受摇篮曲轻柔、缓慢的旋律特点。

（郝江山　刘　晴）

主题名称:八月十五月儿圆

一、主题缘起

中秋节快到了,美工区的小朋友制作了好看的月饼,大家因此展开了讨论,"我吃过豆沙馅的月饼""我吃过肉馅的月饼"。教师听后加入了幼儿的谈话:"咱们什么时候才会吃月饼啊?""过节的时候""中秋节我们才会吃月饼",孩子们对这个很感兴趣,故在传统节日中秋节来临之际开展了本次主题活动。

《3—6 岁儿童学习与发展指南》提出:中班幼儿要具有初步的归属感,知道自己是中国人,热爱祖国。"八月十五月儿圆"主题活动主要目的在于使幼儿能够感受中国传统节日的氛围,不管是在过去的战争时期还是现在的幸福时期,人们都会团圆共度佳节。通过活动的开展,了解过去小朋友的生活环境,对比现在的生活环境,幼儿能够对现有的生活感到快乐幸福。本班幼儿已经初步具有热爱祖国的意识,但还存在不知勤俭节约,不珍惜眼前幸福生活的现象。因此,设计了本次活动,旨在通过了解中国传统节日,幼儿能够更加热爱自己的祖国并且学会勤俭节约、关心他人等。

二、主题目标

1. 在走、跑、跳、投掷等小红军过障碍的游戏中,发展大肌肉的协调性、灵活性。

2. 愿意与同伴和教师交谈,喜欢谈论中秋节和革命故事,能够表达自己的感受。

3. 通过了解红军爷爷和保育院小朋友的生活,幼儿知道现在的生活十分幸福,懂得珍惜。

4. 知道自己是中国人,初步感受到人们的生活逐渐变好并为此感到高兴,更加热爱自己的祖国。

5. 能用多种形式记录观察到的月亮,并知道月亮变化的规律。

6. 喜欢用多种艺术形式表现自己对中秋节的认识和感受。

三、主题网络图

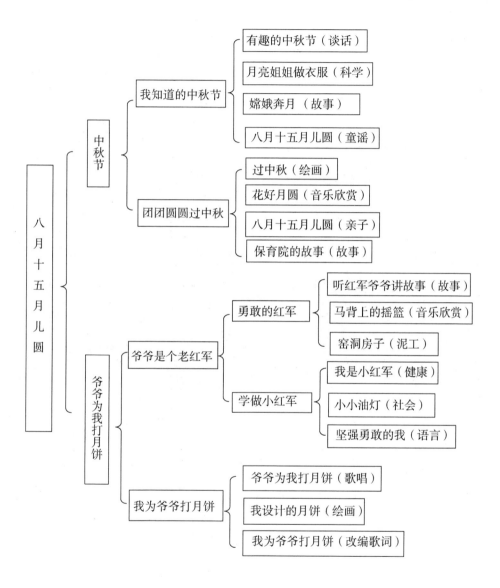

四、主题活动计划表

(一)教育活动

	活动名称	活动目标与内容
第一周	1. 语言谈话:有趣的中秋节 2. 语言故事:嫦娥奔月 3. 音乐欣赏:花好月圆 4. 歌唱童谣:八月十五月儿圆 5. 泥工活动:月中玉兔 6. 语言故事:保育院的故事	1. 通过家园共育,搜集资料,了解中秋节的相关故事并能够运用语言表达自己对中秋节的理解。 2. 能够用自然的声音唱童谣,感受中秋节的热闹氛围。 3. 运用泥工制作的形式,掌握团圆、搓长、捏等技能,表现兔子的特征。 4. 通过欣赏《花好月圆》,感受乐曲热烈、欢快的情绪,表达对中秋节的联想。
第二周	1. 健康体育:保卫保育院 2. 语言故事:听红军爷爷讲故事 3. 音乐欣赏:马背上的摇篮 4. 美术泥工:窑洞房子 5. 社会:坚强勇敢的我	1. 通过分享收集的资料及展示手抄报的形式了解红军长征的艰辛,并能珍惜现在的美好生活。 2. 知道保育院小朋友在延安发生的事,了解延安的著名建筑及文化。 3. 通过欣赏《马背上的摇篮》,理解歌曲的内容,能够学习小红军坚强勇敢的精神,在面对挫折和困难的时候能够迎难而上。 4. 通过学玩摔泥巴,能用泥工的形式表现延安的建筑:窑洞房子。
第三周	1. 健康体育:我是小红军 2. 语言社会:小小油灯 3. 音乐歌唱:爷爷为我打月饼 4. 改编歌词:我为爷爷打月饼 5. 科学领域:月亮姑娘做衣裳	1. 在参与体育活动过程中,学习踮脚走和半蹲走,感受红军长征的艰辛。 2. 通过理解故事内容,能够说出自己对故事的看法,知道要节约资源。 3. 通过观察,知道月亮是不断变化的,并且是有规律的。 4. 通过歌词改编的活动,表达在节日中对长辈的关怀与爱。

(二)区域材料投放与活动指导

1. 图书区:创设中秋节的讲述区

(1)材料投放

①投放家长与幼儿共同搜集材料后制作的中秋节手册。

②创设故事讲述台,提供手偶等相关材料。(见图一)

(2)活动指导

①引导幼儿在区域中分享自己搜集的知识。

②记录幼儿的游戏过程,开展我讲我演的分享活动。

(图一)

2. 表演区:创设表演环境

(1)材料投放

①投放学过的有关中秋节的儿童歌曲、经典音乐。

②表演区歌曲图谱的环境创设。

(2)活动指导

①鼓励幼儿富有感情地演唱中秋节的儿歌。

②引导幼儿自编自排《爷爷为我打月饼》的舞蹈。

3. 美工区:创设具有中秋节和红色氛围的欣赏创作环境

(1)材料投放

①投放关于中秋节的代表性摆件供幼儿观察。(月饼盒、剪纸等)

②投放易于幼儿操作制作的材料。(彩泥和大黄泥等)

(2)活动指导

①引导幼儿感受与欣赏月饼盒等中秋节专属物品的美感。

②在活动中观察、了解幼儿的创作行为,从而给予正面的支持,倾听幼儿的创作内容含义,鼓励他们展示自己的作品。

4. 角色区:中餐厅

(1)材料投放

①投放丰富的用具(烤箱、蒸锅等)、食物(面粉、豆馅等可用废旧材料制作)

②提供月饼制作的流程图。

(2)活动指导

①鼓励幼儿动手操作,亲身体验食物制作的乐趣。

②观察幼儿表现,解读他们的行为,了解意图,适时地参与游戏,共同售卖月饼等。

5. 科学区

(1)材料投放

月亮变化图片、民俗图片、地图等。

(2)活动指导

鼓励幼儿分享自己的发现,能够对宇宙和地域知识感兴趣。

(三)主题墙布置

1. 中秋节

(1)中秋的传说。(资料的搜集和整理)(见图二)

(2)中秋节的风俗,如吃月饼。(画出自己度过的中秋节)(见图三)

(3)中秋节月亮的变化。(泥工剪纸结合,演绎月亮的变化)(见图四)

（图二）

（图三）

（图四）

2. 爷爷为我打月饼

(1)爷爷是个老红军。(图片欣赏呈现,知道过去和现在的不同)

(2)爷爷为我打月饼。

(四)家园共育

1. 家长与幼儿共同搜集有关中秋节的习俗、传说等资料。

2. 家乡和幼儿共同度过中秋节并运用亲子协作的方式记录过节的点点滴滴。

3. 利用节假日,家长和幼儿一起制作月饼。

五、音乐作品分析

音乐作品名称:《爷爷为我打月饼》	
背景	歌曲讲述的是战争年代我军后方的一个托儿所里的故事,是红军在二万五千里长征时红军老爷爷关心革命小娃娃的感人故事。歌词内容层层递进,生动感人,能够启发幼儿的思想感情。
特点	《爷爷为我打月饼》歌词为叙事童谣体,朴素、亲切,曲调明快、活泼,有较强的民谣风。全曲共分为四个乐句,只有第三乐句节奏稍有变化,切分节奏的出现,使曲调显得亲切和抒情。
选择缘由	1. 在呵护有加的环境中生活的孩子,很少有主动关心老人的情感意识,也较少接受革命传统歌曲的影响或学唱革命歌曲。让幼儿学唱歌曲《爷爷为我打月饼》,激发幼儿怀念红军爷爷的情感,在理解歌曲内容的基础上,在学习歌曲的过程中,知道老人曾为我们的祖国,为我们大家,为自己的家做了很多事,吃了很多的苦。 2. 具有民间歌谣的特色,受幼儿的喜爱,乐于歌唱。 3. 音乐来源于电影,由童声演唱,结合电影片段,能够更好地激发幼儿学唱的兴趣。
相关资源	歌曲讲的是胡宗南进攻延安时,延安保育院的儿童撤离延安的一段经历。为了保护和带好这批革命的幼苗,老红军罗桂田爷爷,他用一点一滴的小事,对孩子们进行品德教育。通过老红军罗爷爷的一系列表现,形象地表达了影片的主题——爱孩子就是爱明天。

附:**具体活动方案**

活动一　体育活动:学做小红军(健康领域)

一、活动目标

1. 情感态度:愿意尝试挑战性的玩法,感受成功的喜悦。

2. 认知经验:知道遇到困难要勇于挑战,不放弃。

3. 技能方法:能够在穿越障碍物的过程中,练习匍匐前进的动作。

二、活动重难点

活动重点:幼儿掌握匍匐爬的动作。

活动难点:能够运用匍匐爬的动作穿越障碍物。

三、活动准备

经验准备:初步了解了红军们的艰辛路程。

物质准备:垫子、椅子、绳子。

四、活动过程

(一)开始部分:热身运动。

幼儿跟随音乐做准备活动。

(二)基本部分:展示匍匐爬的动作要领。

1. 谈话引入。

——小红军们在长征路上都经历了什么?

——他们是用什么样的方式穿越障碍的?(幼儿展示匍匐爬的动作)

2. 教师观察幼儿匍匐爬的动作,帮助有困难的幼儿。

3. 幼儿尝试穿越障碍物,教师观察幼儿匍匐爬穿越障碍的情况,鼓励遇到困难的幼儿克服困难勇敢尝试。

——你们观察一下咱们都需要穿越哪些障碍?

——那在穿越这些障碍的时候我们应该怎样做?

4. 幼儿分组穿越障碍物,教师根据幼儿的兴趣和活动量来把握游戏次数。

——我们将分组穿越这些障碍物,如果我们的同伴落下了要怎么办?(引导幼儿互相关心帮助)

(三)结束部分:放松活动,调整呼吸,师生共同整理器械。

活动二　欣赏活动:啊!摇篮(语言领域)

一、活动目标

1. 情感态度:愿意通过欣赏电影了解保育院小朋友的故事。

2. 认知经验:知道按照电影发展顺序讲述观看到的情景内容。

3. 技能方法:能够运用恰当的语言、动作、绘画形式表现自己观看影片后的感触。

二、活动重难点

活动重点:能够按照电影发展顺序讲述观看到的情景内容。

活动难点:运用恰当的语言、动作、绘画形式表现自己的看法。

三、活动准备

经验准备:幼儿对中秋节有一定的了解。

物质准备:《啊!摇篮》电影片段;彩纸、画笔。

四、活动过程

(一)开始部分:谈话引起幼儿兴趣。

——小朋友们,中秋节又叫什么节日?(团圆节)

——那你们知道很久以前是怎么过节的吗?(出示红军爷爷、保育院小朋友过节的情景)

(二)基本部分:播放视频《啊!摇篮》电影片段,帮助幼儿理解电影的内容。

1. 鼓励幼儿完整连贯地讲述看到的电影内容。

——他们是谁?他们是怎样过节的?

——电影当中讲了一件什么事?

2. 教师介绍故事背景,引导幼儿了解红军爷爷。

教师向幼儿简单介绍电影片段的历史背景、红军爷爷和保育院小朋友们的经历。

3. 引导幼儿体会电影作品中人物的心理活动。

——小朋友们看到爷爷很辛苦是怎样做的?(为爷爷打月饼)

——爷爷躺下后,为什么希望孩子们唱歌给他听?为什么爷爷看到了长大的孩子们笑了?

4. 引导幼儿小组内根据电影的发展顺序有感情地讲述故事。

(三)结束部分:绘画电影片段。

1. 请全班小朋友将自己看到的印象最深的片段画下来。

2. 教师和幼儿一起介绍自己的绘画片段,感受保育院小朋友们过节时的故事,知道过去和现在人们在过节上的区别,能够珍惜现在的生活,并学习保育院小朋友们勇于面对困难的精神。

活动三　谈话活动：小小油灯（社会领域）

一、活动目标

1. 情感态度：愿意集中注意力倾听故事。

2. 认知经验：理解过去和现在生活的不同，知道要珍惜他人的劳动成果。

3. 技能方法：幼儿能够节约身边的资源。

二、活动重难点

活动重点：幼儿理解过去和现在生活的不同，知道要节约身边的资源。

活动难点：引导幼儿懂得珍惜他人的劳动成果。

三、活动准备

经验准备：了解保育院小朋友的故事。

物质准备：图片若干。

四、活动过程

（一）开始部分

教师开灯进行情境导入，幼儿通过观察了解活动内容。

——现在白天需不需要开很多的灯？灯光的作用是什么？

——你们还记得保育院的小朋友们是如何照亮的吗？

（二）基本部分

1. 教师讲述故事，引导幼儿了解过去小朋友的生活。

——故事中讲了什么？保育院的小朋友们生活是什么样子的？（生活艰难、苦）

——为什么他们连小小的油灯都要省着用？

2. 教师引导幼儿谈一谈现在的生活。

——小朋友们说一说现在咱们的生活是什么样子的？（幸福、快乐等）

——我们现在的生活和以前有哪些变化？有哪些是过去没有而现在有的？

3. 教师出示图片，引导幼儿直观感受过去和现在的不同。

——我们和过去的小朋友比，我们的生活是什么样子的？（幸福、快乐）

——如果我们不珍惜这样的生活，会发生什么？

——浪费水（电）我们会怎么样？我们应该怎么样去保护我们身边的资源呢？

（三）结束部分

教师小结，让幼儿知道现在的幸福生活是来之不易的，所以我们每一个人都要珍惜身边的资源，节约用水、电等。

活动四 故事活动:月亮姑娘做衣裳(科学领域)

一、活动目标

1. 情感态度:幼儿喜欢探究天文现象。

2. 认知经验:理解故事内容,学习描述月亮变化的语句。

3. 技能方法:知道月亮在不同的时间看上去形状会有改变,月相的变化是有规律的。

二、活动重难点

活动重点:理解故事内容,知道月亮的不同变化。

活动难点:知道月相的变化是有规律的。

三、活动准备

经验准备:幼儿在生活中观察过月亮。

物质准备:《月亮姑娘做衣裳》图片;幼儿观察记录卡。

四、活动过程

(一)开始部分:故事导入,激发幼儿兴趣。

——故事的题目是什么?

——故事中有谁? 发生了什么事情?

(二)基本部分:通过观察图片,帮助幼儿理解故事内容。

1. 讲述故事"夜晚我还是找一位裁缝师傅做件衣裳吧"。

——月亮姑娘长什么样子? (弯弯的、细细的)

——她为什么要找裁缝师傅做衣裳啊?

——裁缝师傅给月亮姑娘做的衣裳成功了吗?

2. 讲述故事"裁缝师傅给她量了尺寸,让她再过五天来取"。

——裁缝师傅给月亮姑娘做的衣裳合适吗? 月亮姑娘能穿上吗?

——为什么? 长胖的月亮姑娘像什么呢?

——裁缝师傅决定再为月亮姑娘做一件衣裳,我们看看这回合适了吗?

3. 讲述故事"五天又过去了,我只好重做了"。

——谁能告诉大家,裁缝师傅这回做的衣裳月亮姑娘穿上了吗?

——为什么,这回她的样子像什么?

——裁缝师傅涨红了脸对月亮姑娘说的什么啊?

4. 讲述故事"又是五天过去了,我没法给你做衣裳了"。

——五天过后,裁缝师傅看到月亮姑娘为什么吃了一惊?

——这回月亮姑娘像什么了?

——裁缝师傅对月亮姑娘叹了一口气,谁来学学裁缝师傅是怎么对月亮姑娘说的?

5. 讲述故事至最后。教师小结,原来月亮每天都在变化,裁缝师傅老是量不准她的尺寸,所以月亮姑娘没法穿上合适的衣裳。

6. 教师出示月亮变化图,进一步让幼儿了解月亮的变化过程。

7. 教师以提问方式让幼儿了解月亮的变化。

——刚才你们在故事中听到的月亮都分别像什么呢?

——夜晚,月亮姑娘出来了,细细的、弯弯的像什么呢?

——那过了五天之后,月亮姑娘长胖了一点好像什么呢?

——五天又过去了,月亮姑娘又长胖了一点,这时像什么呢?

——又是五天过去了,这时月亮姑娘变得怎么样了? 好像什么呢?

8. 教师小结:你们看,随着时间的变化,月亮从 xx 变成了 xx 样,那它是越来越……?

(三)结束部分:出示幼儿观察记录卡,教师带领幼儿认识卡片。

1. 教师带领幼儿观察记录过的月亮变化。

——我们一起看一看小朋友们的记录卡,你观察到的月亮是这样的吗?

2. 教师带领幼儿进行持续记录,关注记录的结果。

活动五 音乐活动:八月十五月亮圆(艺术领域)

一、活动目标

1. 情感态度:愿意参加音乐活动,喜欢和老师同伴一起演唱童谣。

2. 认知经验:感受中秋节团圆热闹的氛围。

3. 技能方法:能够运用自然的声音唱童谣,音调节奏基本准确。

二、活动重难点

活动重点:学唱童谣,用自然的声音演唱。

活动难点:伴随歌曲的节奏演唱童谣。

三、活动准备

经验准备:幼儿对中秋节的习俗有简单的了解;听过童谣《八月十五月亮圆》。

物质准备:《八月十五月亮圆》音乐及视频。

四、活动过程

(一)开始部分:发声练习。

│12 34 5 - │54 32 1 - │小朋友们好,X 老师您好。

(二)基本部分:学唱《八月十五月亮圆》,能用自然的声音演唱。

1. 讨论中秋节的相关话题,激发幼儿参与活动的兴趣。

——小朋友们,我们中秋节都会做什么事情啊?

2. 欣赏童谣《八月十五月亮圆》,初步理解歌词,感受歌曲的活泼有趣。

——在歌曲中过中秋节时我们都会做哪些事?

——月亮圆圆像什么? 红木桌子上都摆放着什么?

3. 学唱歌曲。

(1)在旋律的伴奏下,按节奏说歌词。

(2)引导幼儿感受童谣的节奏特点,跟随歌曲节奏唱童谣。

(3)完整演唱歌曲。

4. 鼓励幼儿随音乐演唱歌曲,并用身体动作和变化声音的强弱大胆进行表现。

——我们说到“拜得月亮爷爷心欢喜,银辉朗朗洒满地,保咱天下都平安”的时候,我们的语调是什么样子的呢?”

(三)结束部分:教师和幼儿一起共同表演《八月十五月亮圆》。

活动六　音乐活动:爷爷为我打月饼(艺术领域)

一、活动目标

1. 情感态度:知道歌曲的名称,愿意演唱歌曲。

2. 认知经验:理解并记忆歌词,感受歌曲中温馨的亲情。

3. 技能方法:能够有感情地演唱,加深对我国民族节日的理解。

二、活动重难点

活动重点:理解并记忆歌词。

活动难点:能够有感情地演唱歌曲。

三、活动准备

经验准备:幼儿知道八月十五是中秋节。

物质准备:《爷爷为我打月饼》音乐及视频。

四、活动过程

(一)开始部分

幼儿唱童谣《八月十五月亮圆》并做拍手动作跟随老师进场。

(二)基本部分

1. 发音练习,发声练习。 | 12 34 5 - | 54 32 1 - | 小朋友好,X 老师您好。

2. 谈话导入,激发幼儿参与活动的兴趣。

——小朋友们在做月饼的时候做了一件什么事啊？

——那我们再一起听听他们唱的歌曲中都说了什么？

3. 教师播音乐视频，引导幼儿听歌词内容。

——你们在歌曲中听到了什么？爷爷打的月饼是什么味道的？小朋友们为爷爷做了一件什么事？

——爷爷对小朋友们的感情是什么样子的？小朋友们又是怎样做的？

4. 出示有关歌词内容的图片，帮助幼儿学习歌曲。

5. 教师弹琴范唱，幼儿跟唱。

6. 幼儿分组演唱，教师指导幼儿可以运用动作有感情地演唱。

（三）结束部分：教师总结本次活动

——中秋节是我们国家的传统节日，又名团圆节，不管是过去还是现在，家人们都会团聚在一起共同过节，相亲相爱才会让我们更加幸福，也希望小朋友们能够尊敬家中的长辈，爱他们。

活动七 泥塑活动：不一样的房子（艺术领域）

一、活动目标

1. 情感态度：愿意参与泥工活动，在活动中积极运用大黄泥表现不同房子的特征。

2. 认知经验：进一步熟悉大黄泥粘性大、易塑性的特征。

3. 技能方法：知道不同房子的外部结构，学会用分泥、粘合等方法制作不一样的房子。

二、活动重难点

活动重点：运用大黄泥积极表现不同房子的外部结构。

活动难点：学会用分泥、粘合等方法制作不一样的房子。

三、活动准备

经验准备：对房子和窑洞有一定的了解。

物质准备：垫板若干、泥塑房子、相关 PPT。

四、活动过程

（一）开始部分：通过谈话和观看 PPT 的形式了解人们居住的房屋

——小朋友们，你们还记得红军爷爷和保育院的小朋友们住的是什么样的房子吗？

——我们住的是什么样的房子？它和我们住的房子一样吗？

——咱们看一看窑洞房子是什么样子的？

——我们住的房子是什么形状的? 那平房是什么样子的? 窑洞是什么样子的?

(二)基本部分:幼儿欣赏泥塑房子并进行创作

1. 欣赏泥塑房子,激发幼儿创作愿望。

——你们看这个泥塑房子用什么泥做的?

——为什么用大黄泥制作房子?

——小朋友们,如果你们要制作平房,会由几部分组成的?（两部分）

2. 幼儿自由创作。

(1)引导幼儿注意泥工活动时的常规要求,在垫板上进行创作。

(2)教师观察指导,关注幼儿分泥创作的经验,鼓励幼儿积极参与创作。

(三)结束部分

展览作品,幼儿互相欣赏,教师总结点评。

（米海静　牛薪然　魏天娇）

主题名称:唱凤阳说凤阳

一、主题缘起

《幼儿园教育指导纲要(细则)》中指出教师要了解和尊重幼儿艺术教育的特点和规律,根据幼儿发展状况需要,给予及时、适当的指导。在查阅资料的过程中,我们了解到"凤阳花鼓"是源于安徽省凤阳地区的具有浓郁地方特色的文化艺术,融歌舞和演奏两种艺术表现形式为一体,被周总理比作东方的芭蕾舞,自此凤阳花鼓又称"东方芭蕾",也是首批非物质文化遗产,乐曲中的衬词"得儿郎当飘一飘"诙谐有趣,深得幼儿的喜爱。"唱凤阳说凤阳"主题活动旨在让幼儿进一步了解我国不同地方的文化。我班幼儿喜欢参加艺术活动,喜欢欣赏歌曲,但通过演唱歌曲深入了解当地文化还比较困难。因此,设计了本次活动,旨在尝试与幼儿共同探索挖掘"凤阳"的教育价值,通过欣赏、演唱和表演活动,扩大幼儿的民族音乐语言,培养幼儿对"花鼓"这种艺术形式的兴趣,并使幼儿对安徽的民歌音调和当地的风土人情有一定的了解,增进幼儿对我国地方文化的喜爱之情。

二、主题目标

1. 通过学唱歌曲,了解花鼓等民族打击乐器,感受安徽民歌的风格特点。

2. 通过绘画活动、表演活动,发展大肌肉的协调性和灵活性。

3. 幼儿能根据歌曲的旋律,选择适当的节奏和乐器为歌曲伴奏,感受不同的情绪和节奏特点。

4. 通过欣赏花鼓灯艺术大师冯国佩的汉族民间舞蹈,幼儿能够感受不同形式的凤阳文化,增强国民认同感。

5. 通过小组合作与分工的形式,提高分工合作能力。

6. 通过音乐欣赏、绘画等活动,幼儿愿意用各种艺术形式表现自己认识的凤阳。

三、主题网络图

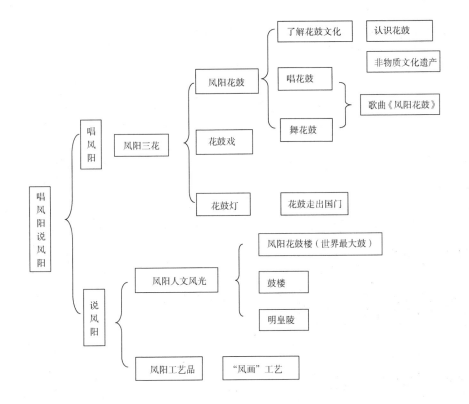

四、主题活动计划表

(一)教育活动

	活动名称	活动目标与内容
第一周 "唱凤阳"	1. 音乐欣赏:《凤阳花鼓》 2. 歌唱活动:《凤阳花鼓》 3. 舞蹈欣赏:《凤阳花鼓》 4. 打击乐欣赏:《凤阳花鼓》	1. 学唱安徽民歌《凤阳花鼓》,感受歌曲独特的特点。 2. 能够富有表现力地演唱歌曲。 3. 尝试根据《凤阳花鼓》的旋律,随音乐有节奏地模仿敲花鼓、舞红绸的动作。 4. 感受乐曲的欢快,表现乐曲中喜悦的情绪特点。 5. 能根据歌曲的旋律,选择适当的节奏型和乐器为歌曲伴奏,感受不同的情绪和节奏特点。 6. 喜欢和小朋友一起合作演奏,感受合奏的乐趣。

续表

	活动名称	活动目标与内容
第二周 "说凤阳"	1. 家园共育:家长幼儿将搜集到的资料装订一本书,了解家长是哪里人。 2. 家园共育:家长与幼儿一同在地图上找一找安徽凤阳。 3. 社会活动:凤阳好地方 4. 科学活动:认识凤阳花鼓	1. 了解安徽凤阳的风土人情,感受凤阳文化。 2. 使幼儿知道中国不同的地域文化,有初步的民族认同感。 3. 了解凤阳的名胜古迹,知道凤阳是个历史悠久的古城。 4. 能够指出凤阳标志性地点在地图上的位置,能够流利地向他人介绍凤阳当地的文化和代表性建筑。
第三周 "表现凤阳"	1. 音乐欣赏:《花鼓戏》 2. 美术欣赏:"凤画" 3. 音乐欣赏:《花鼓灯》 4. 语言表达:凤阳旅游 5. 绘画活动:《鼓楼》	1. 用绘画表达自身对"鼓楼"的认识,用线条大胆表现鼓楼的外形特征。 2. 喜欢用画笔表现自己见到的事物。 3. 了解凤阳凤画的历史,产生热爱祖国的情怀。 4. 感受凤画的别具一格,分析其色彩与造型特征,提高审美能力。

(二)区域材料投放与游戏指导

1. 表演区

(1)材料投放

①提供歌曲《凤阳花鼓》的音乐。

②4/4拍节奏型的不同节奏卡。(如:X X X X | X X X X)

③具有代表性的凤阳花鼓的鼓、镲、锣等乐器。

(2)游戏指导

①引导幼儿根据节奏型敲击乐器,感受音乐的节奏。

②引导幼儿尝试不同的节奏型。

2. 美工区

(1)材料投放

①提供凤阳建筑(鼓楼)的图片供幼儿进行写生。

②出示花鼓的图片,幼儿可以利用美工区的材料进行花鼓的创作和制作。

(2)游戏指导

①引导幼儿观察凤阳建筑的特征,尝试用线条进行表现。

②利用废旧物来表现花鼓的特征。

3. 语言区

（1）材料投放

①家长同幼儿一起收集关于凤阳的资料,并进行分类装订成凤阳文化册,幼儿可以交流分享,加深对凤阳的认识。（见图一）

②提供《凤阳》的书籍,供幼儿阅读。

（2）游戏指导

①引导幼儿阅读关于凤阳的一些书籍。

②根据自己收集的资料,与同伴、老师一起分享。

（图一）

4. 建筑区:主题搭建——安徽"凤阳鼓楼"

（1）材料投放

①提供"凤阳鼓楼"的牌楼(自制:画有吊脚的鼓楼),进行封顶。

②提供适合中班搭建水平的搭建方法步骤图。

③与幼儿共同商量搭建凤阳鼓楼的方法,并用照片的方式投放在墙饰上。

（2）游戏指导:

①幼儿与教师一起商量搭建凤阳鼓楼的材料及方法。

②鼓励幼儿合作搭建凤阳鼓楼。

③能够按照自己的计划进行搭建。

5. 益智区

（1）材料投放:提供中国地图和安徽省地图。

（2）游戏指导:教师与幼儿一起进行中国地图的拼摆,认识安徽省,认识凤阳。

（三）主题墙布置:唱凤阳说凤阳

1. 凤阳文化

（1）家长幼儿收集来的关于凤阳的资料。

(2)凤阳花鼓。

(3)花鼓戏。

(4)凤画艺术。

2. 凤阳旅游

(1)凤阳花鼓楼。

(2)鼓楼。

(3)明皇陵。

3. 说唱凤阳

(1)歌曲《凤阳花鼓》。

(2)欣赏《花鼓灯》。

(3)绘画《鼓楼》。

(四)家园共育

1. 家长同幼儿共同收集关于安徽凤阳的相关资料。

2. 家长利用假期与幼儿一同去安徽凤阳旅游。

五、音乐作品分析

音乐作品名称:《凤阳花鼓》	
背景(地域文化)	《凤阳花鼓》一曲选自安徽流传已久的民歌,旋律优美、动听、易上口。歌曲展现了当地老百姓以歌抒情、即兴演唱讨生活的一种现状。 　　1955年著名凤阳花鼓老艺人刘明英和欧家林应邀赴北京中南海为国家领导人汇报演出《王三姐赶集》,凤阳花鼓被周总理比作东方的芭蕾舞,自此凤阳花鼓又称"东方芭蕾"。 　　目前,凤阳花鼓受到了市场经济大潮的冲击,传承断层,面临失传的危险。原生态的凤阳花鼓已经趋于衰亡,其中蕴涵的丰富艺术资源还没有被挖掘出来,这份珍贵的民间艺术遗产需要我们来保护。凤阳当地政府实施了凤阳花鼓艺术保护工程,成立了凤阳花鼓研究会和凤阳花鼓乡艺术团,组建凤阳花鼓艺术学校,筹建凤阳花鼓艺术博物馆,组织凤阳花鼓民间艺人及其专业创作艺术家对花鼓进行深度研究、搜集和整理。 　　该乐曲的选取符合中班幼儿的身心发展特点,能够满足不同幼儿的需求。乐曲以边唱边舞的形式展现,符合幼儿好动爱动的特点,而且能够促进幼儿音乐表现力及上下肢动作协调一致的发展。

续表

音乐作品名称:《凤阳花鼓》	
特点(曲调曲式结构等音乐本身的特点)	《凤阳花鼓》为五声宫调、4/4拍曲式结构,歌曲演唱以边歌边舞的形式进行,充满了安徽凤阳地方民歌的风味特色。歌曲节奏平稳,略带有跳跃性,衬词非常有韵味特色,以独特的衬词增添了音乐的感染力和生活气息。前10小节旋律优美抒情,后面的衬词"嘚儿"诙谐风趣。另外,在表演过程中,歌与舞相互结合,富有浓郁的民间歌舞风格。
选择缘由(对国家认同的贡献;儿童适宜性;音乐上的地位与价值)	1.学唱《凤阳花鼓》能帮助幼儿了解安徽省凤阳地区的文化与艺术,引导幼儿认识到我国文化的丰富多样,增强幼儿的国民认同感。同时,了解《凤阳花鼓》的表演历史,能激发幼儿珍惜当前的幸福生活。 　　2.首先,歌曲本身节奏平稳,诙谐幽默,唱起来朗朗上口,适宜幼儿学唱。其次,乐曲中的衬词是一项有趣的音乐语言,对于幼儿来说能够丰富其音乐表达经验。第三,整首歌曲节奏节拍都很鲜明,有助于幼儿更好地掌握节奏节拍。 　　3.《凤阳花鼓》的音乐风格喜庆、热烈、活泼,能够带给幼儿很大的视听觉冲击,幼儿通过学习、演唱《凤阳花鼓》,能够体验到凤阳花鼓独特的表演风格。
相关资源(故事、人文景观、其他艺术作品的生活运用)图文并茂	历史:凤阳是安徽省省级历史文化名城,古有"帝王之乡""明皇故里"之名,今有中国农村改革"大包干"发源地之誉,是"改革之乡"。古今故事纷呈,历史文化底蕴厚重。朱元璋登基第二年,在凤阳营造了中国第一都城——"大明中都皇城",成为后来南京故宫、北京故宫的蓝本。 　　凤画:即凤凰画,是凤阳独有的民间绘画艺术,已有六百余年的历史,现为安徽省非物质文化遗产项目之一。由于凤画造型独特,色彩艳丽,手法细腻严谨,因而在民间有一定的影响,为广大群众所喜爱。凤画工艺独特,色彩丰富,寓意深刻,不仅是上乘的民间文化艺术作品,更是馈赠亲朋好友的珍贵礼品。 　　人文景观:明皇陵、凤阳花鼓楼、鼓楼。

附:具体活动方案

活动一　音乐活动:歌唱《凤阳花鼓》

一、活动目标

1. 情感态度:能够富有表现力地演唱歌曲。

2. 认知经验:学唱安徽民歌《凤阳花鼓》,感受歌曲独特的特点。

3. 技能方法:能够记忆歌词内容,掌握歌曲节奏。

二、活动重难点

活动重点:学唱安徽民歌《凤阳花鼓》,感受歌曲。

活动难点:记忆歌词内容,掌握歌曲节奏。

三、活动准备

经验准备:欣赏过歌曲《凤阳花鼓》。

物质准备:音乐《凤阳花鼓》;音乐《音阶歌》;钢琴。

四、活动过程

(一)开始部分

1. 进场:听音乐《凤阳花鼓》拍手走步进场。

2. 发声练习:《音阶歌》。

(二)基本部分

1. 教师范唱歌曲。

2. 教师提问并出示图片来帮助幼儿理解歌词(图片:锣、花鼓)。

——你听过这首歌曲吗? 它的名字叫《凤阳花鼓》。

——歌曲里面的歌词都唱到了什么? (帮助幼儿理解歌词)

——你觉得这首歌里哪儿最有意思? ("嘚儿铃铛飘一飘")

3. 幼儿跟唱,学习歌曲。

4. 重难点:"嘚儿铃铛飘一飘"的唱法

(1)当唱到"铃铛"的时候,请幼儿拍两下手,来掌握节奏。

(2)教师用还可以敲鼓的方法,打节拍来帮助幼儿掌握这段唱法。

(三)结束部分

幼儿听音乐《凤阳花鼓》离场,活动结束。

五、活动延伸

1. 区域游戏:表演区投放此歌曲。

2. 家园共育:了解家中是否有安徽人,搜索更正宗的凤阳花鼓素材。

活动二　音乐欣赏活动:新旧《凤阳花鼓》

一、活动目标

1. 情感态度:对安徽民歌、乐器产生兴趣,感受新旧《凤阳花鼓》情绪的
不同。

2. 认知经验:对《凤阳花鼓》的历史有简单的了解。

3. 技能方法:富有表现力地演唱《凤阳花鼓》,表现欢快、喜悦的情绪。

二、活动重难点

活动重点:感受新旧《凤阳花鼓》情绪的不同。

活动难点:富有表现力地演唱《凤阳花鼓》,表现欢快、喜悦的情绪。

三、活动准备

1. 经验准备:会唱歌曲《凤阳花鼓》。

2. 物质准备:新旧《凤阳花鼓》的音乐音频文件;镲一个、锣一个。

四、活动过程

(一)开始部分

复习歌曲《凤阳花鼓》,重点复习"衬词部分"——嘚儿铃铛飘一飘。

(二)基本部分

对比两个《凤阳花鼓》情绪的不同。

1. 播放原汁原味的《凤阳花鼓》,幼儿欣赏。

——谁来说一说你听完有什么感受?

——歌曲的情绪是什么样的?(凄惨、悲伤)

——你会用哪种颜色形容它?(灰色、黑色或暗黄色)

2. 聆听新版《凤阳花鼓》。

——歌曲的情绪发生了哪些变化?(变得欢乐、喜悦)

——哪种颜色可以描绘?(金色、大红色、彩色等)

(三)结束部分

富有表现力地演唱《凤阳花鼓》,表现欢快、喜悦的情绪。

五、活动延伸

环境创设:旧时期的凤阳和新时代的凤阳对比图片。

活动三 社会活动:凤阳好地方

一、活动目标

1. 情感态度:感受凤阳文化,萌发初步的民族认同感。

2. 认知经验:知道中国不同的地域文化。

3. 技能方法:能够流畅讲出凤阳的风土人情。

二、活动重难点

活动重点:知道中国不同的地域文化,了解安徽凤阳的风土人情。

活动难点:能够流畅讲出凤阳的风土人情,萌发初步的民族认同感。

三、活动准备

经验准备:收集关于"凤凰"的一些资料。

物质准备:图片 PPT、视频资料。

四、活动过程

(一)开始部分

播放歌曲《凤阳花鼓》,引出凤阳是个好地方。

(二)基本部分:我知道的凤阳

1. 凤阳三花:凤阳花鼓、花鼓灯、花鼓戏。

——你们知道它们都有什么特点吗?

2. 凤阳工艺品:凤画。

——看完了凤画,说一说自己的感受是什么?

——色彩上,凤画中的凤凰的外形特点上有什么变化?

3. 凤阳人文景观:明皇陵、凤阳花鼓楼(建筑)、鼓楼。

4. 凤阳的小吃:梅鱼、咸水鸭、凤阳豆腐。

5. 花鼓文化:双条鼓。(说起凤阳花鼓,凤阳人有一段悲喜交加的经历。中国改革开放以后,凤阳花鼓的形式和内容也随之起了很大变化,凤阳花鼓成了凤阳人自娱自乐的工具)

6. 介绍非物质文化遗产的概念,使幼儿有初步的民族认同感。

(三)结束部分

小结:小朋友说一说凤阳好地方,加深对凤阳的认识和理解。

五、活动延伸

区域游戏:将收集来的关于凤阳的资料订成册子,放在语言区供幼儿浏览翻阅。在制作书籍时可以选择配套电子版图片的形式。

附:选择依据:

明皇陵:位于安徽省凤阳县,全国重点文物保护单位。明皇陵石像是已知明代最早、数量最多、刻工最精细的皇家陵园,石刻具有很高的艺术价值。不仅数量居历代帝王陵墓之冠,而且雕刻技艺上也有独到之处,均用整块石料雕琢,无论是人像,还是动物,均造型生动,刻琢精细,具有高超的技艺和强烈的艺术感染力。它们是宋元石刻艺术发展的最早产物,对明清的石刻造型艺术发展产生了深远影响。

凤阳花鼓楼(建筑):位于安徽省合肥市,直径61米高18米,以凤阳花鼓为造型的鼓型建筑正式开放,据悉这座被誉为世界最大鼓型建筑正在申报吉尼斯纪录。(图二)

鼓楼:坐落于安徽凤阳,是我国最大的鼓楼。它的结构、方向与其他鼓楼不同,形成了自己的特点。一般鼓楼大多是南北向,而凤阳的这座鼓楼却是东西向,它与西南六里之外的钟楼遥遥对峙于中都城中轴线的两侧。鼓楼由台基和殿楼两部分组成,台基正中间开三个门洞,中门略大,中上方有朱元璋亲书的"万世根本"四个楷书大字。

(图二)凤阳花鼓楼

活动四　科学活动:认识凤阳花鼓

一、活动目标

1. 情感态度:养成静心聆听音乐的好习惯。

2. 认知经验:欣赏"花鼓"这一表演形式,认识凤阳花鼓。

3. 技能方法:尝试模仿凤阳花鼓的舞蹈动作。

二、活动重难点

活动重点:欣赏"花鼓"这一表演形式,认识凤阳花鼓。

活动难点:模仿凤阳花鼓的舞蹈动作。

三、活动准备

经验准备:见过花鼓。

物质准备:歌曲《凤阳花鼓》音乐视频;花鼓;幼儿园里的鼓。

四、活动过程

(一)开始部分

——教师提问,什么叫花鼓?

——你们见过花鼓吗?

——它长什么样子?

花鼓是凤阳民间艺术的代表,花鼓是一种民间乐器,利用它来作为舞蹈的道具是许多民族的习俗。

(二)基本部分:介绍和观察花鼓的特点及外形

1. 一般由男女两人对舞,一人敲小锣,一人打小鼓,边敲打、边歌舞,系江淮一带颇具代表性的舞种之一。

2. 历史悠久,明代就已有花鼓演出,且形式多样。

3. 让幼儿渐渐走近花鼓:花鼓是由农民在田间插秧时击鼓演唱发展而来,各地花鼓的风格、曲调不同。

4. 观察花鼓。

——你们看一看花鼓和我们幼儿园的鼓有什么不一样?(做对比)

——谁想来敲一敲、听一听它们的声音有什么不一样?

(三)结束部分

欣赏《凤阳花鼓》的表演视频,请幼儿大胆尝试模仿其中的舞蹈动作来表现花鼓这种民间舞蹈的内涵,活动自然结束。

活动五　音乐活动:舞蹈《凤阳花鼓》

一、活动目标

1. 情感态度:感受乐曲的欢快,表现乐曲中喜悦的情绪特点。

2. 认知经验:知道《凤阳花鼓》的旋律特点。

3. 技能方法:随音乐有节奏地模仿敲花鼓、舞红绸的动作。

二、活动重难点

活动重点:知道《凤阳花鼓》的旋律特点。

活动难点:随音乐有节奏地模仿敲花鼓、舞红绸的动作。

三、活动准备

经验准备:欣赏过《凤阳花鼓》这首曲子。

物质准备:音乐《凤阳花鼓》;红绸子人手一条;鼓 10 个;锣 10 个;镲 10 个。

四、活动过程:

(一)开始部分:欣赏《凤阳花鼓》。

(二)中间部分。

1. 感受

——听完歌曲后你的感受是什么?(欢快、喜悦、高兴等)

——你想用什么动作来表现歌曲?

2. 表现

——看一看老师手里的红绸子、鼓、锣、镲等材料,你们想不想也来舞一舞?(激发幼儿参与活动的兴趣)

3. 幼儿自选材料进行表现,表达自己的理解与感受。(分别请小朋友上台来展示自己的舞蹈动作)

(三)结束部分:集体表现《凤阳花鼓》,活动自然结束。

五、活动延伸

环境、区域游戏、社会实践、家园共育等。

活动六　语言活动:凤阳旅游

一、活动目标

1. 情感态度:喜欢凤阳文化,并能主动分享自己的感受。

2. 认知经验:了解凤阳的名胜古迹,知道凤阳是个历史悠久的古城。

3. 技能方法:能够指出凤阳标志性地点在地图上的位置,能流利地向他人介绍凤阳当地的文化和代表性建筑。

二、活动重难点

活动重点:能流利地向他人介绍凤阳当地的文化和代表性建筑。

活动难点:能够指出凤阳标志性地点在地图上的位置。

三、活动准备

经验准备:认识中国的地图。

物质准备:凤阳旅游地图、PPT等。

四、活动过程

(一)开始部分

说一说自己认识的凤阳,引出"去凤阳旅游"这一话题。

——谁来说一说自己认识到的凤阳是什么样子的?

(二)基本部分:凤阳古城(图片PPT)

1. 明皇陵:皇家陵园,石料雕刻精细,造型艺术,有非常高的艺术感染力。

2. 世界第一鼓(建筑):凤阳花鼓楼是一座以凤阳花鼓为造型的鼓型建筑,高约18米,直径61米,建筑面积超过4258平方米。位于安徽合肥滨湖新区,为中国合肥万达文化旅游城的展示中心。据悉这座被誉为世界最大鼓型建筑正在申报世界吉尼斯纪录。

3. 鼓楼:坐落于安徽凤阳,是我国最大的鼓楼。它的结构、方向与其它鼓楼不同,形成了自己的特点。台基正中间开三个门洞,中门略大,中上方有朱元璋亲书的"万世根本"四个楷书大字。

4. 出示凤阳旅游地图,请小朋友找一找上面所说的三个地方。

——谁来指一指安徽凤阳在哪里?

——你都认识了凤阳的哪些名胜古迹?

——它们都有哪些特点?

(三)结束部分

小结:我到凤阳去旅游,讲一讲(小导游)。

五、活动延伸

1. 环境创设:凤阳旅游地图。

2. 区域游戏:科学区——凤阳旅游地图。

3. 社会实践、家园共育:我跟爸爸妈妈一起去凤阳。

4. 凤阳的文化:凤阳的花鼓戏、凤阳的凤画、凤阳的小吃等。

活动七 美术活动:绘画"鼓楼"

一、活动目标

1. 情感态度:喜欢鼓楼,喜欢用线条大胆表现鼓楼的外形特征。

2. 认知经验:通过观察鼓楼的特征,进一步了解鼓楼、认识鼓楼。

3. 技能方法:幼儿能够自己创作、相互欣赏并评价作品。

二、活动重难点

活动重点:用线条表现鼓楼。

活动难点:用线条表现鼓楼的外形特征。

三、活动准备

经验准备:认识鼓楼。

物质准备:水彩笔;绘画纸;鼓楼的图片 PPT。

四、活动过程

(一)开始部分:欣赏鼓楼图片 PPT

1. 引导幼儿观察鼓楼的特征。

2. 教师请幼儿一起说一说鼓楼的结构与造型特征。

——说一说你见到的鼓楼是什么样子的?(如:鼓楼由台基和殿楼两部分组成,台基正中间开三个门洞,中门略大,中上方有朱元璋亲书的"万世根本"四个楷书大字,两边对称的四个吊脚等。)

(二)基本部分:绘画——鼓楼

1. 鼓励幼儿自己创作。(特征:六个吊脚是对称的、门洞大小要有所区别、每一层之间的空隙要适宜等)

2. 教师个别指导,引导幼儿关注鼓楼的特征及传授个别幼儿绘画技巧。(如翘角儿等地方)

(三)结束部分

欣赏评价:同伴之间相互欣赏、评价作品,将幼儿作品进行展示。

五、活动延伸

1. 环境创设:幼儿作品布置墙面。

2. 区域游戏:益智区——制作名胜古迹"拼图"。

六、幼儿在绘画中可能出现的问题

1. 幼儿是否知道什么叫对称,教师要帮助其理解对称的含义。

2. 幼儿的个体差异和发展水平不同,在表现鼓楼的吊脚时,教师可以用手势来形容吊脚弯起翘起的感觉,幼儿更容易接受和理解。

活动八　音乐活动:打击乐《凤阳花鼓》

一、活动目标

1. 情感态度:喜欢和小朋友一起合作演奏,感受合奏的乐趣。

2. 认知经验:能够专心欣赏歌曲,感受不同的情绪和节奏特点。

3. 技能方法:能根据歌曲的旋律,选择适当的节奏型和乐器为歌曲伴奏。

二、活动重难点

活动重点:选择适当的节奏型和乐器为歌曲伴奏。

活动难点:喜欢和小朋友一起合作演奏,感受合奏的乐趣。

三、活动准备

经验准备:熟悉歌曲《凤阳花鼓》。

物质准备:节奏卡;铃鼓和撞钟图片五套;铃鼓和撞钟若干;《凤阳花鼓》音乐(有词、无词)、进场音乐《挂红灯》、选乐器音乐《玩具进行曲》。

四、活动过程

(一)开始部分

听音乐《挂红灯》,两个小朋友手拉手举过头顶走侧重步(第一拍右脚跟向右侧点地,同时左膝微屈,身体稍向右倾,脸向左前方,第二拍右脚尖向左侧点地,同时左腿伸直,身体稍仰,脸向右后方,第三拍同第一拍动作,第四拍还原)进场。

(二)基本部分

1. 听音乐《凤阳花鼓》,感知4/4拍的节奏特点。

2. 请幼儿自己来拍一拍,可以怎样拍?引出节奏型(教师将节奏型画出来)。

(1)X 0 0 0 | X 0 0 0 | X 0 0 0 | X 0 0 0 |

(2)0 0 X X | 0 0 X X | 0 0 X X | 0 0 X X |

(3)X 0 X 0 | X 0 X 0 | X 0 X 0 | X 0 X 0 |

3. 设计配器方案。

(1)小乐队分组选乐器:听音乐《玩具进行曲》选乐器——撞钟、铃鼓,自动分坐成两组——撞钟组、铃鼓组。

(2)分组尝试:两组幼儿分别根据自己选择的节奏型进行尝试(教师分别指导)。

教师可以用手机来播放音乐《凤阳花鼓》,支持幼儿在小组内先试一试自己的节奏型。

4. 合奏乐曲《凤阳花鼓》。

(1)两组分别来分享自己组选择的节奏型,听音乐《凤阳花鼓》进行演奏。

(2)幼儿拿乐器演奏乐曲,教师指挥:两组幼儿进行合奏,感受乐曲的热烈、欢快的情绪。重点强调两组的节奏型,演奏时幼儿要精神饱满、有激情。

(3)请两组不一样的节奏型进行组合,例如 X O O O｜X O O O｜X O O O｜X O O O｜和 O O X X｜O O X X｜O O X X｜O O X X｜,幼儿进行尝试演奏,提升配乐与演奏经验。

(三)结束部分

幼儿听音乐演唱《凤阳花鼓》,按自己的节奏敲打乐器自然离场,活动结束。

五、活动延伸

区域游戏:表演区——《凤阳花鼓》节奏卡。

活动九　美术活动:欣赏"凤画"

一、活动目标

1. 情感态度:了解凤阳凤画的历史,产生热爱祖国的情怀。

2. 认知技能:感受凤画的别具一格,分析其色彩与造型特征。

3. 技能方法:提升幼儿对绘画作品欣赏的审美能力。

二、活动重难点

活动重点:感受凤画的别具一格,分析其色彩与造型特征。

活动难点:提升幼儿欣赏绘画作品的审美能力。

三、活动准备

经验准备:对色彩的认知;欣赏作品的技能。

物质准备:凤画若干;PPT。

四、活动过程

(一)开始部分:出示 PPT"凤画"吸引幼儿参与活动的兴趣

1. 介绍凤画。凤画是安徽凤阳地区特有的一种民间绘画,有着自身独特的绘画技巧和艺术特色,是中国民间绘画中的一朵奇葩。

2. 请幼儿观察凤画和我们平时看到的画有什么不同之处,说一说。

——谁来说一说你欣赏完凤画的感受是什么?

——你在凤画中看到了什么?

教师引导幼儿从色彩上、造型上、画法上去观察。

(二)基本部分:师幼共同总结凤画的特点

1. 颜色非常鲜艳,使用的色彩很多,涂染大红、大绿、大青、大紫。

2. 凤凰造型必须是"蛇头、龟背、鹰嘴、鹤腿、如意冠、九尾十八翅"。

3. 工笔画手法细腻,线条清晰,形态生动多变,形神兼备。

(三)结束部分

教师小结:说一说自己看完"凤画"后的感受是什么?

五、活动延伸

区域游戏:美工区幼儿尝试画"凤画"——临摹。

活动十　音乐活动:欣赏《花鼓灯》

一、活动目标

1. 情感态度:感受民间歌舞凤阳花鼓灯的艺术特点和独特魅力。

2. 认知经验:通过活动,幼儿能够了解凤阳花鼓灯。

3. 技能方法:尝试用自己的动作表现歌曲,表达对歌曲的理解。

二、活动重难点

活动重点:感受凤阳花鼓灯的民间歌舞的艺术特点和独特魅力。

活动难点:尝试用自己的动作表现,表达对歌曲的理解。

三、活动准备

经验准备:听过《凤阳花鼓灯》。

物质准备:花鼓灯视频《小红扇》。

四、活动过程:

(一)开始部分:教师向幼儿介绍凤阳三绝之一"花鼓灯"(民间歌舞)。

(二)基本部分:欣赏——花鼓灯。

1. 播放视频,请幼儿欣赏"花鼓灯"。

——你都听到了什么?看到了什么?

——他们这些演员在干什么?

2. 说一说自己欣赏后的感受。

——听完后的感受是什么?

（热情奔放,刚劲有力,洒脱大方,诙谐幽默的舞蹈艺术风格,人民纯朴、粗犷、开朗、乐观的性格特征）

3. 尝试用自己的动作表现。

——谁能用动作表现歌曲的特点?

引导幼儿尝试用动作进行表现,表达对歌曲的理解。

五、活动延伸

家园共育:家长可以带领幼儿观看一些演出,如《凤阳花鼓》《花鼓灯》《花鼓戏》等的相关演出,以增强幼儿对我国地域文化的理解和认识,从小增强民族认同感。

（马丽童）

主题名称:春江花月夜

一、主题缘起

在"幼儿的一日生活"活动中,有许多的过渡环节都是伴随着乐曲进行的,有一次孩子问我:"左老师,有没有关于季节的音乐啊?"于是我就开始寻找一些关于季节的轻音乐,发现了《春江花月夜》这样一首曲子。这首乐曲旋律动人,运用了传统乐器古筝形象地描绘出祖国南方春天的美丽景色。

《3—6岁儿童学习与发展指南》中提到:幼儿能感知和发现不同季节的特点,体验季节对动植物、人的影响。因此我们结合这一点,开展了"春江花雨夜"音乐主题活动,通过音乐和孩子一起走进祖国的南方,不仅能帮助幼儿更好地感知季节的变化,更能感受南方的一些风土人情和文化,开阔幼儿的视野,增进幼儿对祖国的了解。

二、主题目标

1. 幼儿对中国南方文化有初步的了解,了解中国南方的建筑特色、环境特点,感受江南美丽的景色,知道中国南北方的差异;能够尊重不同区域人们的生活习惯,尊重他们的差异性。

2. 幼儿愿意参加音乐欣赏活动,能够感受乐曲舒缓、优美的特点,体会乐曲中美的意境;能用自己喜欢的艺术方式表达出自己对曲子的印象和情感体验。

3. 学习认识琵琶、古筝等中国传统乐器,了解其外形、音色;能基本掌握几种打击乐器正确的敲击方法,为乐曲做简单的即兴伴奏,表达情感和体验,并具有初步的协调配合能力。

4. 幼儿能够随音乐的节奏尝试按自己的想象自由地做模仿动作、律动和简单的舞蹈动作,尝试表现音乐的力度、速度变化和情感。

5. 幼儿能够萌发关心大自然的情感,树立初步的环境保护意识。

三、主题网络

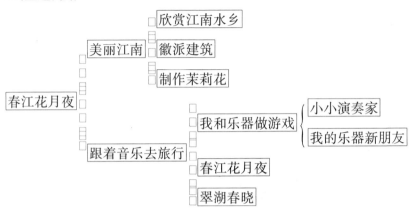

四、主题活动计划表

(一)教育活动

	活动名称	活动目标
第一周	艺术活动:春江花月夜(水墨) 艺术活动:春江花月夜(欣赏) 艺术活动:春江花月夜(打击乐) 语言活动:我眼睛里的春天 艺术活动:江南水乡(水墨) 艺术活动:认识中国传统乐器——古筝、琵琶(欣赏)	1. 通过欣赏表达自己对音乐《春江花月夜》的理解。 2. 初步了解中国传统乐器古筝、琵琶的音色。 3. 对南方的建筑和环境有一定的了解,知道南方雨水多,典型建筑是白墙灰瓦的房子。
第二周	艺术活动:翠湖春晓(欣赏) 艺术活动:翠湖春晓(打击乐) 语言活动:说说我去过的南方 艺术活动:制作茉莉花(手工)	1. 通过多种形式表达自己对《翠湖春晓》这首音乐的理解。 2. 知道茉莉花是南方代表性植物,并且初步了解它们的外形特征。 3. 了解多种乐器的演奏方法,并且能跟随音乐进行有节奏的击打。

(二)区域材料投放与游戏指导

1. 表演区

材料投放:纱巾、《春江花月夜》《翠湖春晓》音乐、乐器。

游戏指导:幼儿能根据音乐自选材料,表达自己对音乐的理解。

2. 美工区

材料投放:毛笔、墨汁、宣纸、江南水乡的图片。

游戏指导:幼儿根据已有经验绘画南方的建筑和环境。

3. 图书区

材料投放:南方春天、江边等景色的图片;幼儿与家长自制的江南水乡图书。

游戏指导:引导幼儿用语言描绘出图片中的内容;引导幼儿翻看自制图书,进一步加深对南方的认识。

(三)主题墙布置

1. 美丽江南

南方春天江水边月光下的景色。

2. 我会表现

幼儿对《春江花月夜》这首音乐的不同表现。(水墨、照片、图画)

3. 我认识的乐器

演奏《翠湖春晓》和《春江花月夜》这两首音乐的传统乐器琵琶和古筝。

(四)家园共育

1. 收集有关南方景色的图片,将自己去南方游玩的照片带来幼儿园与其他小朋友分享。

2. 家长与幼儿自制《我眼中的江南水乡》图书。

3. 幼儿与家长共同收集相关资料。

五、音乐作品分析

(一)《春江花月夜》

音乐作品名称:春江花月夜	
背景(地域文化)	《春江花月夜》是一首旋律优美的曲子,表现出了江南水乡的安静、祥和,富有江南水乡的情调。
特点(曲调曲式结构等音乐本身的特点)	《春江花月夜》是一支优美的抒情乐曲,旋律古朴、典雅、节奏比较平稳,表现了南方夜晚安静、祥和的意境,具有较强的艺术感染力。 全曲一般分成10段,每段标题分别是江楼钟鼓、月上东山、风回曲水、花影层叠、水深云际、渔歌唱晚、回澜拍岸、桡鸣远漱、欸乃归舟和尾声。

续表

音乐作品名称:春江花月夜	
选择缘由(对国家认同的贡献;儿童适宜性;音乐上的地位与价值)	《春江花月夜》不仅是我国民族音乐宝库中的珍品,在国际乐坛上也享有崇高声誉,曾多次在西方国家进行演奏,受到极大欢迎,是被誉为"可以和世界上一流的室内乐团媲美"的优秀曲目。 乐曲每段音乐较为鲜明,能够引发幼儿对音乐的不同理解与想象,同时也帮助幼儿加深对南方景色的了解和认识,感受当地的风土人情和音乐所表达的情绪情感。
相关资源(故事、人文景观、其他艺术作品的生活运用)图文并茂	《江南水乡》——吴冠中。 吴冠中是当代著名画家、油画家、美术教育家。他的作品《江南水乡》极好地运用了线条的流动感,在大篇幅的白色中,仅以若明若暗的黑色线条勾勒,将江南独特的景象展现得淋漓尽致。

(二)《翠湖春晓》

音乐作品名称:翠湖春晓	
背景(地域文化)	《翠湖春晓》是一首充满乡恋之情的音乐诗篇,是聂耳根据云南昆明洞经音乐改编而成的民族管弦乐曲。乐曲生动地表现了春回大地,万物充满生机的景象,也表现了人们对美好未来的向往。
特点(曲调曲式结构等音乐本身的特点)	乐曲的基本主题是以昆明地区的民间洞经音乐《宏仁卦》的旋律作为主要素材,并通过不同的节拍、节奏、调式、速度、配器的变化对比,发展成三个段落。 主题开始,曲调抒情明朗,旋律缓慢幽静,呈现出翠湖晨曦的优美意境;之后是一段轻柔委婉的旋律,经过作者在节拍、节奏、速度、调式等方面的变化,使得乐曲逐渐从抒情走向活跃欢畅;最后,全曲在热烈、欢快的气氛中结束。
选择缘由(对国家认同的贡献;儿童适宜性;音乐上的地位与价值)	《翠湖春晓》经中央广播民族乐团演奏,影响甚广。这首乐曲向我们展现了云南翠湖的景观特点,给人带来美的感受,表达了对美好景色的喜爱和赞美之情。乐曲段落分明,易于幼儿理解和欣赏。
相关资源(故事、人文景观、其他艺术作品的生活运用)图文并茂	翠湖,位于云南省昆明市。因其八面水翠,四季竹翠,春夏柳翠,故称"翠湖"。每年冬天有成千上万只北方飞来的红嘴鸥在翠湖越冬,嬉闹戏水,给翠湖增添了无限的情趣。

附:具体活动方案

活动一　音乐欣赏:春江花月夜

一、活动目标

1. 用动作表达自己对音乐的理解,鼓励幼儿大胆说出自己对音乐的感受。

2. 愿意参加音乐欣赏活动,感受音乐舒缓、优美的特点,体会乐曲中美的意境。

二、活动重难点

活动重点:愿意参加音乐欣赏活动,感受音乐舒缓、优美的特点,体会乐曲中美的意境。

活动难点:用动作表达自己对音乐的理解,能够大胆说出自己对音乐的感受。

三、活动准备

经验准备:幼儿前期听过《春江花月夜》。

物质准备:春天的图片若干、《春江花月夜》音乐。

四、活动过程

(一)开始部分:播放春天夜晚美丽景色的图片,帮助幼儿感受南方春天夜晚的宁静与舒缓。

——小朋友们看完这几张图片你有什么感受?

(二)基本部分:欣赏乐曲《春江花月夜》,幼儿通过动作大胆表达自己的感受。

1. 完整欣赏《春江花月夜》乐曲,感受音乐的舒缓与优美。

——请小朋友们仔细听,然后说一说自己对这首音乐的感受。

——音乐听完之后有什么感受吗?

2. 幼儿分段欣赏乐曲。

(1)欣赏 A 段音乐,鼓励幼儿大胆表达出自己听到音乐后的感受。

——这段听完你有什么感觉? 你想到了什么?

(2)欣赏 B 段音乐,鼓励幼儿大胆表达出自己听到音乐后的感受。

——这段听完你有什么感觉? 你想到了什么?

3. 幼儿完整欣赏乐曲《春江花月夜》。

——再次完整欣赏一遍,想想可以用什么动作来表现不同乐段呢?

4. 幼儿边听音乐边用动作表达自己对音乐的理解。

(三)结束部分:幼儿跟随音乐《春江花月夜》边做动作边离场,活动结束。

活动二　艺术活动:徽派建筑(水墨)

一、活动目标

1. 了解江南水乡的环境特点及独有的白墙灰瓦的房屋造型。

2. 学习使用浓淡墨来表现不同景色,表达自己对江南水乡的认识。

二、活动重难点

活动重点:了解江南水乡的环境特点及独有的白墙灰瓦的房屋造型。

活动难点:学习使用浓淡墨来表现不同景色,表达自己对江南水乡的认识。

三、活动准备

经验准备:已有水墨绘画的经验。

物质准备:毛笔、墨汁、宣纸、《江南水乡》图片。

四、活动过程

(一)开始部分:欣赏《江南水乡》图片,激发幼儿绘画兴趣。

1. 引导幼儿了解南方建筑、环境的特点。

——从图片上看见了什么? 房子是怎样的? 除了房子还看到了什么?

2. 教师介绍浓淡墨的区别。

——画面上哪些地方墨比较浓,哪些地方墨比较淡?

——你知道为什么吗?

——远处的景色用的是淡墨,因为离得远看得比较模糊;近处用的是浓墨,因为看得很清楚。

(二)基本部分:鼓励幼儿根据自己的理解和对江南水乡的认识,大胆进行创作,用浓淡墨表现远近不同的景色。

——你们知道怎么才能出现淡墨吗?

——请选择你喜欢的颜色画出你心目中的江南水乡,注意运用浓淡墨来表现不同景物。

(三)结束部分:请幼儿互相分享自己的作品。

——你画的是什么? 哪些是用的淡墨? 为什么?

活动三　艺术活动:认识中国传统乐器——古筝、琵琶(欣赏)

一、活动目标

1. 初步认识、了解古筝、琵琶的外形和音色,知道它们是中国的传统乐器。

2. 跟随音乐大胆进行模仿表演。

二、活动重难点

活动重点:初步认识、了解古筝、琵琶的外形、音色及演奏方式,知道它们是中国的传统乐器。

活动难点:能跟随音乐大胆进行模仿表演。

四、活动准备

经验准备:有听过古筝和琵琶演奏的音乐的经验。

物质准备:古筝、琵琶图片;音乐、视频。

五、活动过程

(一)开始部分:教师展示古筝和琵琶,并进行简单的弹奏,激发幼儿的兴趣。

1. 教师出示古筝,进行简单的弹奏。

——你们知道这是什么乐器吗?

——我们来听听它发出的是什么声音?

——你觉得它发出的声音有什么特点?

——老师是怎么演奏古筝的?

2. 教师出示琵琶,进行简单的弹奏。

——你们知道这是什么乐器吗?

——我们来听听它发出的是什么声音?

——你觉得它发出的声音有什么特点?

——老师是怎么演奏琵琶的?

(二)基本部分:教师分别播放琵琶和古筝演奏的音乐,请幼儿进行分辨并说出听完音乐后的感受。

1. 教师播放古筝演奏的《高山流水》乐曲,引导幼儿说出自己的感受。

——听一听这首曲子是用什么乐器弹奏的,听完之后你有什么感受?

——这是用古筝演奏的曲子,叫作《高山流水》。

2. 教师播放琵琶演奏的《十面埋伏》乐曲,引导幼儿说出自己的感受。

——听一听这首曲子是用什么乐器弹奏的,听完之后你有什么感受?

——这是用琵琶演奏的曲子,叫作《十面埋伏》。

(三)结束部分:幼儿模仿弹奏乐器的动作跟随音乐进行表演。

今天咱们初步认识了两种乐器——琵琶和古筝,还听了两首好听的曲子《高山流水》和《十面埋伏》,下面请各位小小演奏家跟随这两首音乐来演奏吧。

活动四　语言活动:我眼睛里的春天

一、活动目标

1. 通过欣赏散文诗,了解春天的主要特征。

2. 能根据春天里事物的特征仿编诗句。

二、活动重难点

活动重点:通过欣赏散文诗,了解春天的主要特征。

活动难点:能根据春天里事物的特征仿编诗句。

三、活动准备

经验准备:幼儿已有仿编诗歌的经验。

物质准备:小熊手偶;树洞、小草、草莓、小白兔、黑色、绿色、红色的图片。

四、活动过程

(一)开始部分

教师出示小熊手偶,激发幼儿的兴趣。

——小熊在想一个奇怪的问题,到底是什么问题呢? 我们一起来听一听。

(二)基本部分

1. 完整欣赏诗歌

(1)教师朗诵诗歌,出示相关图片。

——小熊在什么地方做什么呀?

——是谁把它惊醒的?

——散文诗里谁告诉了小熊春天是什么颜色的呢,他们是怎么说的?

(2)引导幼儿结合图片完整朗诵诗歌。

2. 集体仿编诗句

(1)教师引导幼儿进行仿编诗句,根据幼儿的回答教师以简笔画的形式记录。

——小熊知道了,原来春天是嫩嫩的绿色、甜甜的红色、跳跳的白色。除了诗歌里的这些颜色外,你觉得还会有谁告诉小熊春天是什么颜色的呢?

(2)根据记录引导幼儿将创编诗句串联起来完整朗读。

附:春天的色彩

一声春雷惊醒了正在冬眠的小熊,小熊在黑黑的树洞里睡了一个冬天,小熊想:过了一个黑色的冬天,春天来了,春天是黑色的吗? 春天是什么颜色的呢?

小草告诉小熊:"春天是嫩嫩的绿色。"

草莓告诉小熊:"春天是甜甜的红色。"

小白兔告诉小熊:"春天是跳跳的白色。"

小熊听了说:"哦! 我知道了,原来春天是嫩嫩的绿色、甜甜的红色、跳跳的白色。"

听了小朋友的诗歌,小熊突然激动地叫起来:"我找到了,我找到了,春天是五彩缤纷的。"

活动五　手工活动:制作茉莉花

一、活动目标

1. 了解茉莉花的特征和习性,知道茉莉花主要生长在南方。

2. 尝试制作茉莉花,发展搓、剪、撕、贴等手工技能。

二、活动重难点

活动重点:了解茉莉花的特征和习性,知道茉莉花主要生长在南方。

活动难点:尝试用纸、手揉纸等材料制作花朵,发展剪、撕、贴等手工技能。

三、活动准备

经验准备:幼儿对茉莉花已有初步的了解。

物质准备:皱纹纸;剪刀、胶棒;《茉莉花》音乐;茉莉花图片。

四、活动过程

(一)开始部分:出示图片和音乐,激发幼儿兴趣。

1. 教师播放《茉莉花》音乐,激发幼儿兴趣。

——歌词里唱到了什么?

——茉莉花主要生长在中国的南方,因为那里很温暖,适合茉莉花生长。

2. 教师播放茉莉花的图片,请幼儿仔细观察花的形状与颜色。

——它的花瓣是什么样子的?

——它的花瓣有多少层?

——花蕊是什么样子的?

(二)基本部分:教师讲解制作花的材料,幼儿讨论如何制作。

1. 教师出示各种材料,与幼儿共同讨论用这些材料如何制作成茉莉花。

2. 教师出示事先做好的茉莉花引起幼儿的兴趣,并请幼儿观察教师做好的花朵,说一说是用什么材料做的,请幼儿猜想教师的制作方法。

——花蕊是怎么做的?

——花瓣是怎么出现这么多层的?

——将皱纹纸搓成长条做成花蕊,将白色皱纹纸剪成花瓣,然后底部用胶棒粘在一起。

3. 幼儿进行制作,引导幼儿注意用剪刀的安全,教师进行巡回指导。

(三)结束部分:请幼儿互相欣赏对方作品,小组尝试将花都放在一起,编成花束。

(左梦瑶)

主题名称:拾豆豆

一、主题缘起

在一次区域游戏活动中,桐桐和几个小朋友在图书区分享着周末回老家的事情:"我姥姥家在山西,山西可好玩了!""我奶奶家也是山西的,我去了好多漂亮的地方呢!"几个孩子的谈话吸引了其他孩子的关注,都七嘴八舌地讨论着,对山西充满了好奇与向往。观察到这一点,我想利用这一契机向孩子介绍山西文化,感受不同地区的人文风情。

《3—6岁儿童学习与发展指南》中指出:儿童了解国家地区文化,懂得尊重地区文化风俗,有初步的责任感、归属感。针对幼儿对山西地区产生的浓厚兴趣,遵循《指南》中的具体内容,便组织幼儿开展了"拾豆豆"主题活动,旨在通过引导幼儿了解山西的人文和风俗文化,增进幼儿的民族认同感及爱劳动、不怕困难等良好品质。

二、主题目标

1. 初步了解山西的地域风情特点,知道山西省是我国的一个省,了解山西人民热爱劳动、节约简朴的民风民俗,萌发对祖国的热爱之情。

2. 喜欢山西民歌,能够感受和欣赏山西音乐的意境美。

3. 能够理解歌词内容,体验歌唱活动中节奏鲜明、活泼而富有情趣的民歌风格。

4. 学习踮趾小跑步、压腕、手腕花等山西舞蹈的基本动作和舞步,能随音乐节奏、情感的变化自由想象与表达。

5. 发现和欣赏山西地区的自然环境和人文景观,能用多种材料表达自己的感受和想象。

8. 共同制定班级活动规则,运用家园合作与小组分工的形式提高幼儿的合作意识、劳动意识及为集体、为他人服务的意识。

三、主题网络图

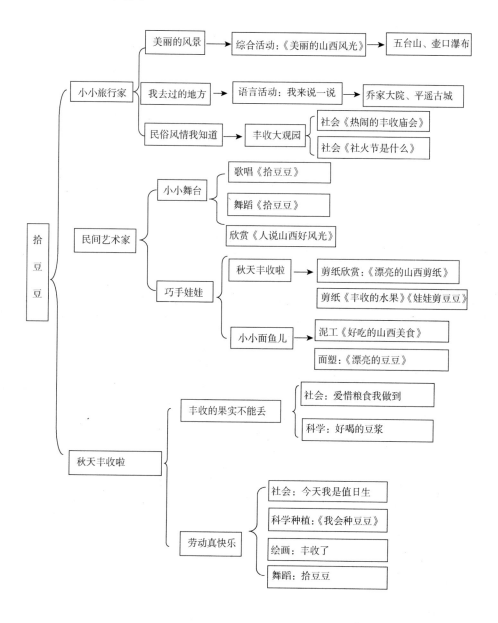

四、主题活动计划表

(一)教育活动

	活动名称	活动目标
第一周	语言活动:《我来说一说》 歌唱活动:《拾豆豆》 美术欣赏:《美丽的山西剪纸》	1. 初步了解山西的地域风情特点。 2. 理解歌词内容,体验歌唱活动中节奏鲜明、活泼而富有情趣的民歌风格。 3. 了解山西地区的民俗文化,了解山西剪纸文化。 4. 通过在家与家长共同收集山西社火节的民俗风情资料,初步感受山西民俗文化的传承。
第二周	音乐欣赏:《人说山西好风光》 剪纸活动:《娃娃剪豆豆》 健康活动:《过河拾豆豆》 泥工活动:《好吃的山西美食》	1. 幼儿了解豆子的成长过程,有初步的劳动意识。 2. 了解山西地区的民俗文化,知道面塑是山西特有的美术形式。 3. 初步了解山西的民俗节日——庙会的寓意,感受庙会中的热闹的氛围,体验劳动的快乐。 4. 能够在体育游戏中与他人配合。 5. 通过泥工活动,感受山西美食的特点。
第三周	社会活动:《爱惜粮食我做到》 绘画活动:《丰收了》 社会活动:《今天我是值日生》 舞蹈活动:《拾豆豆》	1. 了解豆子的食用方法和营养,了解豆浆的制作过程。 2. 了解农民伯伯种植豆子的辛苦,懂得爱惜粮食不浪费。 3. 喜欢参加绘画活动,能在绘画活动中感受秋天丰收的喜悦;通过观察能够了解水果的特征。 4. 学习山西儿童舞蹈,初步掌握基本动作和舞步,能随音乐节奏、情感的变化自由想象与表达。

(二)区域材料投放与教师指导

1. 自然角

(1)材料投放

①投放花生、红豆、黑豆、绿豆、黄豆泡种。

②投放各种水果、蔬菜,了解秋天是收获的季节。

③投放观察记录册、尺子、放大镜。

（2）教师指导

①与幼儿共同讨论种子的生长过程,引导幼儿做观察记录。

②引导幼儿观察自然角投放的水果,体验秋天丰收的喜悦。

③请幼儿观察自然角,请值日生来照看自然角植物,获得为班级服务的快乐与自豪的情感。

2. 表演区

（1）材料投放

①投放歌曲《拾豆豆》《人说山西好风光》音乐。

②投放歌曲《拾豆豆》中的头饰、服饰。

③投放山西美景图片、山西舞蹈中的经典动作图片。

（2）教师指导

①鼓励幼儿用自然的声音大胆演唱歌曲《拾豆豆》。

②引导幼儿随音乐做动作,尝试创编舞蹈动作。

③以同伴的身份参加幼儿表演,与幼儿共同表演歌曲舞蹈,引导幼儿感受山西舞蹈的美。

3. 建筑区

（1）材料投放

①投放山西建筑物、美景的各种图片。

②投放设计画册、笔。

（2）教师指导

①引导幼儿观察图示,了解山西建筑的特点。

（图一）

②引导幼儿讨论设计搭建的山西建筑主题,鼓励幼儿合作搭建。（见图一）

4. 图书区

（1）材料投放

①投放自制山西的美景、建筑、特产图书。

②投放《拾豆豆》歌曲内容图片,请幼儿看图讲述歌曲。

（2）教师指导

①幼儿互相讲述山西的美景,提升幼儿表述能力。

②引导幼儿用手偶讲述、表演山西的美景故事。

③幼儿制作山西美景、建筑的图书投放在建筑区,帮助建筑区的小朋友更好的看图搭建。(见图二)

5. 美工区

(1)材料投放

①山西民间剪纸成品。(见图五)

②山西民间泥塑作品。

(2)教师指导

①教师与幼儿合作,帮助幼儿熟练剪纸方法。

②创设美工区环境,幼儿欣赏山西民间剪纸、泥塑,引导幼儿欣赏并感受山西民间艺术特点。

(图二)

③鼓励幼儿发挥想象大胆创作自己的剪纸、泥塑作品,引导幼儿在活动前思考制作的作品内容。

6. 科学区

(1)材料投放

①投放《拾豆豆》歌曲中的人物景物图片。

②投放自制山西皮影。

(2)教师指导

①引导幼儿了解山西皮影的特点,学做山西皮影。

②鼓励幼儿合作设计制作《拾豆豆》歌曲中的人物,制作完成后请小朋友共同表演。

7. 益智区

(1)材料投放

投放自制玩具:数豆、夹豆小游戏。

(2)教师指导

①鼓励幼儿合作游戏,学习游戏的多种玩法。

②引导幼儿分享玩具,通过数数、夹豆等游戏提高幼儿点数能力与手眼协调能力。

（三）主题墙布置（图三）

（图三）

1. 幼儿与家长一同收集了解山西风景、建筑、特产。

2. 幼儿通过泥工制作丰收的果实与农作物。

3. 幼儿欣赏山西剪纸图片,尝试模仿剪纸。

4. 剪纸《丰收的果实》。

5. 制作山西风景、建筑、特产的图书。

（四）家园共育

1. 家长与幼儿共同收集了解山西民间建筑、风景,了解山西的地域风情特点等。

2. 幼儿与家长了解山西地区的民俗文化,了解山西剪纸文化。

3. 鼓励幼儿在家里也主动帮助大人做力所能及的事情。

五、音乐作品分析

音乐作品名称:《拾豆豆》	
背景（地域文化）	《拾豆豆》是一首由山西民歌改编的儿童歌曲,歌曲活泼而富有情趣,以诙谐的音乐语言及民谣式的歌词,描绘了孩子们在田间拾豆豆时顽皮、愉快而又朴实的形象。这首歌曲是上世纪90年代流行的儿童歌曲之一。
特点（曲调曲式结构等音乐本身的特点）	《拾豆豆》是较典型的起承转合一段体结构,六声徵调式,它的旋律和山西的方言紧密结合,体现出很有特色的音调,具有浓厚的民歌风格,节奏鲜明、富有韵律感。

续表

音乐作品名称:《拾豆豆》	
选择缘由(对国家认同的贡献;儿童适宜性;音乐上的地位与价值)	《拾豆豆》节奏鲜明、富有韵律感,易于幼儿欣赏与理解。歌曲以诙谐的音乐语言及民谣式的歌词,描绘了孩子们在田间拾豆豆时顽皮而又朴实的形象,有利于培养幼儿勤劳节约、珍惜劳动成果的品德。
相关资源(故事、人文景观、其他艺术作品的生活运用)图文并茂	 (图四)

音乐作品名称:《人说山西好风光》	
背景(地域文化)	《人说山西好风光》是中国民歌的经典之作,创作于1959年,60年代时响遍大江南北。这首民歌把当时人们热爱家乡、坚定信心、斗志昂扬的精神面貌充分表现了出来。
特点(曲调曲式结构等音乐本身的特点)	《人说山西好风光》歌曲曲调优美圆润、非常亲切。曲式结构为A+B结构,歌词采用了二段式,切合我国古典诗词和民间文学的"七言""五言"习惯。富有浓郁的乡土气息,作曲清新自然、旋律婉转流畅,让我们感受到山西民歌的无穷魅力。
选择缘由(对国家认同的贡献;儿童适宜性;音乐上的地位与价值)	这首歌曲的歌词描写了山西的山川人物及人们对家乡的热爱、对祖国繁荣的期望之情。歌曲优美,委婉动听,感情真挚,节奏鲜明、朗朗上口,让我们在欣赏歌曲中感受到山西民歌的魅力。

续表

音乐作品名称:《人说山西好风光》	
相关资源(故事、人文景观、其他艺术作品的生活运用)图文并茂。(见图五)	 (图五)

附:具体活动方案

活动一　语言活动:我来说一说

一、活动目标

1. 喜欢山西的民俗文化,感受山西人文景观的美。

2. 了解山西的主要旅游景点,知道山西是个美丽的地方,并能在集体前用完整的语言大胆介绍山西的美景。

3. 丰富对导游这一职业的认识,尝试学做小导游。

二、活动重难点

活动重点:了解山西的主要景点,感受山西的美。

活动难点:能用完整的语言在集体前大胆介绍山西的美景。

三、活动准备

经验准备:幼儿与家长共同收集制作山西美景的图书,观看山西美景视频。

物质准备:多张山西旅游景点图片;自制导游证、导游旗、小喇叭、山西的代表性歌曲。

四、活动过程

(一)开始部分

1. 请幼儿尝试介绍自己收集的山西风光图片。

2. 与幼儿共同欣赏收集的山西风光资料,如图画、自制图书等。

3. 教师帮助幼儿梳理山西风景、特产、建筑特点。(播放山西美景视频)

（二）基本部分

1. 创设情境,引导幼儿尝试做小导游。

（1）好孩子旅行社的经理要在我们班招一些小导游,带领小朋友参观美丽的山西。

（2）请小导游说出照片中的景点是哪里,这个地方的特点是什么。

2. 请幼儿选择自己喜欢的景点,尝试做小导游。

（1）幼儿分组介绍自己负责的景点,请其他班的小朋友来参观景点。

（2）小导游举着导游旗集合自己的旅行团成员。

（3）评选"最佳小导游",结束活动。

（三）结束部分

与幼儿共同小结山西美景,请参观的幼儿说说导游带自己观看了哪些景点,他们是怎么介绍的?

活动二　歌唱活动:拾豆豆

一、活动目标

1. 喜欢《拾豆豆》歌曲,愿意跟随音乐学唱歌曲。

2. 跟着音乐学唱歌曲《拾豆豆》,尝试用拍手动作拍打音乐的节奏。

3. 熟悉歌曲旋律,感受乐曲所表达的欢快喜悦的劳动气氛。

二、活动重难点

活动重点:学唱歌曲《拾豆豆》,尝试用拍手动作有节奏地随音乐打节拍。

活动难点:掌握歌曲旋律,了解乐曲所表达的欢快喜悦的劳动气氛。

三、活动准备

经验准备:熟悉歌曲旋律,初步了解歌词中的内容。

物质准备:音乐《拾豆豆》;歌词对应的图片。

四、活动过程

（一）开始部分

1. 感受歌曲的韵味,激发幼儿学习兴趣。

——这首歌和我们以前听过的歌有什么不一样? 你们有没有听过这样的歌?

2. 再次听音乐,请幼儿认真听,教师来提问。

——请小朋友们来听听,这首歌曲它是几拍子的乐曲?

——听完这首歌你有什么感受?

——这首歌中唱了几遍"一拾拾了一兜兜"? 你能唱出旋律一样的吗?

3. 了解歌词内容。

——你听到了什么? 歌里唱了什么事情?

(二)基本部分

1. 学唱歌曲。

(1)听歌曲旋律。

(2)边听边默唱,注意歌曲结束时的速度变化。

(3)轻声随着乐跟唱,并练习。

2. 出示图片。

——你们知道什么是拾豆豆吗? 你会拾豆豆吗?

3. 请幼儿观看图片(图片与歌词相对应),边看图片边说出歌词内容。

4. 引导幼儿一同唱《拾豆豆》歌曲。

(三)结束部分

1. 引导幼儿跟上乐曲的节奏复习歌曲。

2. 有表情地歌唱,表达欢快喜悦的劳动氛围。

活动三　剪纸欣赏:美丽的山西剪纸

一、活动目标

1. 知道剪纸是山西传统的民间艺术形式之一,充满了生机勃勃的乡土气息,喜欢山西剪纸。

2. 在欣赏过程中,了解山西剪纸的特点,能运用剪刀弯曲自然、运转灵活地进行镂空。

3. 在剪纸活动中幼儿可以积极专注地进行剪纸,初步用语言表达自己对山西剪纸作品的喜爱之情。

二、活动重难点

活动重点:能用语言表达自己对山西剪纸作品的喜爱之情,乐意尝试模仿剪纸。

活动难点:知道山西剪纸的特点,能运用剪刀弯曲自然、运转灵活地进行镂空。

三、活动准备

经验准备:了解山西剪纸的特点,初步掌握剪纸的简单方法。

物质准备:山西民乐《四十里平川撩不见人》;山西剪纸作品 PPT;人手一把剪刀;红色剪纸、废纸盒;幼儿的剪纸作品展,教师作品展。

四、活动过程

(一)开始部分

1. 师幼共同讨论参观山西剪纸展活动的注意事项。

(1)进入场馆,请轻声慢步。

(2)爱护剪纸作品,用手轻轻触摸。

(3)参加剪纸活动,注意用剪安全,保护好自己。

2. 师幼有序进入山西剪纸场馆,观看、欣赏剪纸作品(同时播放山西民间音乐)。

(1)幼儿自由欣赏剪纸作品。

——你都看到了什么? 最喜欢哪件剪纸作品? 为什么?

(2)教师扮演导游,为小朋友讲述山西剪纸作品的特点和剪纸方法。

(二)基本部分

1. 讨论剪纸作品的颜色。

——用来剪纸的这些纸是什么颜色的?

——这些作品剪的是哪些内容呢?

——和我们的剪纸作品有什么不同?

——为什么给这幅作品投票呢?

2. 幼儿进行剪纸,教师进行个别指导。

(1)正确使用剪刀,专心剪纸。

(2)将自己的作品进行粘贴和展示。

(三)结束部分

组织幼儿互相交流活动经历与感受,活动自然结束。

——今天我们参加了什么活动? 你有什么收获吗?

活动四　音乐欣赏:人说山西好风光

一、活动目标

1. 喜欢欣赏山西民歌,并能感受山西音乐的意境美。

2. 幼儿能说出歌曲的名称,知道歌词内容表现的是山西景色。

3. 能用自己喜欢的方式表达自己对《人说山西好风光》这首歌曲的理解。

二、活动重难点

活动重点:能说出歌曲的名称,知道歌词内容表现的是山西景色。

活动难点:用自己喜欢的方式表达对歌曲的感受,萌发爱家乡的情感。

三、活动准备

经验准备:表演区投放《人说山西好风光》音乐;过渡环节播放音乐让幼儿欣赏。

物质准备:山西省名胜风景的图片《人说山西好风光》;绘画的工具和材料黑板。

四、活动过程

(一)开始部分

1. 幼儿随音乐《拾豆豆》有节奏地律动进教室。

(1)幼儿自由结伴,两人一组做律动有序坐在小椅子上。

(2)通过讨论《拾豆豆》是哪个地区的歌曲,引出今天的欣赏活动。

2. 欣赏歌曲《人说山西好风光》。

(1)欣赏歌曲《人说山西好风光》。

——这首歌唱的是哪个地方? 你是怎么知道的?

——这首歌曲里都唱了什么?

——你认为 PPT 当中哪张图片和歌曲内容是一样的?

(2)再次欣赏歌曲,请幼儿做游戏(找图片)。

教师在活动前将准备好的图片藏在教室里,然后请幼儿边听音乐边把这些图片找出来。

幼儿自己介绍找到的图片上的内容,把贴片贴在黑板上。

(二)基本部分

1. 教师介绍歌曲《人说山西好风光》。

(1)《人说山西好风光》是一首好听的山西民歌,是表现山西劳动人民对自己家乡风景的赞美,这首歌曲调优美,富有浓郁的乡土气息。

(2)什么是乡土气息呢? 就是自己的家乡的山、水、粮食、小村庄,都是描写自己家乡的美景。

(3)第二次完整欣赏歌曲《人说山西好风光》。

——听完这首歌你有什么感觉?

2. 鼓励幼儿运用自己喜欢的方式表达自己对这首歌曲的理解。

(三)结束部分

1. 引导幼儿交流与分享《人说山西好风光》这首歌表达了山西人民的什么感情? 那我们要表达自己对北京的热爱会怎样做呢?

2. 将这首歌曲的录音和相关图片投放在表演区,幼儿可以继续欣赏。

活动五　泥工活动:好吃的山西美食

一、活动目标

1. 积极参与泥塑活动,对不同材质的泥塑活动感兴趣。

2. 尝试用自己选择的泥和工具材料制作喜欢的山西美食模型,如柳林芝麻饼等。

3. 与同伴分享自己的作品,讲述制作的方法和过程。

二、活动重难点

活动重点:尝试用自己选择的泥和工具材料制作喜欢的山西美食模型。

活动难点:与同伴分享自己的作品,讲述制作的方法和过程。

三、活动准备

经验准备:搜集了解山西美食。

物质准备:山西美食图片和幻灯片;刀削面的制作视频;泥工板、各色纸黏土、橡皮泥、大黄泥、泥工雕刻材料、抹布、各色彩纸等,一次性碗盘若干、展示台等。

四、活动过程

(一)开始部分

1. 教师播放山西美食的幻灯片并引导幼儿进行讨论。

——你知道山西有什么美食吗?

——你吃过哪些山西美食?

2. 了解山西美食的名称、品种和制作方法。

请幼儿观看幻灯片和视频,初步了解山西美食。

(二)基本部分

1. 制作好吃的山西美食。

(1)幼儿根据自己喜爱的美食图片,分析制作需要的工具、材料。

(2)幼儿自由结伴,进行分组。

(3)选择需要的工具材料,包括泥工板、不同材质的泥等。

2. 幼儿进行动手制作。

(1)师幼共同制定制作规则,如根据材料有序取放、不打扰他人等。

(2)幼儿进行动手制作。

(3)教师根据幼儿的需求进行指导(食物的造型、色彩等)。

3. 鼓励幼儿选用不同材质的泥制作同款美食。

(1)鼓励幼儿选用不同材质的泥制作同款美食。

(2)比较不同材质的泥制作的同款美食的不同之处。

(三)结束部分

1. 交流与分享,将作品放置在展示台,幼儿介绍自己作品的名称、制作过程和需要的工具材料。

2. 教师小结:山西省是中国的一个省份,我们要喜欢这里的美食,爱自己的国家。

活动六　剪纸活动:娃娃剪豆豆

一、活动目标

1. 知道秋季是丰收的季节,幼儿愿意用剪纸的形式表达自己对山西风土人情的喜爱。

2. 幼儿运用对称剪纸、三折剪的剪纸方法,剪出娃娃轮廓,为自己的作品大胆进行镂空。

3. 幼儿能够积极专注地进行剪纸活动。

二、活动重难点

活动重点:了解秋季是丰收的季节,学习剪人物"娃娃"的轮廓。

活动难点:能熟练运用三折剪的剪纸方法,独立进行剪纸。

三、活动准备

经验准备:幼儿掌握对称剪的方法,喜欢剪纸。

物质准备:各种农作物丰收的图片、幼儿人手一把剪刀、红色及其他颜色的剪纸若干;废纸盒、幼儿作品展示墙等;幼儿到自然角,了解豆子的形状和颜色等。

四、活动过程

(一)开始部分

1. 演唱歌曲《拾豆豆》引出活动。

——我们演唱的歌曲叫什么名字?

——它是我们国家哪个地区的歌曲?

——歌曲唱的是哪个季节的情景?

2. 教师介绍今天活动主题。

——曲中的胖丫丫和俊妞妞是到农田里捡拾豆豆,今天我们中一班小朋友用剪刀剪豆豆。

(二)基本部分

1. 进一步了解豆子的外形特征及颜色。

(1)幼儿仔细观察豆子的外形特征、颜色大小等。

(2)选择需要的纸张颜色和其他工具材料。

2. 幼儿进行剪纸,教师鼓励幼儿大胆创作。

(1)引导幼儿用对称剪等方式剪出自己的作品。

（2）幼儿剪纸过程中,可以求助教师或同伴。

（3）教师根据幼儿的需求进行指导,重点指导幼儿进行镂空的方法。

（4）鼓励幼儿将自己镂空的经验与同伴分享。

3. 幼儿作品展示。

（1）幼儿将自己的作品粘贴在衬纸上,注意选择的衬纸纸张要与剪纸作品不靠色。

（2）建立粮食丰收的主题展示墙饰,引导幼儿将自己作品展示在上面。

（3）鼓励幼儿与同伴交流自己作品的名称、镂空的方法、纸张的颜色等。

（三）结束部分

教师总结剪纸的方法与技巧,请幼儿在明天的活动区继续剪纸——"怎样镂空才能让豆子更漂亮"。

活动七　健康活动:过河拾豆豆

一、活动目标

1. 喜欢参加体育活动,幼儿能不怕寒冷,积极参加体育活动。

2. 尝试快速通过平衡木,保持身体平衡,动作灵活协调,感受游戏带来的快乐。

二、活动重难点

活动重点:幼儿能快速通过平衡木,保持身体平衡,体验游戏带来的快乐。

活动难点:在通过平衡木的过程中,幼儿可以捡起平衡木下的沙包并保持身体平衡。

三、活动准备

经验准备:在日常活动中练习幼儿的身体平衡,如单腿站立保持 10 秒。

物质准备:平衡木 2 个;用纸球制作的豆子若干;塑料圈 18 个、空框 2 个。

四、活动过程

（一）开始部分:热身运动

1. 队列练习。

2. 师幼共同进行热身运动,进行操节锻炼。

（二）基本部分

1. 游戏一:过河游戏。

游戏玩法:幼儿站在河的一边,双脚站在平衡木一头,保持身体平衡,快速通过平衡木之后,跑回队尾继续游戏。比一比,哪队掉下河的人少,哪队就胜利。

2. 游戏二:跳圈圈游戏。

游戏玩法:幼儿将塑料圈有规律地进行拼摆,幼儿练习单双脚轮流跳。在游戏中如果把圈碰乱,要及时整理好。

3. 游戏三:过河拾豆豆。

游戏玩法:幼儿双脚交替跳过圈圈后,站在平衡木上,身体保持平衡,快速通过平衡木后,跑到对面捡起地上的一粒豆豆,将豆豆送到本队旁边的筐里,哪队捡得快又多,哪队获胜。

幼儿注意遵守游戏规则:身体保持平衡通过平衡木,掉在河里的幼儿重新回到起点继续游戏;每次只捡一粒豆豆;游戏反复进行。

(三)结束部分

1. 幼儿边走边做放松运动,深呼吸、拍腿、活动四肢。

2. 拾落叶游戏:幼儿将捡到的落叶进行拼摆,玩拔根游戏。

活动八　社会活动:爱惜粮食我做到

一、活动目标

1. 愿意遵守班级规则,从小养成节约粮食不浪费的好习惯。

2. 了解粮食的种植过程,尊重为自己服务的人。

二、活动重难点

活动重点:养成节约粮食不浪费的好习惯。

活动难点:了解粮食的生长过程,感受农民伯伯种植的辛苦。

三、活动准备

经验准备:复习《锄禾》古诗,初步了解古诗词的意思。

物质准备:农民伯伯播种、管理、收获粮食的过程以 PPT 的形式进行展示;教师将食堂老师做饭的照片制作成 PPT;锄头、农田、草帽、水壶、太阳和大树图片等,围裙、帽子、做饭的工具等。

四、活动过程

(一)开始部分

1. 朗诵古诗《锄禾》,引出今天的活动。

——这首诗说的是什么意思?

——农民伯伯是怎样播种粮食的呢?

2. 观看视频,初步了解粮食的生长过程。

(二)基本部分

1. 爱惜粮食我做到。

2. 情境表演:农民伯伯耕种忙。

两名幼儿分别扮演农民伯伯,表现早晨扛着锄头去农田耕种的情境。

请扮演农民的小朋友说说自己的感受。

3. 幼儿观看食堂老师为自己制作饭菜的照片和视频。

——你刚才看到了什么?

——食堂老师做饭辛苦吗?

——我们应该怎么做才文明?

3. 教师进行图片展览,引导幼儿讲述自己感受。

幼儿观看图片发表自己的看法。

——你看到了什么? 对哪一张图片印象最深?

——我们怎样做才是爱惜粮食的表现?

(三)结束部分

1. 制作海报,引导幼儿向弟弟妹妹宣传做个爱惜粮食的文明小朋友。

2. 将海报张贴在语言区,幼儿随时去观看。

活动九　绘画活动:丰收了

一、活动目标

1. 欣赏《拾穗者》作品,了解秋天的色彩,感受秋天的美,喜欢美术作品表现的方法。

2. 能表现秋天粮食、水果、蔬菜丰收的景象,运用多种工具自主分工绘画。

二、活动重难点

活动重点:大胆表现秋天丰收的景象。

活动难点:幼儿能自主分工,运用多种工具、材料协作绘画。

三、活动准备

经验准备:感受秋天丰收的喜悦,从家中带来瓜果蔬菜投放到自然角。

物质准备:色环卡和挂图《拾穗者》;水粉颜料、水粉笔、水粉纸等。

四、活动过程

(一)开始部分

1. 出示挂图《拾穗者》,简单介绍这幅画(法国著名的印象派画家米勒的作品),请幼儿欣赏。

——图中是哪个季节的景色?(秋季)

——图中画了什么?(画了三位农妇在拾穗子)

——图中都有哪些丰富的色彩?(淡黄色、橘黄色、柠檬黄、黄绿色等)

——在这幅图中哪种颜色最多或是以哪种颜色为主?（黄色）

2. 出示色环,请幼儿仔细观察。

(1)与幼儿共同寻找属于秋天的颜色,并共同探讨它们的名称。

(2)在观察中,使幼儿了解秋天的颜色属于暖色调,并知道暖色调的色彩组成。

(二)基本部分

1. 带领幼儿到户外寻找秋天景象。

(1)让幼儿亲身感受外面的秋景,感受秋天的美。

(2)引导幼儿自由表达,如秋天是什么季节、发现的秋天是什么样子的。

2. 鼓励幼儿大胆作画。

(1)分成四组,每组小朋友自己商量,选择各组想要的材料完成前一次活动的作品。

(2)活动中提醒幼儿注意几点:

①找准暖调的颜色;

②请幼儿自己分组选择各自需要的材料,完成前一次活动的作品;

③在幼儿选择的时候,提醒幼儿定好画面的主色调,大胆作画;

④在幼儿作画时鼓励幼儿。

(三)结束部分

欣赏与评价:教师与幼儿共同欣赏作品,请小朋友相互评价。

活动十　舞蹈活动:拾豆豆

一、活动目标

1. 喜欢《拾豆豆》歌曲,能用自己喜欢的动作表达歌曲,感受民间舞蹈的美。

2. 幼儿熟唱歌曲并能掌握舞蹈的基本动作,按舞蹈的节拍做动作。

3. 幼儿能够懂得勤劳节约,珍惜劳动成果。

二、活动重难点

活动重点:幼儿学习舞蹈时能按舞蹈的节拍做动作,发展幼儿的配合及互助协调的能力。

活动难点:在舞蹈过程中能表现舞蹈动作的合拍、优美。

三、活动准备

经验准备:熟悉《拾豆豆》歌曲旋律,会唱歌曲。

物质准备:《拾豆豆》音乐、山西人民田间拾豆豆的视频活动过程。

三、活动过程

(一)开始部分

1. 复习歌曲《拾豆豆》,帮助幼儿回忆歌词。

(1)引导幼儿通过自己表述熟悉歌曲。

——上次我们听过的一首音乐叫什么名字?

(2)请小朋友尝试跟着音乐拍强拍,一样地方用一样的动作表示,不一样的音乐段落要换一个动作。

——音乐有几段?

2. 结合幼儿对《拾豆豆》歌曲的认识,探讨幼儿舞蹈中的基本动作及情节。

(二)基本部分

1. 幼儿欣赏音乐,听音乐随意舞蹈。

(1)教师播放音乐,幼儿根据音乐做动作。

(2)复习基本舞步,并变换舞步的方向,以及队形练习。(从自己练习到与其他小朋友对歌)

2. 幼儿欣赏并模仿舞蹈动作。

(1)教师创设情境,与幼儿共同创编《拾豆豆》舞蹈,激发幼儿学习兴趣。

(2)引导幼儿学习舞蹈:

①师边说歌词边分解动作,幼儿齐练动作;

②重点指导幼儿练习脚尖后点地的动作;

③全体幼儿随音乐完整地表演舞蹈;

④预设情境让幼儿分组表演舞蹈。

(三)结束部分

幼儿听《拾豆豆》音乐跟随教师做舞蹈动作离开教室。

(胡紫檬 郭春靖)

主题名称:新疆好地方

一、主题缘起

假期结束后,一名小朋友去新疆游玩,带回了新疆的服饰与大家分享,孩子们对美丽的新疆民族服饰十分感兴趣,他们七嘴八舌地讨论起来:"我在电视上看过新疆舞蹈,穿的就是像这样的衣服!""我也见过,我还吃过新疆的哈密瓜!""新疆还有烤羊肉串呢!"《3—6岁儿童学习与发展指南》中指出:"教师要引导幼儿了解中国主要的民族文化。""新疆好地方"主题活动主要目的在于让幼儿了解新疆维族的服饰、生活习惯和居住地,通过活动的展开,知道我国是个多民族的国家,养成尊重和热爱各民族的情感。中班幼儿已初步了解新疆的特产、食物、歌舞,对新疆民族文化充满好奇并表现出极大的兴趣。因此,教师抓住幼儿对新疆民族文化的认识欲望和兴趣,组织幼儿开展了主题活动"天山下的亚克西"。设计本次活动旨在使幼儿进一步认识新疆地区少数民族的服饰特征、生活习惯及民族文化,萌发尊重和热爱各民族的情感。

二、主题目标

1. 通过舞蹈表演、手工制作等多感官活动,发展大肌肉的协调性、灵活性。

2. 通过运用泥工、剪纸等多种美工材料制作与新疆服饰、饮食等相关的物品,体验新疆特有的民俗风情。

3. 幼儿能用自然好听的声音演唱新疆的歌曲,并随音乐节奏做简单动作表现新疆歌舞的热情奔放。

4. 通过了解新疆的风土人情,幼儿感受新疆的美丽,保持对新疆民族文化的兴趣。

5. 幼儿知道我国是个多民族的国家,萌发尊重和热爱各民族的情感。

6. 通过小组合作与分工的形式,提高幼儿分工合作能力。

三、主题网络

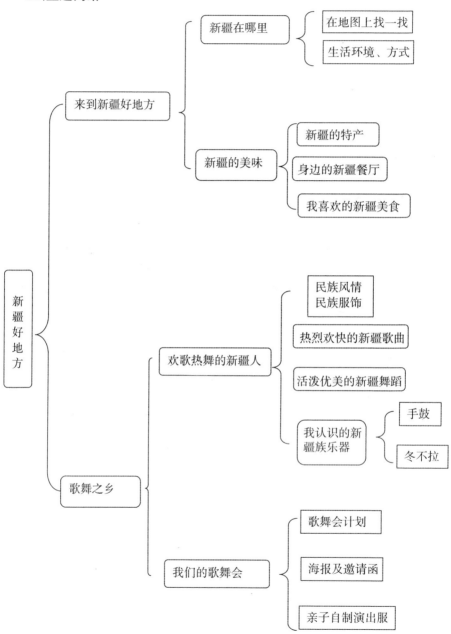

四、主题活动计划表

（一）教育活动

	活动名称	活动目标与内容
第一周	1. 语言活动:新疆在哪里 2. 新疆童谣:大家庭 3. 美术活动:我喜欢的新疆美食 4. 水墨画:吐鲁番的葡萄 5. 律动活动:尝葡萄	1. 活动目录 （1）丰富幼儿对新疆的认识和了解,使幼儿初步了解新疆地区人们的服饰、生活习惯、风土人情等特点,感受新疆的美丽。 （2）培养幼儿尊重和热爱各民族的情感。 2. 活动内容 （1）幼儿通过多种途径查阅资料,以照片、图片、自制手抄报、讲述等多种形式,共同了解新疆的地理位置,发现和欣赏新疆地区的自然环境、人文景观、特色美食等。 （2）通过学习童谣、美术及歌唱活动,进一步认识新疆的特色,体验新疆特有的民俗风情。
第二周	1. 音乐欣赏:大阪城的姑娘 2. 认识乐器:手鼓、冬不拉 3. 舞蹈欣赏:《新疆姑娘》 4. 舞蹈表演:尝葡萄 5. 水墨画:新疆胡杨林	1. 活动目标 （1）幼儿能够感受与欣赏新疆音乐热烈欢快的鲜明特点,感知了解新疆音乐特有的风格特点。 （2）幼儿通过欣赏、模仿,了解新疆舞蹈活泼优美的特点及基本动作,并能随音乐做简单的律动。 2. 活动内容 幼儿通过音乐、图片、视频等多媒体相结合的方式欣赏具有浓郁新疆特色的歌曲及舞蹈《大阪城的姑娘》《新疆姑娘》。
第三周	1. 律动活动:娃哈哈 2. 舞蹈活动:烤羊肉串 3. 歌唱活动:小毛驴 4. 歌舞活动:"欢乐新疆"歌舞会	1. 活动目标 （1）幼儿熟悉乐曲的旋律及内容,进一步感新疆音乐的特点,萌发幼儿对新疆的喜爱之情。 （2）喜欢参加韵律活动,能跟随音乐内容尝试运用动作表现歌曲。 2. 活动内容 （1）幼儿通过歌唱、韵律活动进一步感受新疆歌曲及舞蹈的风格特点。 （2）幼儿根据自己学过的歌唱、舞蹈、打击乐,共同制定"欢乐新疆"歌舞会演出计划,并邀请其他班幼儿观看演出。

续表

	活动名称	活动目标与内容
	小组活动: 1.《亲子自制演出服装》 2.《设计歌舞会海报及邀请函》	1. 活动目标:共同制定与组织"欢乐新疆"歌舞会,幼儿能够通过小组活动、亲子活动的形式进行准备与设计。 2. 活动内容:幼儿自由协商、选择自己负责的工作内容。

(二)区域材料投放与游戏指导

1. 图书区

(1)材料投放:投放有关新疆民俗文化、景观等方面的图书、图片。

(2)游戏指导:陪伴幼儿欣赏、阅读;自制新疆美食。

2. 表演区

(1)材料投放:创设新疆风情的表演环境。

①投放新疆帽、新疆族服饰。

②投放学过的新疆民族儿童歌曲、经典音乐。

③投放表演活动游戏规则与步骤流程图。

(2)游戏指导:指导幼儿学习新疆舞蹈的动作、手位等;鼓励幼儿大胆表现,支持幼儿富有个性的表演;引导幼儿按照表演活动规则进行游戏。

3. 美工区

(1)材料投放:创设具有新疆风格的欣赏制作环境;提供多种美术材料,鼓励幼儿用多种形式表现新疆少数民族风情的景物、物品、艺术造型的方法和技能。(见图一、图二、图三)

①投放具有新疆民族风情的代表性摆件供幼儿观察。

(图一:维吾尔族民族娃娃)　　(图二:新疆骆驼玩偶)

148

（图三：新疆皮水壶）

②投放易于幼儿操作制作的材料。（见图四、图五）

（2）游戏指导：引导幼儿仔细观察具有新疆特色的摆件，并鼓励其进行大胆创作；对幼儿美术工具的使用方法进行指导，如毛笔的使用方法。

（图四）　　　　　　　　　　　　　　（图五）

4. 角色区：新疆餐厅（见图六、图七）

（1）材料投放：

提供幼儿可以动手操作的水果蔬菜等新疆特色食物，如制作烤肉串、烤馕、新疆特色水果沙拉等。

（2）游戏指导：指导幼儿餐厅服务员、厨师的工作职责和礼貌用语；幼儿游戏过程中，教师充当小客人，和幼儿共同游戏。

（图六） （图七）

（三）主题墙布置（见图八）

（图八）

1. 来到新疆好地方

（1）新疆在哪里。

①新疆在中国地图上的位置。

②新疆人民的生活环境及生活方式。

③具有新疆风情地域特色的代表小景观,如:天山、沙漠、草原、湖泊。

（2）新疆的美味。

①新疆特产:哈密瓜、葡萄、大枣、烤羊肉串、馕等。

②我身边的新疆餐厅。

③我喜欢的新疆美食。

2. 歌舞之乡

（1）欢歌热舞的新疆人。

①新疆民族服饰及民俗特色,如:维吾尔族服装、帽子、辫子。

②舞蹈舞姿图片的布置。

③新疆民族特色乐器的图片认识。

④我喜欢的新疆歌曲和舞蹈（幼儿表演的照片）。

（2）"欢乐新疆"歌舞会。

①我们的舞蹈服装。

②设计歌舞会海报及邀请函。

（四）家园共育

1. 请家长协助幼儿进行新疆地域、民俗风情等资料的调查与收集,丰富幼儿的相关经验。

2. 家长与幼儿一同进行"美味的新疆"调查收集活动,在与幼儿生活密切联系的生活超市、水果店等寻找新疆特色美食与水果。

3. 开展亲子自制新疆服饰活动,与幼儿一同感受新疆歌舞的热情奔放。

附:具体活动方案

活动一　中班音乐活动:尝葡萄（律动活动）

一、活动目标

1. 情感态度:感受新疆歌曲及舞蹈的风格,让幼儿喜欢参加律动活动。

2. 认知经验:了解新疆维吾尔族的音乐特点。

3. 技能方法:能跟随音乐内容尝试运用律动动作表现歌曲《尝葡萄》,学习手腕花的动作。

二、活动重难点

活动重点:用自己喜欢的新疆舞动作表现歌曲内容。

活动难点:学习手腕花动作。

三、活动准备

经验准备:幼儿熟悉歌曲《尝葡萄》,幼儿学过简单的新疆舞动作。

物质准备:进场音乐《摘果子》和歌曲《尝葡萄》音频、歌曲《尝葡萄》音频伴奏版、葡萄一串、歌曲图片、幼儿新疆舞帽子若干。

四、活动过程

（一）开始部分

幼儿入场:听《青春舞曲》的音乐,做简单律动动作入场（走路加托帽位、小碎步加侧踵步）。

（二）基本部分

1. 出示葡萄,激发幼儿参与活动的兴趣。

——小朋友看看这是什么水果？哪里是盛产它的地方？

2. 发声练习《小朋友们来唱歌》。

3. 复习歌曲《尝葡萄》，引导幼儿回忆歌词内容。

4. 复习已经学过的新疆舞动作。

——之前我们小朋友学过哪些新疆动作呀？

5. 出示歌曲图片，幼儿用自己喜欢的动作表达歌曲内容。

(1)出示第一段歌词图片(维吾尔族小姑娘辫儿长，几岁和几根正相当)

——你想用什么新疆舞动作表现小姑娘辫儿长？

(2)出示第二段歌词图片(要问新疆有多好哎，你把这葡萄尝一尝)

——这一段歌词，你们想用什么新疆舞动作表现呢？

(3)出示第三段歌词图片(你把这葡萄哎，尝一尝哎)

——最后你想用什么新疆舞动作表现尝葡萄？

(4)幼儿随音乐《尝葡萄》舞蹈：请三个小朋友在前面带着其他小朋友随音乐做动作。

6. 学习手腕花动作。

(1)教师示范转手腕的动作，以游戏的形式引导幼儿注意翻手腕动作的要领：小手变成小镜子，先照照自己，向下翻过去，再照照别人。

(2)结合钢琴伴奏，幼儿探索手腕花的动作，模仿摘葡萄：摘下一颗葡萄自己看看大不大，我再给你看看。

(3)提示幼儿：除了可以摘前面的葡萄还能摘哪里的葡萄呢？

7. 分组进行律动活动

(1)教师分组指导，鼓励幼儿运用自己喜欢的新疆舞动作表现歌曲内容。

(2)小组轮流展示：引导幼儿认真安静观看。

——小朋友用了哪些新疆舞蹈动作？你喜欢哪一个？

(三)结束部分

活动自然结束，幼儿听《尝葡萄》音乐做动作离场。

五、音乐作品分析

背景(地域文化)	《尝葡萄》，从歌词内容可以看出，维吾尔族人们用载歌载舞的形式喜庆丰收、热情好客的场景，轻快活泼的旋律让人忍俊不禁地手舞足蹈。

特点(曲调曲式结构等音乐本身的特点)	《尝葡萄》这首歌曲具有浓郁的维吾尔族的风情特点,旋律活泼欢快,节奏鲜明富有儿童情趣,歌词易于幼儿理解。
选择缘由(对国家认同的贡献;儿童适宜性;音乐上的地位与价值)	歌词内容上体现着新疆维吾尔族的风土人情,歌曲具有维吾尔族特有的旋律、节奏与舞姿,在活动中,幼儿可以感受维吾尔族舞蹈热情、活泼的风格,学习维吾尔族舞蹈的典型动作并借助道具表现。
相关资源(故事、人文景观、其他艺术作品的生活运用)图文并茂	《尝葡萄》这首歌曲的歌词表现出了新疆小姑娘的长辫子特点及特色水果葡萄,凸显了新疆地域的特征。通过歌曲,幼儿了解了新疆是我国产葡萄最多的地方,维吾尔族人家家户户在自己的院子里都种满了葡萄;了解了维吾尔族歌曲的风格及舞蹈的典型动作;体会了维吾尔族舞蹈热情、活泼的风格。

活动二 中班音乐活动:娃哈哈(律动活动)

一、活动目标

1. 情感态度:喜欢参加律动活动,愿意用自己喜欢的新疆舞动作表现歌曲内容。

2. 认知经验:了解新疆维吾尔族歌曲及舞蹈的风格特点。

3. 技能方法:能跟随音乐内容和节奏运用律动动作表现歌曲《娃哈哈》。

二、活动重难点

活动重点:用自己喜欢的新疆舞动作表现歌曲内容。

活动难点:跟随音乐节奏用新疆舞动作表现歌曲内容。

三、活动准备

经验准备:幼儿熟悉歌曲《娃哈哈》,幼儿学过简单的新疆舞动作。

物质准备:进场音乐《青春舞曲》和歌曲《娃哈哈》音频、歌曲《娃哈哈》音频伴奏版、新疆服装、歌曲图片、幼儿新疆帽子若干。

四、活动过程

(一)开始部分

进场:听《青春舞曲》的音乐,幼儿做走路拍手、侧点步、脱帽位、小碎步、侧踮步的动作入场。男孩、女孩两队入场后围成圆圈坐好。

(二)基本部分

1. 引导幼儿观察新疆服饰,激发幼儿参与活动的兴趣。

2. 复习歌曲《娃哈哈》,引导幼儿回忆歌曲内容。

(1)幼儿随音乐《小朋友来唱歌》进行发声练习。

(2)复习歌曲《娃哈哈》,提示幼儿身体站直,双眼平视,吐字清晰,用自然的声音演唱。

3. 欣赏舞蹈视频,感受新疆维吾尔族歌曲及舞蹈的风格特点。

4. 分句播放歌曲,引导幼儿用自己喜欢的动作表达歌曲内容。

5. 幼儿随音乐做动作,完整表现《娃哈哈》。

重点指导:引导幼儿跟着音乐的节奏做动作。

6. 幼儿分组展示,鼓励幼儿大胆表现(注意动作的节奏性和面部表情的表达)。

(三)结束部分

活动自然结束,幼儿听《青春舞曲》音乐做动作有序离场。

五、音乐作品分析

背景(地域文化)	《娃哈哈》是一首脍炙人口的儿童歌曲,这首儿歌的曲谱来自新疆艺人肉孜阿洪的一首弹拨曲。歌曲表现了描述了孩子极其开心、欢乐的样子,也展现出了新疆人们载歌载舞、喜爱歌舞的样子。
特点(曲调曲式结构等音乐本身的特点)	《娃哈哈》是一首流行很广、流传很久的新疆风格儿童歌曲,歌曲中前八后十六音符带有浓郁的维吾尔族风情,歌词富有童趣,节奏活泼,结构规整对称,旋律优美动听、流畅。
选择缘由(对国家认同的贡献;儿童适宜性;音乐上的地位与价值)	歌曲《娃哈哈》,歌词易于幼儿理解,旋律优美动听,跳动欢快,有助于幼儿初步了解新疆舞曲的节奏特点,感受新疆歌曲的基本风格和特点,适合载歌载舞的集体表演。这首歌的编词中使用了活泼生动的语言,同时起到了增强幼儿民族团结和热爱祖国的教育意义。
相关资源(故事、人文景观、其他艺术作品的生活运用)图文并茂	《娃哈哈》是一首脍炙人口的儿童歌曲,由作曲家石夫根据新疆维吾尔族民歌记谱、编词创作而成。这首儿歌的曲谱来自新疆艺人肉孜阿洪的一首弹拨曲,改编传入时只有曲调未有歌词。1950年,石夫任新疆军区生产建设兵团文化部助理兼编辑、创作员。就在这个时期,他记录下了这首新疆民歌并编写了歌词。1956年,在《儿童音乐》上首次发表。"娃哈哈"这三个字的重复出现,表现出了孩子极其欢乐的样子。

活动三　中班音乐活动:小毛驴(歌唱)

一、活动目标

1. 情感态度:喜欢用自然的、音量适中的声音演唱歌曲。

2. 认识经验:感知歌曲欢快、诙谐的情感氛围。

3. 技能方法:富有表情地进行歌唱表演。

二、活动重难点

活动重点:用自然的、音量适中的声音演唱歌曲。

活动难点:富有表情地进行歌唱表演。

三、活动准备

经验准备:有观看阿凡提骑毛驴的视觉经验,了解毛驴的外形特征、生活习性。

物质准备:歌曲音频、与幼儿人数相等的新疆帽、自制的马鞭。

四、活动过程

(一)开始部分

1. 入场:听《阿凡提》的主题音乐,做马步、挥鞭的动作,情绪愉快地进场。

2. 发声练习:问好歌。

1　2　3　4|5　—　|5　4　3　2|1　—　||

师:我　骑　小　毛　驴,幼:嗒 嗒　嗒嗒　嗒。

(二)基本部分

1. 复习歌曲《小毛驴》,教师提示幼儿用自然、音量适中的声音进行演唱。

2. 邀请"阿凡提"(教师扮演角色)进行《小毛驴》的歌曲表演,近距离感受阿凡提的诙谐幽默。

3. 提问:阿凡提骑上小毛驴是什么心情? 用了什么动作?

4. 提供歌唱表演的道具(新疆帽、马鞭、小毛驴),幼儿扮演阿凡提进行分组表演与练习。(教师分组指导)重点引导幼儿用动作与表情表现歌曲的诙谐与幽默。

(1)幼儿分组练习,边歌唱边表演,不使用道具。

(2)提供道具进行表演,增强幼儿的表演欲望。

5. 幼儿进行分组展示,其他小朋友进行评价。

——哪个小朋友表演得好? 为什么?

(三)结束部分

幼儿随音乐扮演阿凡提骑着毛驴出教室。

五、音乐作品分析

背景	《小毛驴》是一首传唱广泛、伴随很多儿童成长的经典儿歌。童声版的《小毛驴》听上去自然舒畅,富有稚嫩和童趣。歌词亲切生动,具有一定的情节性,并具有浓郁的民族特点。
特点	这首歌曲曲调活泼甜嫩,曲式浅简,节奏欢快,旋律上行和同音反复的走向特点明显,由4个乐句组成,歌曲诙谐幽默。
选择缘由	《指南》中指出:"经常让幼儿接触适宜的各种形式的音乐作品,丰富幼儿对音乐的感受和体验,鼓励幼儿有模仿和参与的愿望。"孩子们了解到阿凡提是我国少数民族——维吾尔族人,尤其是他出门总要骑着小毛驴,幽默风趣的样子,孩子们很喜欢模仿。因此,通过阿凡提这个形象,使幼儿学唱《小毛驴》这首歌曲,进一步感受歌曲的诙谐与幽默及歌曲浓郁的民族特点。
相关资源	阿凡提,又译阿方提,是维语"先生"的意思。阿凡提是最出色的民间创作人物之一,阿凡提已经被列入"世界民间艺术形象"之列,是一位活跃在中国新疆地区诸民族中的人物。在不同地区的传说中人们往往以智者或者导师来称呼他,在人们心中,阿凡提是智慧的化身、欢乐的化身,只要一提起他的名字,愁眉苦脸的人就会展开笑颜。幼儿对动画片《阿凡提》很感兴趣,这首歌曲生动形象,描述了小毛驴的可爱和小孩子的活泼,唱起来朗朗上口。

活动四　中班美术活动:吐鲁番的葡萄(水墨)

一、活动目标

1. 情感态度:喜欢运用水墨的形式表现吐鲁番的葡萄。

2. 认知经验:通过体验国画颜料及墨与水的关系,感受国画独有的魅力。

3. 技能方法:能够正确使用毛笔,通过绘画表现吐鲁番葡萄的特点。

二、活动重难点

活动重点:运用水墨的形式表现吐鲁番的葡萄。

活动难点:正确使用毛笔,通过绘画表现吐鲁番葡萄的特点。

三、活动准备

经验准备:认识宣纸、颜料等特殊用品,学会使用工具进行绘画。

物质准备:国画葡萄的欣赏图片、宣纸、墨、毛笔、毛毡、调色盘、笔洗、笔架。

四、活动过程

(一)开始部分

欣赏水墨画,认识画画工具。

1. 出示国画图片,幼儿进行观察,感受国画独有的魅力。

2. 出示绘画工具,引导幼儿了解宣纸与白纸质地的不同、墨汁的深浅变化。

（二）基本部分

1. 教师示范用毛笔的方法,感受中锋、侧峰的特点。

（1）运用问题引领的方法,引导幼儿知道细的地方用笔尖画、粗的地方用笔肚画,进一步感受中锋、侧峰的特点。

——细细的葡萄藤用毛笔的什么地方来画？大片的叶子怎样画？

——圆圆的葡萄怎样用毛笔画出来？

（2）教师进行用笔示范,提示幼儿"大拇指和食指握住毛笔的中间,中指轻轻托折毛笔,手实掌空把笔握;笔尖立起来画中锋,笔肚躺下来画侧锋"。

（3）引导幼儿观察国画中葡萄的特点,感受国画颜料及墨与水的关系。如用淡墨画叶子,重墨画叶脉等。

2. 幼儿尝试运用毛笔进行创作,探索运用笔尖画中锋、笔肚画侧峰创作吐鲁番的葡萄。

3. 教师巡回指导幼儿握毛笔的用笔姿势和用墨的方式,提示幼儿注意画面的布局。

（三）结束部分

欣赏幼儿创作的水墨作品,引导幼儿进一步感受国画独有的魅力,如墨与水的多少导致的墨色深浅的变化,中锋、侧峰的不同等。

活动五　中班美术活动:新疆胡杨林（水墨）

一、活动目标

1. 情感态度:喜欢运用墨与国画颜料相结合的形式表现胡杨林。

2. 认知经验:感受新疆胡杨林独特的美。

3. 技能方法:能够大胆地用水墨的形式表现胡杨树的外形和明显特征。

二、活动重难点

活动重点:用墨与国画颜料相结合的形式表现胡杨林。

活动难点:用水墨的形式表现胡杨树的外形和明显特征。

三、活动准备

经验准备:观察、了解过胡杨树。

物质准备:胡杨树的图片、国画颜料、毛笔、笔架、笔洗、调色盘、宣纸。

四、活动过程

（一）开始部分

1. 谈话引出活动主题,调动幼儿原有经验。

2. 教师出示胡杨树的图片,引导幼儿观察它们的外形特征。

3. 请幼儿说一说它们的形状和样子。

(二)基本部分

1. 教师介绍今天的水墨工具材料,提示幼儿水墨常规。重点指导幼儿握笔姿势,提示幼儿不要甩毛笔。

2. 幼儿创作自己的胡杨树,用水墨的形式表现胡杨树的外形和明显特征。

3. 教师进行个别指导,提示幼儿以墨与国画颜料相结合的方式表现胡杨林。

(三)结束部分

进行幼儿作品评价,引导幼儿观察墨与国画颜料相结合表现出的不同,鼓励幼儿向同伴讲述自己创作的胡杨树。

(芟静雅)

主题名称:宝岛台湾

一、主题缘起

假期结束后,孩子们兴高采烈地分享着自己的假期生活。明明说:"老师!我去台湾玩了!"然然说:"老师,我也去台湾了!台湾可漂亮了!"班中有好几个小朋友都去了台湾,这萌发了孩子们了解台湾的浓厚兴趣。《3—6 岁幼儿发展指南》中指出,"要充分尊重和保护幼儿的好奇心和学习兴趣",并且"知道中国是一个多民族的大家庭"是大班幼儿社会领域的重要目标之一。"宝岛台湾"主题活动的主要目的在于,让幼儿了解中国台湾地区具有代表性的景点和人文历史,对台湾地区有初步的感知,萌发对台湾的喜爱之情。通过活动的开展,知道台湾地区是我国重要的领土,开展主题活动对于培养幼儿的民族认同感、了解我国是一个多民族国家有着重要的作用。因此,结合幼儿对台湾的兴趣和《指南》的精神及目标,与幼儿共同寻找了一些台湾的民间音乐,并搜集了台湾地区的相关知识,开展了这次"宝岛台湾"的主题活动。

二、主题目标

1. 通过绘画、舞蹈、表演等多感官活动,发展幼儿大肌肉的协调性、灵活性。

2. 通过资料的收集和分享,幼儿能够了解中国台湾具有代表性的景点和人文历史,对台湾有初步的感知,萌发对台湾的喜爱之情。

3. 通过多领域活动,幼儿能进一步了解台湾的少数民族习俗与代表性歌曲,在合作探索中体验活动乐趣。

4. 幼儿乐于分享有关台湾的各种知识,能够大胆表达自己的想法。

5. 通过收集有关台湾的资料和制作台湾手抄报,幼儿能够保持对台湾文化探索的好奇心。

三、主题网络

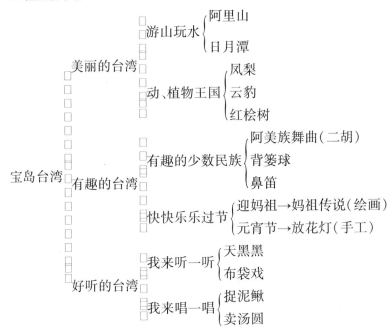

四、主题活动计划表

（一）活动内容

	活动名称	活动内容
第一周 走进 台湾	1. 社会活动:美丽的宝岛——台湾 2. 亲子活动:"我制作的台湾手抄报" 3. 诗歌活动:我去台湾岛 4. 艺术活动:阿里山的姑娘 5. 绘画活动:我心中的阿里 6. 剪纸活动:我心中的日月潭	1. 幼儿搜集有关台湾的各类知识。 2. 初步了解、认识台湾的阿里山和日月潭。 3. 初步了解台湾的地理位置和人文特色。

续表

	活动名称	活动内容
第二周 有趣的 台湾	1. 欣赏活动:阿美族舞曲 2. 综合性艺术活动:我们的台湾朋友 3. 打击乐活动:卖汤圆 4. 手工活动:制作花灯 5. 绘画活动:妈祖传说 6. 健康活动:背篓球——小筐接球 7. 演唱活动:捉泥鳅	1. 欣赏《阿美族舞曲》,尝试用多种乐器合作演奏《卖汤圆》,学习演唱歌曲《捉泥鳅》。 2. 制作元宵节花灯,了解台湾妈祖的传说。 3. 对台湾阿美族和高山族的服饰文化有初步的了解。
第三周 好听的 台湾	1. 欣赏活动:天黑黑 2. 科学活动:台湾稀有的动植物 3. 欣赏活动:有趣的布袋戏	1. 通过欣赏《天黑黑》这首富有地方特色的童谣,理解歌词大意,进行初步学唱。 2. 欣赏布袋戏,简单了解台湾地方戏曲的特色和表演形式。 3. 通过观看图片,了解红桧树、云豹、凤梨的外形特征和生长环境。知道台湾温度相对较高,拥有较多不同种类的动植物。

（二）区域材料投放与游戏指导

1. 图书区

（1）材料投放

①投放手偶,幼儿进行布袋戏表演。

②投放幼儿与家长制作的手抄报。

（2）游戏指导

①引导幼儿自编故事进行手偶表演,几个小朋友分别扮演不同角色进行故事讲述,也可以一个小朋友扮演不同角色进行表演。

②引导幼儿介绍自己手抄报的内容,与同伴互相说一说。

2. 表演区

（1）材料投放

①投放《卖汤圆》《阿里山的姑娘》《阿美族舞曲》的音乐光盘。

②投放自制台湾少数民族头饰。

（2）游戏指导

①引导幼儿根据音乐自选喜欢的道具和乐器,大胆跟随音乐表演。

②引导幼儿自选服饰进行音乐活动。

3. 建筑区

(1)材料投放:投放台湾101大厦的建筑图片。

(2)游戏指导:引导幼儿根据图片提示,用围拢、搭高等多种搭建方法进行"101大楼"的搭建,并尝试使用多种类型积木,丰富建筑外形。

4. 美工区

(1)材料投放

①投放彩纸、水彩笔、双面胶等材料。

②投放水墨材料、剪纸材料、绘画材料。

(2)游戏指导

①引导幼儿尝试自己制作花灯。

②引导幼儿结合已有的经验,将自己心中所了解的关于对台湾的建筑、环境等用水墨、剪纸等形式进行大胆表现。

(三)主题墙布置

1. 好听的台湾

(1)幼儿水墨画《捉泥鳅》的图片配上幼儿上演唱活动时的照片。

(2)幼儿捏泥《卖汤圆》的作品配上幼儿上打击乐活动时的照片。

(3)幼儿刮画《阿里山的姑娘》的图画配上幼儿上欣赏活动时的照片。

2. 有趣的台湾

(1)我们的台湾朋友

幼儿绘画的高山族小朋友,周围是介绍当地具有少数民族特色的乐器鼻笛的图片,和幼儿玩改良版背篓球的图片,以及欣赏《阿美族舞曲》的图片。

(2)一起过节

幼儿制作的元宵节花灯和绘画的妈祖图像摆放在墙上

3. 美丽的台湾

幼儿与家长共同制作的各种形式的阿里山、日月潭、台北101大楼及台湾小吃和去台湾游玩时的照片摆放在主题墙上。

(四)家园共育

1. 幼儿将自己关于台湾的图书带来幼儿园与小朋友们进行分享。

2. 幼儿与家长共同制作关于台湾的手抄报。

五、音乐作品分析

（一）卖汤圆

音乐作品名称:《卖汤圆》	
背景(地域文化)	《卖汤圆》是一首台湾民谣,是电影《风雨桃花村》的插曲。每逢正月十五元宵节,这首歌曲在这一天被人们广为传唱。
特点	歌曲是2/4拍,节奏活泼轻快,音乐表现出了过元宵节喜庆愉悦的氛围。
选择缘由	《卖汤圆》是一首大家耳熟能详的台湾歌曲,在元宵节的时候人们都会用这首歌来表达节日的喜庆,深受大家的熟悉和喜爱。歌词内容积极向上,富有童真,易于幼儿理解和学习。歌曲旋律朗朗上口,幼儿易于掌握。
相关资源	汤圆是元宵节最具有特色的食物,历史十分悠久,北方叫做元宵,南方叫做汤圆。元宵象征阖家团圆,吃元宵意味着新的一年阖家幸福、团团圆圆,所以正月十五元宵必备。

（二）捉泥鳅

音乐作品名称:《捉泥鳅》	
背景(地域文化)	《捉泥鳅》这首儿歌当年在台湾极为走红,并跨越浅浅的海峡成为大陆很多人儿时的记忆。
特点	这首4/4拍的歌曲童趣盎然,通过鲜明活泼的节奏表现出了小朋友去捉泥鳅的开心心情。
选择缘由	《捉泥鳅》这首儿歌脍炙人口,内容有趣,富有童真,幼儿理解起来简单易懂,并且旋律活泼、轻快,富有朝气,易于幼儿进行演唱和表演。
相关资源	泥鳅,形体小,细长,南方分布较多,北方不常见。全年都可采收,夏季最多,生活在湖里和池塘里,全身很滑,不好握住。

(三)阿里山的姑娘

音乐作品名称:《阿里山的姑娘》	
背景(地域文化)	《阿里山的姑娘》是电影《阿里山风云》的主题歌,在中央电视台春节联欢晚会上表演后在内地开始广为传唱。而真正的阿里山姑娘指的是阿里山邹族原住民。《阿里山的姑娘》又名《高山青》,受欢迎的程度很高,是应用高山族山歌的曲式所谱写而成的创作歌曲。
特点	歌曲采风用了台湾当地土著的歌调,使这首小调式的歌曲变成了大气磅礴的舞曲,而且音乐结构非常完整,焕发出了独特的光彩,唱出了劳动人民和自然融为一体的深厚感情。
选择缘由	歌曲有较强的节奏感,旋律欢快活泼,二胡曲《阿里山的姑娘》奏出了台湾山地同胞载歌载舞的情景和高山族音乐的原生态之美,易于幼儿理解歌曲所表达的喜悦、欢快的情绪情感。
相关资源	阿里山,台湾地区地名,是台湾地区的著名旅游风景区,山区气候温和,盛夏时依然清爽宜人,加上林木葱翠,是全台湾最理想的避暑胜地。

附:具体活动方案

活动一 我去台湾岛(语言活动)

一、活动目标

1. 情感态度:知道台湾是中国的一部分,萌发对台湾岛及勤劳勇敢的台湾人民的喜爱情感。

2. 认知经验:理解诗歌所表达的内容。

3. 技能方法:能够有感情地朗诵诗歌。

二、活动重难点

活动重点:理解诗歌所表达的内容,有感情地朗诵诗歌。

活动难点:有感情地朗诵诗歌,表达出自己对台湾的美好情感。

三、活动准备

经验准备:幼儿对台湾有初步的认识和了解。

物质准备:一幅中国地图、有关诗歌《我去台湾岛》的各种图片。

四、活动过程

（一）开始部分

幼儿在中国地图上找台湾,激发幼儿兴趣。

——小朋友们,你们知道台湾在哪里吗?

——你们想去台湾游玩吗?那咱们先来学习一首有关台湾的诗歌吧!

（二）基本部分

引导幼儿学习诗歌《我去台湾岛》。

1. 教师朗诵诗歌

——说一说你听到诗歌里面讲了什么?

2. 教师出示图片帮助幼儿理解诗歌的内容

——我们坐着什么去台湾?在台湾我们遇到了谁?

——我们和台湾的小朋友一起做了什么?

3. 幼儿有感情的朗诵诗歌,教师引导幼儿边朗诵边加上自己喜欢的动作

（三）结束部分

引导幼儿知道台湾是我们中国的宝岛,让幼儿了解除了刚才诗歌里讲的阿里山之外,台湾还有许多漂亮的景色和有趣的东西!

活动延伸:回家与爸爸妈妈共同收集更多有关台湾的风景、人物等。

诗歌:

我去台湾岛

小木船,漂一漂。船儿骑着浪花跑。

船儿船儿哪里去?我去祖国台湾岛。

台湾岛,小朋友,和我拉手跳呀跳。

一同登上阿里山,向着北京拍手笑。

活动二 阿里山的姑娘(音乐欣赏活动)

一、活动目标

1. 情感态度:通过欣赏音乐,感受台湾文化,能够喜欢台湾人民。

2. 认知经验:通过欣赏乐曲《阿里山的姑娘》,感受音乐欢快、活泼的特点。

3. 技能方法:幼儿能随音乐自然地用动作表现自己对音乐的理解与感受。

二、活动重难点

活动重点:通过欣赏乐曲《阿里山的姑娘》,感受音乐的欢快、活泼的特点。

活动难点:幼儿能自然地随音乐用动作表现自己对音乐的理解与感受。

三、活动准备

经验准备:幼儿与家人共同制作过台湾手抄报并与大家分享,对台湾有初

步的了解。

物质准备:音频、多媒体课件、幻灯片(阿里山的美景)、自制阿里山传统头饰、音乐《蜗牛与黄鹂鸟》《阿里山的姑娘》。

四、活动过程

(一)开始部分:创设情境,激发幼儿兴趣

1. 幼儿跟随《蜗牛与黄鹂鸟》音乐做踵趾小跑步入场。

2. 播放多媒体课件,创设情境。

——小朋友们,你们知道这么美丽的地方是哪里吗?

(二)基本部分

1. 播放《阿里山的姑娘》,感受音乐欢快活泼的特点,激发幼儿的兴趣。

——你听完这首乐曲后有什么样的感受?

——你仿佛看到了什么景象? 你觉得他们在做什么?

2. 分段欣赏音乐,引导幼儿用动作表现自己对音乐的理解和感受。

(1)欣赏 A 段音乐,感受音乐欢快的特点。

第一次播放音乐——引导幼儿认真欣赏音乐。

——欣赏完这段音乐你有什么感受? 你好像看到了什么?

第二次欣赏音乐——鼓励幼儿用动作表现对音乐的感受。

——听到这段音乐,你觉得他们在做什么? 能用自己的动作来表现一下吗?

第三次播放音乐——邀请部分幼儿用动作表达自己对 A 段音乐的理解与感受。

(2)欣赏 B 段音乐,感受音乐欢快活泼的特点。

第一次播放音乐——引导幼儿认真欣赏音乐。

——这一段音乐与第一段比较,有什么不一样呢? 听完这段音乐你有什么感受?

第二次欣赏音乐——鼓励幼儿用动作表现对音乐的理解与感受。

第三次欣赏音乐——邀请部分幼儿用动作表现自己对 B 段音乐的理解与感受。

3. 完整欣赏乐曲《阿里山的姑娘》。

(1)播放课件,引导幼儿观察能歌善舞的阿里山人是如何多人一起跳舞的。

(2)创设情境,邀请幼儿参加"阿里山的聚会"。引导幼儿用自己喜欢的动作表现音乐。

4. 幼儿自选道具集体展示,请幼儿随音乐节奏做动作,进一步加深对音乐的理解。

(三)结束部分

活动自然结束,幼儿听音乐离场。

活动三 我们的台湾朋友

一、活动目标

1. 情感态度:大胆表达自己对台湾少数民族的喜爱。

2. 认知经验:初步了解台湾少数民族服饰的特点。

3. 技能方法:能够动手制作、装饰属于自己的台湾民族服饰。

二、活动重难点

活动重点:初步了解台湾当地少数民族服饰的特点。

活动难点:自己制作台湾民族服饰。

三、活动准备

经验准备:幼儿已有绘画、剪纸的经验。

物质准备:剪刀、彩纸、彩笔、画纸、台湾少数民族服饰图片。

四、活动过程

(一)开始部分:播放视频和图片,激发幼儿兴趣

1. 教师播放台湾少数民族舞蹈的视频

——小朋友们,说一说你从视频当中看到了什么?

2. 出示图片,引导幼儿发现少数民族的服装是五颜六色、有很多装饰物的

——你们知道他们是谁吗? 漂亮吗? 你发现他们的服装有什么特点?

(二)基本部分:幼儿进行绘画创作

1. 幼儿自选材料进行创造,教师准备彩纸和绘画纸,引导幼儿选择剪纸或其他形式来对服装进行装饰。

2. 幼儿自主进行创作,鼓励幼儿大胆想象,运用多种材料进行装饰。

(三)结束部分:作品分享

幼儿将作品在小组内进行展示和分享。

活动四 捉泥鳅(歌唱活动)

一、活动目标

1. 情感态度:幼儿大胆表达自己对台湾的喜爱之情。

2. 认知经验:幼儿能够理解歌词大意,感受歌曲轻快欢乐的情绪。

3. 技能方法:幼儿能够用轻快的声音演唱歌曲。

二、活动重难点

活动重点:幼儿能够理解歌词大意,用轻快的声音演唱歌曲。

活动难点:幼儿通过大胆、有感情的演唱,表达自己对台湾的喜爱之情。

三、活动准备

经验准备:幼儿在过渡环节听过这首歌曲。

物质准备:图谱、钢琴。

四、活动过程

(一)开始部分:准备活动

幼儿随音乐《蜗牛与黄鹂鸟》做踵趾小跑步入场。

(二)基本部分:幼儿学唱歌曲

1. 幼儿欣赏歌曲,熟悉歌词

(1)幼儿欣赏完整版歌曲

(2)教师按顺序出示图谱,幼儿熟悉歌词内容

——你听到歌词里都唱到了什么?

——听完这首歌曲你有什么感受?

2. 幼儿有感情地演唱歌曲

(1)引导幼儿有节奏地边拍手边说歌词,感受歌曲的强弱变化

——咱们一起边拍手边说一遍歌词,感受一下哪里需要加重去说,哪里需要轻一点去说。

(2)教师用钢琴为幼儿伴奏,幼儿演唱歌曲《捉泥鳅》

——咱们来唱一遍这首好听的歌曲,希望小朋友们用轻快、好听的声音来演唱。

3. 幼儿分组演唱

——你们想想怎么表演这首歌曲,可以和小组的同伴商量一下。

——在教师的伴奏下,请一边演唱一边表演。你最喜欢哪个小组的表演呢?

(三)结束部分:放松活动

幼儿听着音乐相互做放松活动,活动自然结束。

活动五　妈祖传说

一、活动目标

1. 情感态度:通过捏泥的形式表达自己对妈祖的喜爱和敬佩之情。

2. 认知经验:初步了解妈祖的传说,感受迎妈祖节日的热闹氛围。

3. 技能方法:幼儿能够大胆发挥自己的想象用大黄泥捏出自己心目中的妈祖形象。

二、活动重难点

活动重点:幼儿初步了解妈祖传说和"迎妈祖"节日的来历。

活动难点:通过捏泥表达自己对妈祖的喜爱和敬佩之情。

三、活动准备

经验准备:幼儿对台湾的地理位置已有初步的认识和了解。

物质准备:迎妈祖视频、大黄泥、垫板、妈祖图片。

四、活动过程

(一)开始部分:出示图片、视频,激发幼儿兴趣

1. 幼儿通过视频、图片,初步认识妈祖,了解妈祖传说。

2. 引导幼儿观看台湾迎妈祖庆祝活动的视频。

——你们知道视频上的人们在干什么吗? 他们在庆祝什么节日?

3. 出示妈祖图片,教师讲述关于妈祖的传说。

——小朋友们,你们知道她是谁吗?

——听了关于妈祖的传说,你有什么想法吗? 你从妈祖的身上学到了什么?

(二)基本部分:幼儿用大黄泥捏出自己心目中的妈祖形象

1. 幼儿讨论自己心目中的妈祖形象。

——你觉得妈祖长什么样子?

2. 幼儿大胆发挥自己的想象,用大黄泥捏出自己心目中的妈祖形象。

(三)结束部分:作品展示

请小朋友互相分享、交流自己捏的妈祖。

活动六　我心中的阿里山(水墨活动)

一、活动目标

1. 情感态度:幼儿大胆表达自己对阿里山的认识和感受。

2. 认知经验:了解阿里山是台湾著名的景点,景色优美,引发幼儿对阿里山的美好向往。

3. 技能方法:尝试用中锋勾勒轮廓,用侧锋进行填色,画出自己心中的阿里山。

二、活动重难点

活动重点:了解阿里山是台湾的著名景点,风景优美。

活动难点:用中锋和侧锋两种笔法画出自己心目中的阿里山。

三、活动准备

经验准备:幼儿已有对阿里山的初步认识。

物质准备:颜料、调色盘、毛笔、毡布、笔洗、宣纸。

四、活动过程

(一)开始部分:出示阿里山的图片,激发幼儿的绘画兴趣

——请小朋友们欣赏几张美丽的图片,说一说看完之后你有什么感受,你在图片中看到了什么。

(二)基本部分:幼儿进行水墨画创作

1. 介绍"中锋笔竖着在纸上勾勒轮廓,侧锋笔斜着在纸上进行填色"。

——小朋友们,请你们仔细观察,分别用这两种姿势画出来的水墨画有什么区别吗?

——那你们觉得中锋是用来画什么的? 侧锋又是用来画什么的?

2. 幼儿用水墨画出自己心目中的阿里山,鼓励幼儿大胆表达自己对阿里山的认识和感受。

——请你们用水墨材料来将自己心目中的阿里山画出来。

(三)结束部分:作品展示

幼儿进行小组展示,介绍自己的作品内容,同伴间互相评价。

活动七　背篓球(健康活动)

一、活动目标

1. 情感态度:喜欢背篓球游戏,感受合作游戏的快乐。

2. 认知经验:了解背篓球是台湾少数民族的传统游戏。

3. 技能方法:通过合作游戏,幼儿能够锻炼手眼协调和单手投掷能力。

二、活动重难点

活动重点:了解背篓球是台湾少数民族的传统游戏。

活动难点:锻炼手眼协调和单手投掷能力,感受合作游戏的快乐。

三、活动准备

经验准备:幼儿已有单手投掷的经验。

物质准备:筐四个,报纸球人手一个。

四、活动过程

(一)开始部分

幼儿观看背篓球游戏图片,激发幼儿做游戏的兴趣。

——图片上的人他们拿着什么东西？你们猜猜他们在干什么？

——你猜猜背篓球是怎么玩的？

(二)基本部分

带领幼儿到户外做游戏,教师讲解游戏规则。

1. 教师进行示范。讲解动作要领:小朋友拿到球以后,不能超过线,然后对准筐投掷,拿筐的小朋友也要尽量让球落到你的筐里面。最后看哪个小组筐里的球最多,哪组就获胜!

2. 幼儿分组进行游戏。

3. 评选出哪个组投进的球最多即为获胜。

(三)结束部分

放松运动,收拾场地后回教室休息。

(左梦瑶 孟 旋 李 泷)

主题名称:草原小骑手

一、主题缘起

每周一上午的分享会活动,幼儿都会兴奋地与同伴、老师分享自己周末高兴的事情。一天,班里的文文一见到我就迫不及待地跟我说:"孟老师,周末妈妈带我去骑马啦,特别好玩。"我说:"这么酷啊,那你在哪儿骑的? 是怎么骑的啊! 有教练教你吗?"就在我俩谈话间,又有好几名小朋友过来一同参与了我们的谈话,骑过马的小朋友互相分享着自己的骑马经历。这一话题引起了大部分小朋友的兴趣。

《3—6岁幼儿发展指南》中指出,"要充分尊重和保护幼儿的好奇心和学习兴趣",并且"知道中国是一个多民族的大家庭"是大班幼儿社会领域的重要目标之一。谈话过后,我了解到班上多名幼儿都骑过马,没骑过马的幼儿对骑马也有着憧憬。于是,我与小朋友开始了在我们国家哪个民族最擅长骑马的话题讨论。许多孩子都知道是蒙古族,甚至一些幼儿能说出蒙古族有着"马背上的民族"之称。他们从家庭中获得的相关信息已经达到了一定的水平。就此,我抓住幼儿的兴趣点,根据本班幼儿的发展水平,结合大班幼儿的年龄特点,通过和幼儿共同讨论,设计和实施了以蒙古族音乐作品为中心的"草原小骑手"主题活动,旨在帮助幼儿进一步认识蒙古族,知道我国是一个多民族国家,蒙古族作为其中一个民族,与其他民族(汉族)有很多不同之处,并引导幼儿学会尊重、接受与自己生活习惯不同的人。

二、主题目标

1. 通过搜集、分享关于蒙古族的民俗文化和内蒙古地域特点等方面的信息,初步了解蒙古族的特点,知道蒙古族是我国的少数民族之一,了解我国是一个多民族国家,萌发幼儿对祖国的热爱之情。

2. 通过欣赏蒙古族音乐不同乐段的意境美,感知蒙古族音乐热烈、欢腾、悠长的鲜明特点。

3. 幼儿能够感知蒙古舞的风格特点,增进对蒙古族舞蹈的喜爱。

4. 通过小组合作与分工的形式,幼儿能够提高组织协作能力。

5. 熟悉乐曲的旋律及内容,幼儿能够用不同的乐器为乐曲伴奏。

6. 学习蒙古族舞蹈中踏点步、跑跳步、压腕、上下耸肩等基本动作和舞步,发展大肌肉协调能力。

7. 幼儿能够感受、发现和欣赏内蒙古地区的自然环境和人文景观,能用多种材料表达自己的感受和想象,共同制作蒙古风情小景观。

三、主题网络图

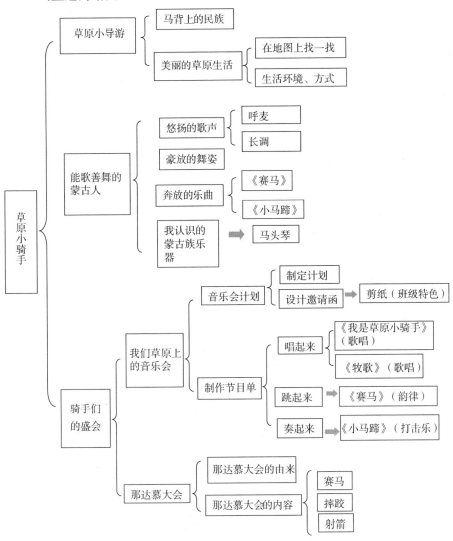

四、主题活动计划表

(一)教育活动

	活动名称	活动目标与内容
第一周 草原 小导游	1. 语言活动:我知道的蒙古族 2. 科学领域:地图上找一找 3. 诗歌活动:《美丽的草原》(诗歌) 4. 音乐欣赏:《赛马》	活动目标:丰富幼儿对蒙古族的认识和了解,初步了解蒙古族的特点。 活动内容: 1. 通过谈话介绍,幼儿自己了解到的蒙古族内容,教师引导幼儿对这些内容进行整理分类,使幼儿了解蒙古族的地理位置,发现和欣赏内蒙古地区的自然环境和人文景观。 2. 通过诗歌的学习和音乐的欣赏,进一步感知蒙古族的生活习俗。
第二周 能歌善舞的蒙古人	1. 音乐欣赏:悠扬的歌声 2. 音乐欣赏:奔放的乐曲 3. 舞蹈表演:豪放的舞姿 4. 乐器演奏:马头琴	活动目标:幼儿能够感受与欣赏蒙古族音乐的意境美,感知蒙古族音乐热烈、欢腾、悠长的鲜明特点。 活动内容: 1. 幼儿通过音乐、图片、视频相结合的方式欣赏蒙古族特有的呼麦、长调及具有蒙古族特色的《赛马》《小马蹄》等音乐。 2. 幼儿通过欣赏、模仿,学习简单的蒙古族舞蹈的基本舞步与动作,并能伴随音乐做简单的律动。
第三周 骑手们的盛会	1. 歌唱活动:《我是草原小骑手》 2. 歌唱活动:《牧歌》 3. 器乐演奏:《小马蹄》 4. 舞蹈表演:《小马蹄》	活动目标:幼儿熟悉乐曲的旋律及内容,进一步感受蒙古族的音乐特点,萌发幼儿对蒙古族的喜爱之情。 活动内容: 1. 通过学习,幼儿能了解蒙古族的那达慕大会,进一步感知蒙古族人在草原上生活的习俗。 2. 幼儿根据自己学过的歌唱、舞蹈、打击乐,共同制定演出计划,并邀请其他班幼儿观看演出。
	小组活动: 1. 制定音乐会计划 2. 设计邀请函 3. 制作节目单(手工制作)	活动目标:共同制定与组织“我们的蒙古音乐会”活动,幼儿能够通过小组合作与分工的形式提高分工合作能力。 活动内容:幼儿自由协商、选择自己负责的工作内容。

（二）区域材料投放与游戏指导

1. 图书区：创设蒙古族风俗文化区（见图一、图二）

（1）投放带有蒙古族草原风情的故事盒

游戏指导：幼儿能够用语言给同伴讲述自己创编的蒙古族情景小故事。

（2）投放关于蒙古族的自制书

游戏指导：幼儿翻阅自制图书，进一步了解蒙古族的地理环境、生活习俗等相关知识。

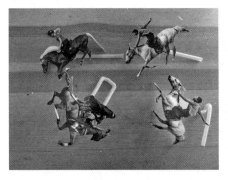 

（图一）　　　　　　　　　　　　　（图二）

2. 表演区：创设蒙古风情的表演环境

（1）蒙古帽、蒙古族服饰的投放

游戏指导：幼儿自己搭配服饰。

（2）学过的蒙古族儿童歌曲、经典音乐的投放

游戏指导：引导幼儿以合作的方式进行歌唱表演、打击乐表演、舞蹈表演等。

3. 美工区：创设具有蒙古风格的欣赏制作环境（见图三、图四）

（图三）　　　　　　　　　　　　　（图四）

(1)投放具有蒙古族风情的代表性摆件供幼儿观察

游戏指导:引导幼儿看一看、摸一摸,进一步感知蒙古族的装饰特点。

(2)投放易于幼儿操作、制作的材料

游戏指导:引导幼儿在观察的基础上,探索各种美工材料的运用。

4. 建筑区:主题搭建那达慕大会、蒙古大草原

(1)积木(各种形状的积木,幼儿根据自己的需求选用)

游戏指导:引导幼儿制定主题计划,自己探索如何用积木围圆,搭出蒙古包的主体结构。

(2)各种辅材(车轮卡片、蒙古包外衣、易拉罐、贴有马的图片的易拉罐)

游戏指导:引导幼儿大胆发挥自己的想象力,敢于尝试运用辅助材料合作完成草原生活场景的搭建。

(3)贴有蒙古族传统建筑、现代建筑的图片墙饰

游戏指导:与幼儿共同商量搭建蒙古包和具有蒙古族特色的传统建筑、现代建筑的方法,并将照片投放在墙饰上。

5. 角色区:蒙古族小吃店

投放蒙古族风情特色的用具、食物(羊肉、粮食可用废旧材料制作;奶茶可买半成品,供幼儿动手操作、品尝)。

游戏指导:引导幼儿明确分工,身着蒙古族服务员服装,能够利用餐厅的"食材",为顾客做出蒙古传统美食。

6. 科学区:蒙古草原图片、地图

游戏指导:引导幼儿感知蒙古在我国地图上的地理位置。

(三)主题墙布置

1. 蒙古族风情小景观

(1)幼儿分小组分别制作蒙古包、蒙古人、马等蒙古风情的剪纸作品。(结合班级剪纸特色)

(2)线条画。

2. 能歌善舞的蒙古人(见图五)

(1)舞蹈、舞姿图片的布置,蒙古族特色乐器的图片认识。

(2)草原上的音乐会。(见图六)

①演出计划表

②设计邀请卡样品

③设计节目单

④设计音乐会海报

3. 骑手们的盛会

(1)那达慕大会的由来。

(2)那达慕大会的内容。(以绘画的形式呈现)(见图七)

（图五）　　　　　　　　　　　　　（图六）

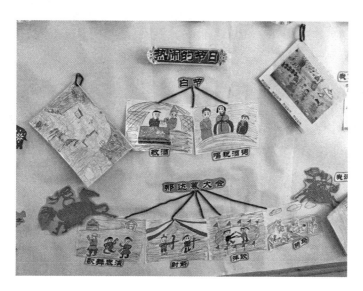

（图七）

（四）家园共育

1. 家长与幼儿共同搜集关于蒙古族节日、居住特点、民族服饰特点的资料。

2. 亲子制作蒙古族服饰，为服装秀做准备。

3. 家人与幼儿可以利用假期到具有蒙古风情的饭店去看一看，可以到草原去旅行。

五、音乐作品分析

（一）牧歌

音乐作品名称：《牧歌》	
背景（地域文化）	作为"逐水草而居"的马背上的民族，蒙古人在长期的游牧生产劳动中创造了许多长调牧歌，《牧歌》便是其中之一。
特点（曲调曲式结构等音乐本身的特点）	《牧歌》是一首长调民歌，全曲的结构为一段曲式，仅由上、下两个乐句构成。上句音调在 Mi(3)—Si(7) 之间回环往复，上句在高，音区围绕着属音上下回旋，悠扬飘逸，仿佛能看到蓝天上飘着朵朵白云的景象。下句在 La(6)—Mi(3) 之间起伏流转。下句转入以主音为中心的围绕进行，两句的音区刚好差五度，结尾也以五度相互呼应，婉转的旋律犹如草原上的一片片羊群。全曲展现了东蒙草原牧区那美丽、宽广的景象。
选择缘由（对国家认同的贡献；儿童适宜性；音乐上的地位与价值）	1. 简单的歌词，富有浓郁的草原气息，体现了草原"天苍苍，野茫茫，风吹草低见牛羊"的意境。有助于幼儿了解、想象草原辽阔的生活景象。 　　2. 悠长的曲调，连绵起伏，节奏舒展，气势宽广，幼儿仿佛置身于纯净的大自然中，这种感觉更像骑在骏马上，悠闲自得地漫游，时而飘过几团白云，仿佛情思悠然而去；时而饮马湖畔，给幼儿充分的想象空间。
相关资源（故事、人文景观、其他艺术作品的生活运用）图文并茂	《牧歌》是来源于呼伦贝尔盟的长调民歌《乌和日图和灰腾》，其歌词大意为"连绵不断在眼前，乌和日图和灰腾两座山，可怜幼稚的弟弟，谁知竟会遭磨难。"意思是，一个蒙古族青年，对着两座大山即乌和日图和灰腾，恸哭被野火烧死了的弟弟。这首长调被采风学者从赤峰一带收集来，它从呼盟辗转唱到赤峰。歌词逐渐演变定型，就成为我们今天所熟悉的"飘着白云"的《牧歌》了。

（二）小马蹄

音乐作品名称:《小马蹄》	
背景(地域文化)	《小马蹄》这首乐曲,情景交融,表现了人和大自然的和谐关系。
特点(曲调曲式结构等音乐本身的特点)	乐曲结构是 ABABA 的形式,采用密—疏—密—疏的节奏。A段音乐欢快,活跃跳荡,节奏轻快活泼,音乐富有动力,刻画了小牧民骑马的欢快景象。B段音乐悠长徐缓,抒发了人们在草原上自由自在快乐生活的美好情感。
选择缘由(对国家认同的贡献;儿童适宜性;音乐上的地位与价值)	《小马蹄》这首乐曲结构完整,节奏快慢鲜明,易于幼儿欣赏与理解。A段音乐,幼儿能够通过快慢鲜明的节奏来感受蒙古族人民喜欢骑马、一起赛马的民族风情;B段音乐舒缓悠扬,使幼儿感受到了草原生活的自由自在,丰富了其想象力,萌发了幼儿对蒙古族的热爱之情。
相关资源(故事、人文景观、其他艺术作品的生活运用)图文并茂	有史以来,在人类日常生活、商贸、战争中,马一直是人类忠诚的伴侣,尤其是蒙古族牧民把骏马当作最忠实的伴当。蒙古族人民非常喜爱马,甚至把它当作最崇拜的偶像之一,称它为"神骏"。因此,在草原人们的心目中,马是一个神圣的动物。老牧民们都说马是有灵性的动物,一定要好生善待。对那些不爱护自己的马,乱打、乱骑、乱使用的人,长辈们要严厉地训斥。尤其是那些有特征的骏马,譬如一根杂毛都没有的纯白马、有特殊花纹毛色的马都受到主人的爱护和重视。同时,当地的牧民们都认为马是苍天派来的使者,它象征着草原更加美丽富饶,象征着牧民的善良纯洁,祝福牧民的生活更加繁荣富强。所以,这种特征的马从小就不能套马杆,不架马鞍,更不能骑乘,牧民们把它当作当地草原的圣物骏马。

（三）我是草原小骑手

音乐作品名称:《我是草原小骑手》	
背景(地域文化)	蒙古族是一个最初由狩猎民族发展成为"追逐水草而居"的游牧民族,历来以马为交通工具,以擅长骑术著称,历史上被称为"马背上的民族"。蒙古族的摔跤、射箭、赛马俗称"男子三艺"。现在的那达慕上增加了田径、球类、马术、射击、武术、棋类、拔河等比赛,又融合了文艺演出。蒙古族人民的体育运动与他们的草原和牧马生活有着密切的联系。

续表

	音乐作品名称:《我是草原小骑手》
特点(曲调曲式结构等音乐本身的特点)	歌曲为 2/4 拍,羽调式,包括 3 个大句。歌曲情绪活泼,充满自豪感。歌曲的节奏富于舞蹈性。第一大句(a+b)的情绪活泼欢快,和声内涵明确,旋律结束在不稳定的半终止上。第二大句(a+b1)是第一大句的变化重复,仅结尾不同。第三大句(c+b1)前半部分为衬字句(引入新的旋律素材);后半部分重复开头的一句歌词,并变化再现 a 的部分旋律素材。在结束部分采用了富有蒙古特色的衬词"啊哈嗬咿"。全曲的情绪热烈、豪放,充分表达了蒙古族小朋友对草原生活的热爱之情。
选择缘由(对国家认同的贡献;儿童适宜性;音乐上的地位与价值)	这是一首具有蒙古族民族特点的儿童歌曲,旋律优美动听。歌词分为了三段,第一段体现小骑手们策马奔腾的景象,第二段体现小射手们比赛射箭的画面,第三段体现小摔跤手一决高下的场面,充分表现了蒙古族人民粗犷、豪爽的性格和对美好生活的热情追求。
相关资源(故事、人文景观、其他艺术作品的生活运用)图文并茂	节日与民俗活动是蒙古族传统体育不可缺少的载体,目前在蒙古族地区开展的传统体育项目大多与节日和民俗活动联系在一起,传统体育是活动中必不可少的重要内容。蒙古族那达慕大会上的赛马就是全民参与。举行那达慕大会时,牧区方圆数百里的牧民穿着节日的盛装,骑着骏马或乘坐汽车、勒勒车络绎不绝地前来参观。骑手身着鲜艳的民族服装,头束彩色的飘带,足蹬皮马靴,为减轻马的负重,也有不穿马靴、不备马鞍的。骑手准备就绪后,一般是在起点处排成一行,裁判员挥动旗帜(或鸣枪)发令,霎时,骑手们蜂拥而出,跃马扬鞭,奋力争先,匹匹骏马奋蹄奔驰在广阔无垠的草原上,呼声阵阵,高潮迭起,趣味盎然。夺魁的骑手会被热情的观众举起上抛,受到人们的尊敬和羡慕,马也披红戴花,参赛获胜者可获物质奖励。比赛时,草原上人山人海,笑语喧哗,人欢马嘶,辛苦了一年的人们在那达慕大会的赛马中得到尽情的宣泄,加强了蒙古族人际间的交往,强化了民族认同感,增强了民族凝聚力,也延续了蒙古族传统文化。

(四)赛马

	音乐作品名称:《赛马》
背景(地域文化)	《赛马》这首乐曲是根据中国北方少数民族蒙古族音乐创作而成。用二胡模仿马头琴演奏,旋律简单,描写了节日里草原上的骑手们举行赛马比赛时的激烈而热闹的场面,让人联想到蒙古那达慕大会的盛况。

音乐作品名称:《赛马》	
特点(曲调曲式结构等音乐本身的特点)	乐曲结构是单三段体。第一段音乐热烈奔放,以坚定有力的强音和急促的音型实现宽紧相间,刻画了赛马场上群马飞奔的沸腾景象。第二段是该乐曲中的主题旋律,曲调兴奋昂扬,抒发了人们在节日里的欢乐之情。其中前半部分节奏轻快活泼,音乐富有动力;后半部分由伴奏演奏,尾部做了扩充,形成高潮后,以渐慢速度引出二胡的华彩乐段。最后,再现第一主题,重现热烈欢腾的赛马景象。
选择缘由(对国家认同的贡献;儿童适宜性;音乐上的地位与价值)	1.《赛马》这首乐曲围绕着"赛马"这个主题,能够凸显蒙古族"马背上的民族"这一民族特点,有助于幼儿了解蒙古族,萌发幼儿对蒙古族的热爱之情。 2. 易于幼儿通过快慢鲜明的节奏来感受蒙古族人民喜欢骑马、一起赛马的民族风情,丰富其想象力。 3. 三个部分都是围绕着一个中心——"赛马"来展开,无论是从材料处理上,还是形象塑造上,都强调"赛马"这一形象。
相关资源(故事、人文景观、其他艺术作品的生活运用)图文并茂	1.《马头琴的传说》 2. 据史料记载,在草原上举行赛马的目的不是单纯为了娱乐,而是为了更好地适应草原游牧生活。马的驯养给草原牧民的生活带来了革命性的转变,譬如,草原五畜中马跑得最快,一天就能跑完人徒步走路10天的路程,可节省时间、提高工作效率和放牧时节省劳动力等。在草原放马的过程中,套马是一项难度比较大的技术,所以,牧民们会将跑得最快的马训练成套马专用马。因此,草原上的牧们都希望得到几匹跑得最快的马,这样放马人聚到一起时就可比一比谁的马跑得最快。这种选快马的活动,跟随着历史和人类生活意识的改变,逐渐变成了北方游牧民族特有的传统娱乐活动——赛马。

附:具体活动方案

活动一 草原旅行(社会活动)

一、活动目标

1. 情感态度:通过进一步感知蒙古族的风土人情,萌发幼儿对蒙古族的热爱之情。

2. 认知经验:通过观看音像资料和图片,幼儿能够了解蒙古族的民俗文化。

3. 技能方法:幼儿能够讲述自己知道的民族。

二、活动重难点

活动重点:通过观看音像资料和图片,了解蒙古族的民俗文化。

活动难点:在地图上准确地找出蒙古族的位置分布。

三、活动准备

经验准备:幼儿已分享介绍过自己与家人共同制作的蒙古族小报,对蒙古族有初步了解。

物质准备:关于蒙古族风情的影像资料,中国地图一张,蒙古音乐《赛马》。

四、活动过程

(一)一起去旅行

教师出示多媒体地图。

——"小朋友们,我们生活在哪儿? 北京在地图上的哪个位置呢?"

——那我们从北京出发一起去旅行吧。

教师手持纸飞机在地图上引导幼儿说出途经的地方。纸飞机飞到地图上的"鸡背"上。

——"好啦,到站啦,谁知道这是我国的什么地方?"

(二)播放蒙古族人民生活的影像资料,让幼儿初步了解蒙古族的民族文化

——刚才你们看到了什么? 你知道他们是哪个民族的人吗?

——他们穿的衣服是怎样的? 他们住的房子又是怎样的? 他们是怎样生活的? 他们说的话和我们一样吗?

引导幼儿学习一句蒙语,例如:你好。

(三)播放那达慕大会幻灯片,进一步感知蒙古族的风土人情

1. 幻灯片欣赏。

2. 了解蒙古族人民善骑马、善射箭、善摔跤、善歌舞。

3. 了解蒙古族马背上的文化。

——蒙古族人最擅长的是什么? 马对于他们有什么特别的意义吗?

(四)出示图片,进一步感知蒙古族的民俗风情

——(出示食物图片)你知道蒙古人喜欢吃什么吗?

——(出示马头琴)你知道这是什么吗? 它有什么用?

——让幼儿欣赏一段用马头琴弹奏的音乐,让幼儿感知马头琴悠扬的琴声。

(五)知道蒙古族是我国的少数民族之一

1. 教师再次出示地图,请幼儿找出内蒙古的位置,并贴上具有蒙古族标志的图片(蒙古包、马、草原等)。

2. 启发并引导幼儿讲述自己知道的民族,教师总结。

活动二 美丽的草原(语言活动)

一、活动目标

1. 情感态度:幼儿能够体会诗歌表达的情感,萌发对蒙古族的喜爱之情。

2. 认知经验:通过欣赏、朗诵诗歌,幼儿能够感知并理解诗歌内容。

3. 技能方法:幼儿能用轻柔、愉悦的声音朗诵诗歌,尝试创编诗歌内容。

二、活动重难点

活动重点:感知、理解诗歌内容,并能用轻柔、愉悦的声音朗诵诗歌。

活动难点:尝试创编诗歌内容。

三、活动准备

经验准备:幼儿欣赏过草原的图片、听过草原的相关故事。

物质准备:诗歌、背景音乐、幻灯片。

四、活动过程

(一)幼儿欣赏诗歌,感受诗歌的意境

1. 第一遍欣赏诗歌,教师配乐朗诵诗歌,请幼儿安静地欣赏

——诗歌中都有什么? 你仿佛看到了什么? 你仿佛到了哪里?

2. 第二遍朗诵诗歌,幼儿看幻灯片学习诗歌内容。

——小朋友们,谁记得刚才诗歌里是怎么说的云? 怎么说的草原?

幼儿说出诗歌内容,教师播放相应的幻灯片。

(二)幼儿学习朗诵诗歌

1. 教师播放幻灯片,帮助幼儿记忆诗歌内容。

2. 教师引导幼儿完整朗诵诗歌。

3. 教师启发幼儿根据音乐和画面有感情地朗诵诗歌,注意符合音乐的力度、节奏。

(三)结束部分

1. 鼓励幼儿根据对草原的了解创编诗歌内容,教师用绘画的形式记录。

2. 幼儿朗读自己编的诗歌。

附:

美丽的草原

蓝蓝的天空飘着雪白的云朵,

静静的河滩上是吃草的羊群,

羊群好像天上的白云,

伴着牧人的笛声,多么宁静安详。

欢乐的草原上开满了美丽的花朵,

火红的太阳下是奔跑的马群,马群好像地上的鲜花,

伴着牧人的歌舞,多么热烈欢畅。

活动三　小马蹄(音乐欣赏活动)

一、活动目标

1. 情感态度:通过欣赏蒙古族音乐,了解并喜爱民族音乐。

2. 认知经验:通过欣赏乐曲《小马蹄》,感受蒙古族音乐欢快、悠扬的特点。

3. 技能方法:幼儿能根据音乐节奏,用动作表现自己对音乐的理解与感受。

二、活动重难点

活动重点:感受蒙古族音乐欢快、悠扬的特点,初步了解蒙古族音乐。

活动难点:幼儿能根据音乐节奏,用动作表现自己对音乐的理解与感受。

三、活动准备

经验准备:幼儿对蒙古族的民族风俗、民族特色有一定的了解。

物质准备:进场音乐《牧童之歌》《小马蹄》音频、赛马视频、幻灯片(蒙古人骑马图片)、自制蒙古帽及红色头带。

四、活动过程

(一)情景引入

1. 进场:听音乐进教室

幼儿听《牧童之歌》的音乐,做踏步、跑跳步及与同伴换位置等动作进场。

2. 教师引语

——小朋友们看一看,今天老师有什么不一样的地方呀?(教师戴蒙古帽)

——我们班现在开展的主题活动是什么? 是哪个民族的? 蒙古族的人最擅长的是什么?

(二)幼儿欣赏乐曲,感受乐曲表达的情感

1. 完整欣赏乐曲,感受蒙古族独特的音乐风格

——今天老师还为大家带来了一首来自蒙古族的乐曲,请小朋友们仔细地听,听完以后把你的感受和我们分享。

——你听完这首乐曲后有什么样的感受? 你仿佛看到了什么景象? 你觉得他们在做什么?

2. 分段欣赏音乐,引导幼儿用动作表现自己对音乐的理解和感受

(1)欣赏 A 段音乐,感受音乐热闹、欢快的特点。

第一次播放音乐——引导幼儿认真欣赏音乐,

——欣赏完这段音乐你有什么感受？你好像看到了什么？

第二次欣赏音乐——鼓励幼儿用动作表现对音乐的感受，

——听到这段音乐，你觉得他们在做什么？能用自己的动作来表现一下吗？

第三次播放音乐——邀请部分幼儿用动作表达自己对 A 段的音乐的理解与感受

(2)欣赏 B 段音乐,感受音乐悠扬、喜悦的特点

第一次播放音乐——引导幼儿认真欣赏音乐。

——这一段音乐与第一段比较,有什么不一样呢？听完这段音乐你有什么感受？

第二次欣赏音乐——鼓励幼儿用动作表现对音乐的理解与感受。

第三次欣赏音乐——邀请部分幼儿用动作表现自己对第二段音乐的理解与感受。

3. 完整欣赏乐曲《小马蹄》

(1)播放幻灯片,引导幼儿观察幻灯片中有哪些骑马动作。

(2)创设情境,邀请幼儿参加"骑马"大赛。引导幼儿用自己喜欢的骑马动作表现 A 段音乐与 B 段音乐不同的情绪。

4. 动作表现

(1)幼儿自选道具集体展示,请幼儿随音乐节奏较合拍地做动作,进一步加深对音乐的理解。

(2)播放视频,欣赏万马奔腾的震撼场面,激发幼儿参与活动的兴趣。

(三)离场

活动自然结束,幼儿听音乐离场。

活动四　小马蹄(打击乐)

一、活动目标

1. 情感态度:通过欣赏音乐和学习节奏谱,幼儿能够萌发对蒙古族音乐的喜爱之情。

2. 认知经验:幼儿熟悉乐曲旋律,感受蒙古族音乐欢快、悠扬的特点。

3. 技能方法:幼儿学习看节奏谱,正确地运用乐器完整地演奏。

二、活动重难点

活动重点:幼儿熟悉乐曲旋律,能用拍手的方式表达音乐节奏。

活动难点:学会看节奏谱,正确地运用乐器完整地演奏。

三、活动准备

经验准备:幼儿会用串铃、响板、铃鼓、沙锤。

物质准备:音乐《小马蹄》、串铃、响板、铃鼓、沙锤若干(与幼儿人数相等)。

四、活动过程

(一)情境引入,欣赏音乐

1. 教师引语

——小朋友们,蒙古族的小朋友邀请我们去参加他们的音乐会,我们一起去看看吧。

2. 播放音乐《小马蹄》

——这首音乐里有谁啊? 你是听到音乐中的什么猜出来的?

(二)分段欣赏音乐,分析乐句,感受节奏

1. 欣赏第一段

——乐曲中的哪些地方是表现马儿在奔跑的? 我们用拍手来表示出马蹄的节奏。

——(出示图谱)我们听音乐、看图谱,一起来拍手为小马加油吧。

2. 欣赏第二段

——这段的乐句表现了什么? 可以用什么节奏来表示呢? 这一段节奏比较舒缓、悠扬,我们用慢一点的节奏表示。

——(出示图谱)我们随音乐看着图谱来试一试吧。

3. 完整欣赏

——小朋友拍得真棒! 那你们能听着音乐从头到尾拍一遍吗? 我们来试试看。(提醒幼儿眼睛看节奏谱,听好前奏)

(三)出示乐器,幼儿自选乐器组

——今天老师为你们准备了串铃、响板、铃鼓,你们认为哪种乐器能表达马跑的声音? (教师指节奏谱第一乐句)下面一句用什么乐器来演奏呢? 你是怎么知道的? 这个笑脸表示什么呀? (表示很高兴,两种乐器一起演奏)幼儿初步学习分析节奏谱,知道要看节奏谱上的标记分角色。

幼儿拿出乐器,看着图谱,小组为单位进行练习(三位老师一人负责一组);听音乐,看图谱,演奏两遍,教师注意指导个别幼儿的节奏及乐器的使用;交换乐器演奏两遍。

活动五　赛马(韵律活动)

一、活动目标

1. 情感态度:感受音乐轻快活泼、热烈奔放的曲风,萌发对蒙古族和草原的向往之情。

2. 认知经验:通过情境表演骑马的不同动作,感知音乐 ABA 的音乐结构。

3. 技能方法:幼儿能够跟随音乐做不同的骑马动作。

二、活动重难点

活动重点:通过情境表演骑马的不同动作,感知和表现音乐 ABA 的音乐结构。

活动难点:能随音乐做不同的骑马动作。

三、活动准备

经验准备:对蒙古族有初步的了解,知道一些骑马动作。

物质准备:音乐《赛马》。

四、活动过程

(一)创设草原情境,自然感受、欣赏音乐

1. 随音乐欣赏"赛马",引出草原赛马的主题。

2. 在小段音乐旋律中欣赏骑马、赛马图片,并一起跟随音乐做出相应的动作。

3. 提出重点——赛马。

4. 播放音乐,自然感知。

——小朋友们都是怎么样骑马的? 你和谁赛马了? 在音乐的什么地方可以跑得更快?

(二)结合图谱和肢体动作,再次感受音乐的旋律和节奏

1. 再次欣赏音乐,教师解说"赛马故事"。

2. 教师引导幼儿猜想情节内容,鼓励幼儿根据音乐的不同变化给图谱排序,引导幼儿了解曲式结构。

3. 在座位前利用肢体动作跟随音乐做游戏,再次感知音乐的结构。

(三)随音乐分段骑马、赛马

1. 创设赛马游戏的情境,请幼儿分组比一比,第一回合比谁骑马动作最丰富,请幼儿相互评价。再出示骑马行进的图片,引导幼儿丰富骑马动作,并与音乐相结合。

教师总结:一手握紧缰绳,一手扬鞭,身体前倾,跑跳步、小跑步都可以跑得很快,眼神很有气势,表情很神气。

2. 出示赛马图片,引导幼儿赛马时要集中注意力,不能说笑。

3. 大家跟随音乐一起律动。

4. 全体幼儿跟随音乐结伴进行律动。

(四)让幼儿跟随音乐律动

——现在骑马比赛马上就要开始了,选手们上马准备。

全体幼儿跟随音乐玩游戏。

活动六　牧歌(歌唱活动)

一、活动目标

1. 情感态度:通过感受歌曲旋律的特点,萌发对蒙古族音乐的喜爱之情。

2. 认知经验:学会演唱歌曲,感受蒙古族音乐独特的长调风格。

3. 技能方法:幼儿能够用自然的声音随伴奏完整演唱歌曲《牧歌》。

二、活动重难点

活动重点:幼儿能够用自然的声音随伴奏完整演唱歌曲《牧歌》。

活动难点:幼儿能够模仿长调的演唱方式演唱《牧歌》。

三、活动准备

经验准备:在过渡环节幼儿听过《牧歌》,幼儿了解蒙古族人民的生活习俗。

物质准备:钢琴、幻灯片、图谱。

四、活动过程

(一)回忆草原生活的场景

1. 发声练习。

2. 播放草原图片,教师进行提问。

——小朋友在图片中都看到了什么?

——我们学过的诗歌《美丽的草原》是怎么描述草原的?

(二)欣赏歌曲,学习演唱

1. 欣赏歌曲《牧歌》,感受歌曲的意境美。

——听了这首歌曲,你有什么感受?

2. 第二遍欣赏歌曲,引导幼儿发现歌曲旋律的特点。(曲调悠长、速度慢、抒情、宽广)

——这首歌曲是一首长调歌曲,是蒙古族人唱歌的一种方式。

3. 出示图谱,帮助幼儿理解、记住歌词。

——这首歌曲讲了蒙古人草原生活的景象,我们看看是什么样的。

4. 教师范唱,幼儿看着图谱跟随老师哼唱。教师引导幼儿说出歌曲的节奏特点。

5. 教师弹琴,幼儿跟着伴奏哼唱旋律。

6. 教师钢琴伴奏,引导幼儿看图谱,随音乐有感情地朗读歌词内容。

7. 幼儿有感情地完整演唱歌曲。

(三)小组演唱

1. 幼儿分组有感情地演唱歌曲。

2. 幼儿分男生组和女生组接唱歌曲。

3. 全体幼儿有感情地完整演唱歌曲。

活动七　我是草原小骑手(歌唱活动)

一、活动目标

1. 情感态度:通过体验蒙古族音乐的欢乐情绪,萌发热爱蒙古族音乐的情感。

2. 认知经验:通过欣赏歌曲,熟悉歌曲的情绪、旋律。

3. 技能方法:幼儿能够理解歌词并完整、有感情地演唱歌曲。

二、活动重难点

活动重点:幼儿能够理解歌词大意,完整演唱歌曲。

活动难点:能够清晰地演唱衬词:呀、啊、哈、嗬伊。

三、活动准备

经验准备:幼儿在生活中听过这首歌曲。

物质准备:歌曲《我是草原小骑手》、图谱、课件。

四、活动过程

(一)开始部分:游戏引入

1. 幼儿随《赛马》音乐,做骑马动作入场。

——小朋友们下马休息一下吧,让今天的草原小导游带我们去草原看一看。(课件:呈现小导游:"大家好,我是大家今天的小导游,大家跟我一起到草原上走一走看一看吧!")

2. 播放课件。

——刚才你都看到了什么?

——你最喜欢什么?

(二)基本部分

1. 欣赏歌曲,熟悉歌曲的情绪、旋律。

小导游:"草原小朋友为了欢迎大家的到来,给大家带来了一首好听的歌曲,请大家欣赏一下吧。"

(1)欣赏录音,引导幼儿回忆歌词内容。

——歌曲中讲了什么事?

(2)第二次欣赏音乐。

——他们在骑马的时候心情是怎么样的? 听了这首歌曲你有什么感受?

2. 学唱歌曲。

(1)教师完整范唱,出示图谱,引导幼儿理解歌词内容。

(2)教师钢琴伴奏,幼儿随伴奏朗诵歌词。

3. 教师伴奏,引导幼儿看图谱演唱第一段,重点指导衬词啊、哈、嗬伊。

4. 教师再次范唱第一段,并提问。

——刚才我们都唱了第一段,小朋友和我唱的有什么不一样吗?

——老师在唱哪个字的时候比较重呢?

教师总结:幼儿再次演唱第一段,注意突出"骑""前"和最后的"呀"字。

5. 教师播放视频并提问。

——现在我们来看一看蒙古族小朋友是怎样骑马的。(播放视频,引导幼儿体会小骑手自豪神气的样子)

6. 男生、女生分别富有感情地演唱歌曲,并进行相互评价。

7. 教师伴奏,幼儿学习演唱第二、三段歌词。

8. 幼儿集体以自豪、快乐的情感演唱全曲。

9. 幼儿集体演唱歌曲。

(三)结束部分

鼓励幼儿自己创编动作,有感情地演唱,活动自然结束。

(孟　旋)

主题名称:勇敢的王二小

一、主题缘起

在一次教育活动中,我给班中幼儿讲述了抗日小英雄王二小的故事。由于故事发生的年代与现在截然不同,孩子们对小英雄的故事十分感兴趣。"老师,王二小真勇敢。""老师,王二小真聪明。""王二小做的事情和我们不一样。"

《幼儿园教育指导纲要》中指出:教育内容要选择幼儿感兴趣的事物或问题,并与本班幼儿已有经验和实际发展水平相适应。《3—6岁儿童学习与发展指南》中对于大班幼儿的教育目标要求到:幼儿要在良好的社会环境中学会遵守规则,形成基本的认同感和归属感。"勇敢的王二小"主题活动主要是对幼儿进行爱国主义教育,根据幼儿兴趣需要和年龄特点,激发幼儿热爱祖国的情感,为自己是中国人感到自豪。本班幼儿对小英雄的故事十分感兴趣,但对小英雄的人物事迹了解不多,且爱国主义情感和民族认同感正处在建立阶段。因此,设计本次主题活动旨在引导幼儿了解王二小时期的故事与事迹,并知道自己要珍惜现在的美好生活,培养幼儿的爱国主义情感和民族认同感。

二、主题目标

1. 通过了解抗日小英雄的故事,对幼儿进行爱国主义教育,激发幼儿热爱祖国的情感,并为自己是中国人感到自豪。

2. 幼儿能够有序、连贯、清楚地表达抗日小英雄的故事,并愿意和其他小朋友交流分享。

3. 通过了解抗日英雄的故乡——白洋淀的美丽风光,幼儿能够萌发对白洋淀的向往和喜爱之情。

4. 幼儿学唱歌曲《歌唱二小放牛郎》,能用不同的速度、力度、情感和表情演唱歌曲。

5. 幼儿能合作编创、表演音乐剧《歌唱二小放牛郎》。

6. 通过尝试用水墨形式表现水、芦苇、牛等事物的特征,幼儿能够主动表达自己的理解与感受,获得愉快的情绪体验。

7. 通过理解体育游戏的玩法及规则,幼儿学会四散追逐跑和躲闪,体验体育游戏的快乐。

三、主题网络图

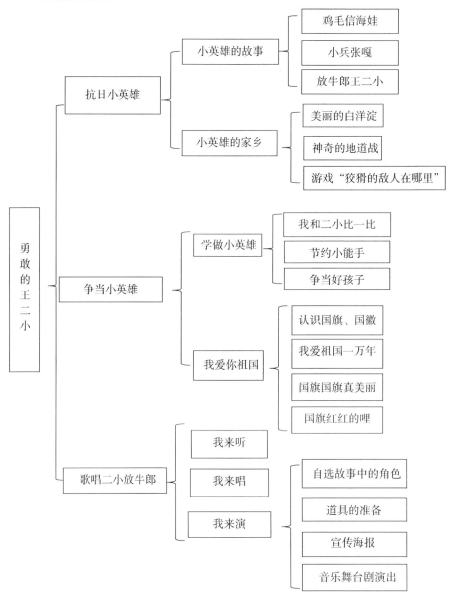

四、主题活动计划表

(一)教育活动

	活动名称	活动目标与内容
第一周 抗日 小英雄	1. 语言活动:放牛郎王二小的故事 2. 音乐欣赏:歌唱二小放牛郎 3. 体育活动:狡猾的敌人在哪里 4. 音乐:国旗国旗真美丽 5. 语言:抗日小英雄"送鸡毛信的海娃" 6. 语言:抗日小英雄"小兵张嘎" 7. 美术:水墨画——牛	活动目标:了解抗日小英雄王二小、鸡毛信海娃、小兵张嘎的英雄事迹,欣赏歌曲《歌唱二小放牛郎》,幼儿理解歌词内容,形成对小英雄的崇敬之情。 活动内容: 1. 王二小、海娃、张嘎的故事。 2. 欣赏歌曲《歌唱二小放牛郎》。
第二周 小英雄 的故乡	1. 社会:小英雄的故乡 2. 音乐歌唱:歌唱二小放牛郎 3. 语言:地道战的故事 4. 社会:认识国旗、国徽 5. 社会:美丽的白洋淀——芦苇荡的秘密(雁翎队) 6. 健康:体育游戏"地道战" 7. 语言:抗日根据地——西柏坡 8. 科学:地道的作用 9. 社会实践:参观焦庄户"地道战"遗址(家园共育)	活动目标:了解小英雄王二小、海娃的故乡在河北省。介绍抗日根据地白洋淀、西柏坡,介绍地道战,知道白洋淀的一些特产及芦苇荡的故事。学唱《歌唱二小放牛郎》,理解歌词内容,激发幼儿对抗日英雄的缅怀之情,增强民族自尊心和爱国主义情怀。 活动内容: 1. 美丽的白洋淀、抗日根据地西柏坡、地道战的故事。 2. 学唱歌曲《歌唱二小放牛郎》。
第三周 学做小 英雄	1. 语言:我和二小比一比 2. 社会:节约小能手 3. 语言:我爱祖国一万年(诗歌) 4. 音乐:国旗国旗红红的哩(歌曲) 5. 语言:讲文明懂礼貌 6. 社会:绿色出行 7. 社会:我来帮助小朋友 8. 音乐:国旗国旗真美丽(歌曲) 9. 语言:设计升旗仪式(谈话)	活动目标:激发幼儿学习小英雄的优秀品质,进一步养成在进餐、睡眠、学习、游戏等活动中的好习惯。理解诗歌、歌词内容,用愉快的情绪演唱歌曲,表达热爱祖国的情感。 活动内容: 1. 培养幼儿良好的行为习惯和学习品质。 2. 学习诗歌、歌曲《我爱祖国一万年》《国旗国旗真美丽》《国旗红红的哩》。

续表

	活动名称	活动目标与内容
第四周 音乐舞台剧——《歌唱二小放牛郎》	1. 谈话:我来表演《歌唱二小放牛郎》 2. 谈话:角色自选——我演 XXX 3. 美术:我来制作 XXX 4. 美工:制作宣传海报 5. 音乐舞台剧:《歌唱二小放牛郎》 6. 音乐:彩排《歌唱二小放牛郎》 7. 音乐舞台剧演出:《歌唱二小放牛郎》	活动目标:通过讨论商量分配角色、制作道具、宣传海报等活动,幼儿能互相合作编创、表演音乐情景剧《歌唱二小放牛郎》。 活动内容: 1. 音乐剧《歌唱二小放牛郎》准备工作。 2. 音乐舞台剧的演出。

(二)区域材料投放与活动指导

1. 图书区

(1)材料投放

①投放家长同幼儿一起收集的关于抗日小英雄的资料,分类装订成自制图书。

②投放《抗日小英雄》的书籍。

(2)游戏指导

①引导幼儿交流分享,加深对抗日小英雄的认识。

②帮助幼儿了解小英雄的事迹。

2. 表演区

(1)材料投放

①投放《歌唱二小放牛郎》的音乐光盘。

②投放音乐剧和幼儿一起制作、收集情景剧《歌唱二小放牛郎》的服装、道具。

(2)游戏指导

①引导幼儿理解作品的含义,体会演唱歌曲时的情绪、情感,大胆地表达。

②和幼儿一起讨论、制定表演计划,制作简单的道具、服装、布景等。

3. 美工区

(1)材料投放

①投放小英雄故乡的图片、照片。

②投放美术绘画、剪纸、泥工等材料。

(2)游戏指导

①指导幼儿观察图片进行创作。

②指导幼儿用多种美术方式创作作品。

4. 建筑区:"抗日战争纪念馆"

(1)材料创作

①投放带有"抗日战争纪念馆"标识的积木。

②投放实物图片及商讨搭建方法的照片到墙饰上。

(2)游戏指导

①与幼儿共同商量搭建方法,并制作计划书。

②引导幼儿用多种方式记录自己的搭建过程和结果。

(三)主题墙布置

1. 抗日小英雄

(1)国旗、国徽

(2)抗日小英雄的故事(王二小、张嘎、海娃)

2. 小英雄的故乡——河北

(1)美丽的白洋淀

①白洋淀的抗战故事

②白洋淀特产

③芦苇荡的秘密

④小英雄的故事

(2)地道战的故事

3. 歌唱二小放牛郎:唱一唱、演一演音乐剧《歌唱二小放牛郎》

(四)家园共育

1. 家长与幼儿共同搜集关于抗日小英雄的资料。

2. 家人与幼儿利用假期可以到抗日战争纪念馆参观。

五、音乐作品分析

音乐作品名称:《歌唱二小放牛郎》	
背景	抗日战争时期,在河北省涞源县出现了一位全国闻名的抗日小英雄——王二小。王二小牺牲时才十三岁,他是一名儿童团员,常常一边在山坡上放牛,一边给八路军放哨。在日本鬼子扫荡一条山沟的时候,他为了掩护几千名老乡和干部,不顾自己的生命危险,把敌人带进了八路军的埋伏圈,老乡和干部因此脱离了危险,气急败坏的日本鬼子把王二小挑在了枪尖上朝大石头上摔去。英勇牺牲的王二小的事迹很快传遍了解放区,并很快被创作成了歌曲,成为了一首流传至今的经典之作。

续表

音乐作品名称:《歌唱二小放牛郎》	
特点	《歌唱二小放牛郎》是一首 2/4 拍的歌曲,曲调为降 E 调,歌词以叙事的形式贯穿整首歌曲,简单易懂且旋律悠扬。
选择缘由	通过故事和歌曲的学习,帮助幼儿了解抗日小英雄的故事,了解在那个年代小英雄所做的事情,引导幼儿知道今天的幸福生活来之不易,要珍惜现在的生活。同时,促使幼儿对抗日英雄充满崇敬和缅怀之情,培养幼儿爱祖国的情感,为自己是中国人感到自豪。歌曲本身节奏平稳,旋律悠扬,歌词以叙事的形式贯穿歌曲,简单易懂,幼儿学唱起来朗朗上口。这首歌曲是抗战时期的经典之作,传唱整片中华大地,流传至今,感染了无数的国人。
相关资源	为了纪念小英雄王二小,中国青少年基金会在二小的家乡涞源县上庄村建设了"二小希望小学"。 1992 年,由北京电影制片厂投资拍摄的电影《少年英雄王二小》又引起了强烈的反响。

附:具体活动方案

活动一　大班语言活动:王二小的故事(故事)

一、活动目标

1. 情感态度:保持学习兴趣,萌发对王二小的崇拜之情。

2. 认知经验:了解王二小的故事,学习王二小机智勇敢的好品质。

3. 技能方法:能有序、连贯、清楚、有表情地讲述王二小的故事。

二、活动重难点

活动重点:理解故事内容,学习王二小机智勇敢的好品质。

活动难点:有序、清楚地讲述故事并根据情节加上合适的表情和动作。

三、活动准备

经验准备:了解过一些抗日英雄的故事(海娃、张嘎、王二小)。

物质准备:音乐《歌唱二小放牛郎》、王二小故事 PPT。

四、活动过程

(一)开始部分:讲述故事,引起兴趣

——故事中都有谁?

——王二小做了什么事情?

——故事都告诉了我们哪些事情?

(二)基本部分:帮助幼儿理解画面和故事内容

1. 故事第一段

——王二小每天都在做什么事？为什么？

2. 故事第二段

——王二小害怕了吗？你是怎么看出来的？

——王二小被抓住后,他是怎么做的？

3. 故事第三段

——王二小勇敢吗？他是怎么做的？

——王二小有哪些值得我们学习的地方？

4. 经验迁移,提升情感

——如果你在生活中遇到了困难,你会怎么办呢？

小结:我们每个人在生活中都会遇到许多问题和麻烦,但是我们面对困难、危险时不能害怕,要像王二小一样勇敢、机智地面对。

(三)结束部分

幼儿分小组讲述故事并讨论,教师和幼儿一起总结王二小是一个勇敢、机智、遇到问题能积极动脑筋的好孩子。

——王二小是个什么样的小朋友？

——在生活中你应该学习王二小的哪些品质？

小结:面对困难的事情,你只要勇敢、不害怕地去面对它,那这个困难的事情就会变得简单。同时,你还需要机智,遇到事情和问题的时候会动脑筋、想办法。

活动二　大班健康活动:狡猾的敌人在哪里(体育)

一、活动目标

1. 情感态度:愿意遵守游戏规则,体验游戏的乐趣。

2. 认知经验:具有初步的按照顺序观察的能力。

3. 技能方法:能够四散追逐跑和躲闪。

二、活动重难点

活动重点:能够四散追逐跑和躲闪。

活动难点:在奔跑的过程中灵活控制身体进行躲闪。

三、活动准备

经验准备:参加过躲闪跑游戏。

物质准备:宽阔场地、警报声音频。

四、活动过程

(一)开始部分:准备活动

1. 幼儿站在大圆圈上,教师喊口令与幼儿一起活动身体的各部位。

(颈部、腰部、脚腕、手腕、四肢等)

2. 教师介绍游戏名称和玩法。

(二)基本部分:玩游戏

1. 第一遍游戏,由教师指定敌人。

全体幼儿闭上眼睛,双手背后,手心向上。教师在圆圈外边走边在两名幼儿的手心上点一下,即指定敌人。请幼儿边说儿歌边找敌人,儿歌结束后,请当敌人的小朋友跳出来,然后请小朋友说一说谁看出他们是敌人了,怎么看出来的。

——你是怎么发现他的呢?

2. 第二遍游戏,先不选敌人,由教师当敌人。

教师在圈里按逆时针方向走,幼儿说完儿歌后,请当小八路军的幼儿(即全体幼儿)在大圆圈内进行追逐跑,由老师(敌人)抓。游戏结束后,教师提问,请幼儿说一说哪些小朋友没说完儿歌就跑了,谁没有在大圆圈里跑。

——哪些小八路军没有说完儿歌就开始跑了?

3. 第三遍游戏,请幼儿完整玩一遍游戏。

由教师指定敌人(方法和第一遍指定敌人的方法一样),指定四名幼儿当敌人,儿歌结束后,请幼儿(这时除敌人以外的幼儿都是小八路军)在规定的范围内进行四散追逐跑,游戏结束后教师提问。

——敌人是怎样抓到人的?

(三)结束部分

放松活动:幼儿听着音乐相互做放松活动,活动自然结束。

活动三 大班音乐活动:歌唱二小放牛郎

一、活动目标

1. 情感态度:幼儿主动表达对抗日英雄的崇敬之情和热爱祖国的情感,为自己是中国人感到自豪。

2. 认知经验:通过感受歌曲所表达的情感,能初步随音乐伴奏完整演唱。

3. 技能方法:幼儿能够记忆歌词内容,掌握歌曲节奏,并表现出来。

二、活动重难点

活动重点:随音乐伴奏完整演唱。

活动难点:掌握歌曲节奏,并表现出来。

三、活动准备

经验准备:幼儿在生活中欣赏过歌曲《歌唱二小放牛郎》。

物质准备:王二小故事的 PPT。

四、活动过程

(一)开始部分:听音乐做动作进场

1. 在音乐《歌唱二小放牛郎》的伴奏下,幼儿和老师一起进场。

2. 和幼儿共同观看王二小的视频,启发幼儿回忆故事的情景。

(二)基本部分:幼儿熟悉歌词,学唱歌曲

1. 幼儿欣赏歌曲,熟悉曲调与歌词。

——歌曲中都唱到了什么?

——你记住了哪一句歌词?

2. 幼儿再次欣赏歌曲。

——听歌曲的时候你都想到了什么?

——是什么样的心情?

3. 听伴奏,幼儿自主学唱。

——大家想一想,我们应该用什么样的情绪演唱这首歌曲呢?

教师鼓励幼儿有情感地演唱歌曲。

4. 幼儿初步完整地演唱,表现悲伤的情绪。

鼓励幼儿边唱边想象王二小的动作,请幼儿自愿表演。

(三)结束部分:随音乐退场

伴随《歌唱二小放牛郎》音乐,用动作表现退场。

活动四 大班社会活动:认识国旗、国徽

一、活动目标

1. 情感态度:幼儿愿意参加升旗仪式,萌发热爱祖国的情感。

2. 认知经验:通过认识国家的国旗、国徽,知道它们的意义。

3. 技能方法:能够用绘画的形式表现见过的国旗、国徽。

二、活动重难点

活动重点:认识代表我们国家的国旗、国徽,知道它们的意义。

活动难点:用绘画的形式表现见过的国旗、国徽。

三、活动准备

经验准备:参加过升旗仪式。

物质准备:国旗、国徽图片,《国旗国旗真美丽》音频。

四、活动过程

（一）开始部分：欣赏歌曲，理解歌曲内容

欣赏歌曲《国旗国旗真美丽》，导入活动。

——歌曲中都唱到了什么？

（二）基本部分：认识国旗、国徽，理解国旗、国徽的象征意义

1. 观看国旗、国徽的图片，引导幼儿认识国旗、国徽，简单地向幼儿介绍有关升旗的常识及国旗、国徽的意义。

——你见过国旗吗？在哪儿见过？国旗为什么是红色的？

——你知道国旗是怎样来的吗？五颗星星代表什么？

——你在哪儿见过国徽？麦穗和齿轮象征着什么？

2. 爱国主义教育。

国旗、国徽都是我们中华人民共和国的标志，看到我们的五星红旗和我们的国徽就像见到我们的祖国。我们要热爱自己的祖国，要从小学好本领，长大以后为祖国作贡献。

3. 引导幼儿用绘画的形式呈现在哪见过国旗。

（三）结束部分

幼儿一起歌唱歌曲《国旗国旗多美丽》，活动自然结束。

活动五　大班社会活动：节约小能手

一、活动目标

情感态度：幼儿懂得爱护身边的环境，注意节约资源。

认知经验：幼儿懂得节约的重要性，知道节约要从平时的一点一滴做起。

技能方法：幼儿学习一些节约的方法，从小养成节约的好习惯。

二、活动重难点

活动重点：知道节约要从平时的一点一滴做起。

活动难点：知道一些节约的方法，从小养成节约的好习惯。

三、活动准备

经验准备：节约用水、不浪费粮食等习惯。

物质准备：若干关于节约的图片、视频。

四、活动过程

（一）开始部分：出示图片，引发讨论

请幼儿结合生活经验，讨论生活中的浪费现象。

——你在生活中还看到了哪些浪费现象？

（二）基本部分：了解浪费现象，学习节约方法

1. 观看图片：餐桌上的浪费和饥饿的孩子。

——你看到了什么？为什么要节约粮食？

——生活中我们应该怎么做到节约粮食？（幼儿讲述）

2. 观看图片：幼儿洗手、餐后漱口的情况和缺水的现象。

——他们是怎么洗手、漱口的？浪费水会造成什么结果？

——我们应该怎么做到节约用水？（幼儿讲述）

3. 观看图片：幼儿画画纸被丢弃在垃圾桶和砍伐树木。

——你看到了什么？我们应该怎么样节约用纸？

——废旧物品可以如何再利用？垃圾要如何分类？（幼儿讲述）

4. 观看视频，引导幼儿发现身边的浪费现象，了解相关节约的方法。

——有哪些好方法可以避免浪费、节约资源？

（三）结束部分：幼儿分组讨论，学会节约

——还有哪些资源可以节约？怎么节约？

小结：教师帮助幼儿提炼节约粮食、节约用水、节约纸张的三种方法。

活动六　大班语言活动：我爱祖国一万年（诗歌）

一、活动目标

情感态度：幼儿理解诗歌内容，产生热爱祖国的情感态度。

认知经验：通过学习诗歌，幼儿能够有感情地朗诵诗歌。

技能方法：掌握诗歌句子结构的特点，幼儿能够根据自己的想法仿编诗句。

二、活动重难点

活动重点：理解诗歌内容，有感情地朗诵并表达自己对祖国的热爱。

活动难点：掌握诗歌句子结构特点并仿编诗句。

三、活动准备

经验准备：有过仿编诗歌的经验。

物质准备：诗歌当中相应的图片、《国旗红红的哩》音频。

四、活动过程

（一）开始部分：教师朗诵诗歌，幼儿倾听

幼儿欣赏教师朗诵的诗歌《我爱祖国一万年》。

——我们祖国的生日是哪一天？

——这首诗歌里面都出现了哪些人物？他们都说了些什么？

（二）基本部分：用甜美的话赞美祖国，学习并仿编诗歌

1. 通过出示图片,幼儿能够更好的记忆、理解什么人做了什么事。

2. 播放轻音乐,朗诵诗歌,进一步感受诗歌的含义,表达对祖国的热爱。

3. 仿编诗歌《我爱祖国一万年》,重点引导幼儿理解谁做了什么事情。

——你有什么甜甜的话要对祖国说吗?

(三)结束部分

听音乐《国旗红红的哩》,随着音乐进行歌唱和舞蹈,来表达对祖国的爱。

活动七　大班音乐活动:国旗红红的哩(歌唱)

一、活动目标

情感态度:幼儿喜爱参加歌唱活动,萌发热爱祖国的情感。

认知经验:通过学唱歌曲,幼儿知道国旗的含义。

技能方法:幼儿用连贯、跳跃的方式演唱歌曲中的部分歌词,唱准休止符。

二、活动重难点

活动重点:学唱歌曲《国旗红红的哩》。

活动难点:用连贯、跳跃的方法演唱歌曲中的部分歌词,唱准休止符。

三、活动准备

经验准备:发声练习,听音乐入场,幼儿了解国旗的含义,学过有关国旗的歌曲。

物质准备:钢琴、歌谱、音乐(有歌词、有伴奏)、国旗图片。

四、活动过程

(一)开始部分:发声练习

1. 听音乐《国旗国旗真美丽》走步入场。

2. 发声练习:重点练习"哩""啦"。

重点指导:指导幼儿不要拉长声,应唱出快乐活泼的情绪,为之后的学唱歌曲做准备。

(二)基本部分:理解歌词,学唱歌曲

1. 观察国旗图片,说说自己对国旗的了解。

——国旗是什么样的?

——国旗代表着什么?

2. 复习曾学过的有关国旗的歌曲。

教师小结:观察国旗的外形和颜色,重点提出来国旗是红色的、五颗星是黄色的。

3. 学习歌曲《国旗红红的哩》。

(1)欣赏歌曲

——听一听这首歌曲的歌词里是怎么说国旗的?

(2)学习歌词:随音乐念歌词

(3)演唱歌曲:幼儿随音乐进行演唱

重点指导:在有休止符的地方要强调幼儿注意空拍,声音要断开。

(4)指导幼儿唱准"哩哩"和"啦啦"

重点指导:指导幼儿分清"啦"和"哩",在唱这两个字时不要拉长声。

(三)结束部分:幼儿自由讨论,活动自然结束

——你喜欢国旗的哪一部分? 升国旗的时候我们要怎么做?

活动八　大班美术活动:制作音乐剧宣传海报

一、活动目标

情感态度:通过相互协商、合作、分工,感受合作的快乐。

认知经验:幼儿知道宣传海报的用途。

技能方法:幼儿能够制作音乐剧《歌唱二小放牛郎》演出的海报。

二、活动重难点

活动重点:制作音乐剧宣传海报。

活动难点:同伴之间的合作(协商、分工等)。

三、活动准备

经验准备:了解海报的特点,有过与同伴学习、协商、分工合作的经验,理解和熟悉《歌唱二小放牛郎》的故事内容。

物质准备:每组一张大的绘画纸(老师写好剧目的名字),水彩笔、油画棒等美术工具。

四、活动过程

(一)开始部分:欣赏海报,了解用途

1. 和幼儿一起欣赏海报,让幼儿了解海报上都有什么。

——海报上都有什么? (节目名称、演出地点、演出时间、节目内容等)

——海报是用来干什么的? (为即将演出的节目做宣传)

2. 讨论如何制作海报。

——我们的海报《歌唱二小放牛郎》上要有什么内容?

(二)基本部分:分组制作海报

1. 每个小组在一张绘画纸上设计自己的宣传海报,出示工具和材料。

2. 鼓励幼儿在同伴间相互商量,分工合作共同完成这份宣传海报的制作。

3. 教师及时观察指导,并提醒幼儿有关王二小剧情的一些细节,激发幼儿

制作海报的灵感。

(三)结束部分:展示和欣赏海报

1. 教师和幼儿一起欣赏幼儿制作的《歌唱二小放牛郎》演出海报。

2. 每组请一名幼儿来讲一讲自己的海报设计,其他幼儿给予补充说明。

——为了让更多人来欣赏音乐剧,我们应该怎么用这些宣传海报呢?

活动九 大班音乐活动:歌唱二小放牛郎

一、活动目标

情感态度:幼儿愿意并积极参与音乐剧的演出,感受故事情节的变化。

认知经验:了解王二小的英雄事迹,学习小英雄的优良品德。

技能方法:能够通过自己的肢体动作和表情表达对故事《歌唱二小放牛郎》的理解。

二、活动重难点

活动重点:愿意并积极参与音乐剧的演出。

活动难点:用肢体动作和表情表达对故事《歌唱二小放牛郎》的理解。

三、活动准备

经验准备:了解《歌唱二小放牛郎》这一故事。

物质准备:日本士兵的服装、枪支、八路军的帽子、音乐伴奏和自制的太阳、山、树的道具。

四、活动过程

(一)开始部分:制作门票,发放入场券

1. 幼儿自制门票入场券。

2. 教师带领部分幼儿去隔壁的班级进行邀请,并将门票入场券发给小朋友。

(二)基本部分:音乐剧演出,教师重点指导

1. 小朋友是检票员,站在班级门口进行收票,小观众陆续入场。

2. 由两位小主持人介绍演出内容和注意事项。

3. 演出时,引导小朋友注意观察小英雄的表情和动作?

——想一想小英雄的动作和表情是什么样的?

4. 观看精彩的音乐舞台剧演出《歌唱二小放牛郎》。

(三)结束部分

观众给予小演员热烈的掌声,演出结束。

(张 鹏 马丽童 任冬花)

主题名称:娃娃爱京剧

一、主题缘起

楼道里新布置的京剧主题环境引发了幼儿的一些讨论:"老师,咱们墙上贴的脸谱真好看。""老师,这个是什么啊?"小朋友们一边指着京剧服饰花纹和凤冠图案,一边兴奋地提问。"我还看过京剧表演呢,你看过京剧表演吗?"

《3—6 岁儿童与发展指南》中提出:教师应把握时机,善于发现幼儿的兴趣点及幼儿感兴趣的事物并积极引导。在艺术领域对大班的教育目标是,"经常让幼儿接触适宜的、各种形式的音乐作品"。京剧是中国国粹,对幼儿有很深的教育价值,由此我引发思考,和幼儿一起开启了"娃娃爱京剧"这个主题活动。

"娃娃爱京剧"主题活动的主要目的在于,让幼儿通过接触京剧,进而喜欢京剧,做与此相关的游戏,从而丰富幼儿对传统戏曲的感受和体验。大二班幼儿已经对京剧产生了兴趣并喜欢京剧,但还存在对京剧不够了解的问题,因此,我设计了本次活动,旨在使幼儿进一步了解我国国粹——京剧。

二、主题目标

1. 感知京剧的特点,初步了解京剧是我国的国粹,认识并分辨简单的京剧乐器,愿意用表情、动作、语言等形式表达自己的理解。

2. 能够有序、连贯、清楚地讲述所听过的京剧故事,并愿意和其他小朋友交流分享。

3. 学习京剧中山膀位、兰花指及丁字步等,能随京剧的乐曲节奏和情感变化自由想象与表达,动作协调、灵敏。

4. 通过欣赏经典、传统的京剧曲目,幼儿能够增进对京剧的喜爱。

5. 通过小组合作与分工的形式,幼儿能够提高分工合作能力。

6. 通过接触京剧,幼儿能够丰富自己对音乐的感受和体验,激发其热爱祖国的感情。

三、主题网络图

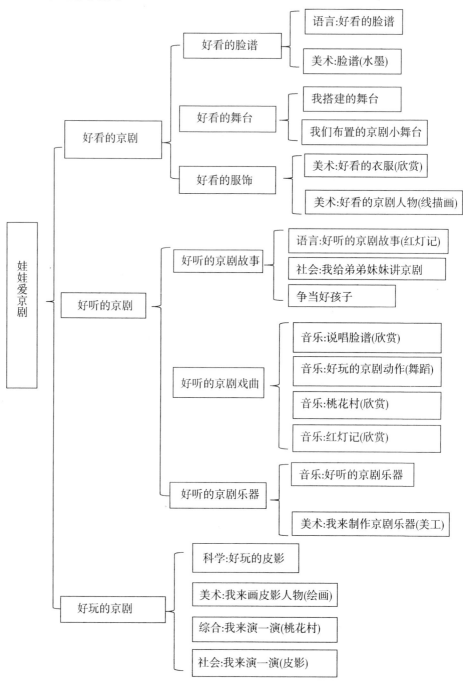

四、主题活动计划表

（一）教育活动

	活动名称	活动目标与内容
第一周	1. 语言活动:我知道的京剧 2. 语言活动:好看的脸谱 3. 水墨画:脸谱 4. 欣赏活动:好看的衣服 5. 线插画:好看的京剧人物	活动目标: 　丰富幼儿对京剧的了解,知道京剧是我国国粹,欣赏京剧的美。 活动内容: 　1. 通过图片欣赏、视频观摩、故事讲述、交流分享、实物参观等途径初步了解京剧的基本信息。 　2. 通过戏歌、脸谱的欣赏及绘画,幼儿能进一步感知京剧的美。
第二周	1. 欣赏活动:说唱脸谱 2. 音乐活动:好听的京剧乐器 3. 手工活动:我来制作京剧乐器 4. 语言活动:好听的京剧故事 5. 欣赏活动:红灯记	活动目标: 　通过接触京剧,丰富幼儿对音乐的感受和体验,认识并分辨简单的京剧乐器,愿意用表情、动作、语言等形式表达自己的理解。 活动内容: 　1. 通过图片、音乐、视频等形式,幼儿能丰富自己对京剧的感受和体验。 　2. 通过对乐器的观察,初步感知京剧乐器的特征,并用废旧材料制作乐器。
第三周	1. 科学活动:好玩的皮影 2. 绘画活动:我来画皮影人物 3. 社会活动:我来演一演(皮影) 4. 舞蹈表演:好玩的京剧动作	活动目标: 　幼儿熟悉京剧曲目内容,进一步感受京剧特点,初步了解皮影,愿意用皮影、舞蹈等形式表现自己眼中的京剧。 活动内容: 　1. 喜欢京剧,愿意通过欣赏、绘画、表演等形式,自由表达自己对京剧的认识。 　2. 通过视频观摩、京剧表演、图片欣赏等形式,掌握京剧的丁字步、山膀位、兰花指等基本动作,并愿意模仿表演。

续表

	活动名称	活动目标与内容
第四周	1. 欣赏活动:桃花村 2. 社会活动:我来给弟弟妹妹讲京剧 3. 综合活动:我们布置的京剧小舞台 4. 综合活动:我来演一演(桃花村)	活动目标: 共同布置和组织"京剧小舞台",通过小组合作与分工的形式提高分工合作能力。 活动内容: 1. 通过复述、分享等形式,提升幼儿的语言表达能力。 2. 能够分组合作共同完成布置小舞台演出的任务。
	小组活动: 1. 京剧进课堂 2. 邀请小观众 3. 组建记者团	活动目标: 共同商量与组织"小小记者团",幼儿能够通过小组合作与分工的形式提高分工合作能力。 活动内容: 幼儿自由协商、选择自己负责的工作内容。在京剧进课堂活动中,分为三大组,每组十人,所有人观看表演时需思考要问的问题,其中六人用图画记录下来,一名组长负责组织汇总大家的问题,一名发言人负责向演员提问,两名记录员负责用图片记录演员的回答,最终将提问与回答汇总成册,作为"大带小"活动时的宣传册。

(二)区域材料投放与游戏指导

1. 美工区

(1)材料投放:创设具有京剧色彩及水墨的欣赏制作环境。

①投放具有代表性摆件供幼儿观察,如:脸谱、服饰、图片、京剧人物摆件等。

②投放易于幼儿操作制作的材料,如:空白脸谱、京剧服饰碎布、皮影制作工具、废旧材料等。

(2)游戏指导:引导幼儿观察生活中看到的与京剧有关的图片、实物等,运用多种形式进行创造。

2. 语言区

(1)材料投放:

①建设"京剧故事我来说"区角。

每天天气预报播报结束后,让幼儿自主发挥,讲述自己知道的京剧故事。

②投入京剧背景、场景背景图。

(2)游戏指导:引导幼儿能根据京剧背景图,用完整的话清晰讲述对应的京剧故事。

3. 建筑区

(1)材料投放:搭建长安大戏院。

①积木。(除基本积木外,还投入带有"长安大戏院"标识的积木,作为长安大戏院门楼搭建所用)

②各种辅材,如:京剧人物摆件、舞台幕布、小椅子等。

③与幼儿共同商量搭建长安大戏院的方法,并把实物图片及商讨搭建方法的照片投放在墙饰上。

(2)游戏指导:引导幼儿观察长安大戏院后面的高楼,以及前面屹立京剧脸谱的外形特征,在拼搭过程中商量分工进行创造。

4. 科学区

(1)材料投放:投放各种京剧乐器图片。

(2)游戏指导:引导幼儿自主探究、亲身操作。

5. 角色区:华润超市

(1)材料投放:投放与京剧相关的玩具。

(2)游戏指导:引导幼儿分工协作,了解每个角色的分工。

6. 表演区

(1)材料投放:投入相关京剧的道具。

①京剧脸谱的投放。(美工区幼儿自己制作的脸谱)

②欣赏过的京剧与传统京剧的投放。

③幼儿自己制作的京剧皮影及皮影道具的投放。

④京剧服饰的投放。

⑤投放简单的京剧乐器,并与幼儿商讨投放乐器的使用规则。

(2)游戏指导:引导幼儿知道京剧乐器的使用方法及使用场合。

(三)主题墙布置

"娃娃爱京剧"主题墙主要分为三大部分,分别为好看的京剧、好听的京剧和好玩的京剧。其中,好看的京剧的子主题里包括好看的脸谱、好看的服饰、好看的云肩、好看的动作、好看的舞台和京剧人物六部分。好听的京剧的子主题里包括京剧故事、京剧戏曲及京剧乐器三部分。好玩的京剧的子主题里包括我来演京剧、京剧表演、我来搭长安大戏院、我给伙伴讲京剧、京剧演出、我做京剧乐器和好玩的京剧乐器七部分。

（图一：主题墙面展示）

1. 好看的京剧（见图二—图六）

（图二：好看的脸谱）

（图三：好看的服饰）

（图四：好看的云肩）

（图五：京剧动作）

（图六：好看的舞台）

2. 好听的京剧(见图七—图九)

（图七：京剧故事）

（图八：京剧乐器）

（图九：京剧戏曲）

3. 好玩的京剧(见图十—图十五)

（图十：我搭长安大戏院）

（图十一：我给伙伴讲京剧）

（图十二：我来演京剧）

（图十三：京剧演出）

（图十四：我做京剧乐器　）

（图十五：我来演京剧）

（四）家园共育

1. 家长与幼儿共同搜集关于京剧曲目、京剧服饰、乐器等相关资料。

2. 家长与幼儿共同搜集纸盒，为做京剧乐器做准备。

3. 家人与幼儿可以利用十一假期到长安大戏院感受一下舞台上京剧演出的魅力。

五、音乐作品欣赏

（一）说唱脸谱

音乐作品名称:《说唱脸谱》	
背景（地域文化）	《说唱脸谱》属于京歌。京歌也称京味歌曲,总称戏歌。京歌本身不是京剧选段,是京剧曲调跟流行音乐相结合风格的歌曲。 这种戏歌借鉴京剧唱腔和旋律,将我国的传统戏曲元素巧妙地融入到歌曲之中,使整首歌听起来朗朗上口,亦歌亦戏。这首歌由作词家阎肃作词、作曲家姚明作曲,并由青年歌手谢津演唱,流传甚广,深受人们喜爱。

音乐作品名称:《说唱脸谱》	
特点(曲调曲式结构等音乐本身的特点)	《说唱脸谱》为四四拍乐曲,歌曲欢快,歌词简单易懂,曲调将我国的传统戏曲元素巧妙地融入到歌曲之中,使整首歌朗朗上口,亦歌亦戏。
选择缘由(对国家认同的贡献;儿童适宜性;音乐上的地位与价值)	京歌,作为歌中的阳春白雪,珍稀极品,大多情深意远,悱恻缠绵,大气磅礴,它她是加上京戏音乐元素的歌曲,是对京戏的改良与创新,是对现代歌曲的充实与丰富。 　　以《说唱脸谱》为基点加入创新,将更多的京剧艺术知识融入课堂中,引导幼儿做多种形式的参与和感受,在活动中体验京剧这一古老剧种的艺术魅力,使这节活动成为学生热爱京剧的良好开端,引导幼儿关注京剧艺术,并让幼儿初步了解"弘扬中国的戏曲艺术人人有责",激发幼儿的民族自豪感。
相关资源(故事、人文景观、其他艺术作品的生活运用)图文并茂	不同颜色的脸谱对应不同的人物性格: 红色描绘人物的赤胆忠心,义勇无偁; 紫色象征智勇刚义; 黑色体现人物富有忠耿正直的高贵品格; 水白色暗喻人物生性奸诈、手段狠毒; 蓝色喻意刚强勇猛; 绿色勾画出人物的侠骨义肠; 黄色意示残暴; 金、银二色,多用于神、佛、鬼怪,以示其金面金身,象征虚幻之感; 净行:指的是花脸,五色的油彩往脸上抹指的就是该行当; 京剧乐器:锣,钹,鼓。 (图十六:钹)　　(图十七:单皮鼓)　　(图十八:锣) 　　四击头也称四记头,戏曲锣经,音响、节奏均强,由于大锣在小锣和钹的配合下共击四记而得名,用以配合剧中人的亮相等动作。

参考资料详见:https://wenku.baidu.com/view/943fd16569dc5022abea009f.html

(二)都有一颗红亮的心

音乐作品名称:《都有一颗红亮的心》	
背景(地域文化)	《都有一颗红亮的心》节选自《红灯记》,是现代京剧。《红灯记》的故事取材于电影《自有后来人》,它的原创作者是黄泳江。《自有后来人》是一部以东北抗日联军为背景、反映东北人民抗日斗争的电影,故事的发生地点在虎林铁路上的"辉崔"小站(黑龙江省五大连池市龙镇境内)。《红灯记》讲述了在抗日战争时期的东北敌占区,地下党工作者李玉和接受向柏山游击队转送密码的任务。由于叛徒的出卖,李玉和遭日寇杀害,李玉和的女儿铁梅继承父志,将密电码送上山,在此过程中,游击队歼灭了追赶铁梅的日寇。 　　唱词中的表叔,指的是共产党的革命工作者。
特点(曲调曲式结构等音乐本身的特点)	《都有一颗红亮的心》唱腔属于西皮,曲调活泼、刚劲,表现出了慷慨激昂的感情。
选择缘由(对国家认同的贡献;儿童适宜性;音乐上的地位与价值)	片中讲述的是抗日战争时期,我党地下工作者李玉和一家三代,为向游击队转送密电码而前仆后继、与日寇不屈不挠斗争的英雄故事。教师可以引导幼儿向片中英雄人物学习,增加其爱国情怀。 　　《都有一颗红亮的心》属于样板戏,是京剧中的经典唱段,唱词简单易懂,唱段朗朗上口,幼儿接受度强,且唱段中的内容积极向上,可以通过唱段内容引导幼儿珍惜现在的美好生活,做一个勇敢爱国的人。
相关资源(故事、人文景观、其他艺术作品的生活运用)图文并茂	1.《红灯记》舞台剧表演。 2.《王二小放牛》抗日故事。 3. 地道战视频欣赏。 4. 地道战故事学习。

附:具体活动方案

活动一　音乐活动:好听的京剧乐器

一、活动目标

1. 情感态度:萌发对京剧乐器的兴趣。

2. 认知经验:初步感知京二胡、锣的基本特征。

3. 技能方法:能够从京剧选段中听出简单的京剧乐器。

二、活动重难点

活动重点:了解京剧乐器的外形及其音色特征。

活动难点:能够从京剧中辨别出京剧乐器的音色。

三、活动准备

经验准备:每周有京剧进课堂活动,对京剧有一定了解,有学唱京剧的前期经验。

物质准备:京二胡、锣、京剧红灯记选段《都有一颗红亮的心》。

四、活动过程

(一)开始部分

1. 出示乐器,激发幼儿兴趣。

2. 幼儿摸一摸、拉一拉、敲一敲。

(二)基本部分

1. 看一看,感知京剧乐器——京二胡、锣等外形。

——你们看到的乐器是什么颜色的? 它们是什么形状的?

2. 听一听,感知乐器的音色。

——你们听到乐器的声音后有什么感受? 它们像什么声音呢?

3. 玩一玩,深入感知乐器特征。

——你们试试,演奏乐器的力度大小不同声音一样吗? 有什么不同?

——怎样给音乐伴奏呢?(乐曲拿法、敲击法、节奏表现等)

4. 听音乐,辨乐器,听《都有一颗红亮的心》。

——听一听里面都有什么乐器?

——你觉得它们的声音是怎样的?

(三)结束部分

1. 请幼儿自由玩一玩乐器,感知乐器的特征。

2. 播放音乐,教师拉二胡,幼儿敲小锣,边唱边伴奏。

3. 乐器投放在表演区,幼儿可以在区域活动时玩一玩。

活动二　美术活动:我来制作京剧乐器

一、活动目标

1. 情感态度:喜欢参加美工活动,愿意与他人分享、交流自己制作的京剧乐器。

2. 认知经验:进一步感知京剧乐器的外形特征,并能用废旧材料进行表现。

3. 技能方法:能够运用合理的材料拼搭组合成京剧乐器。

二、活动重难点

活动重点:可以利用废旧材料表现京剧乐器的外形特征。

活动难点:能够运用适当的材料拼搭组合成京剧乐器。

三、活动准备

经验准备:对京剧乐器有了一定的了解和认识,和爸爸妈妈一起收集制作京剧乐器的材料,并将其带到幼儿园。

物质准备:PPT(京二胡、锣等乐器图片)、制作京剧乐器的工具(双面胶、胶水)和材料(每组自带的圆形饼干盒、月饼盒、雪糕棍、彩色夹子、吸管、彩纸、彩带等多份)。

四、活动过程

(一)开始部分

出示乐器图片,引出主题,吸引幼儿的活动兴趣,进一步加深幼儿对京剧乐器的了解和认识,重点是外形特征的体现。

——这是什么乐器? 它是由什么形状组成的?

(二)基本部分(见图十九、二十)

1. 向大家介绍自己带来的操作材料。

——说一说自己带的是什么材料? 你想做什么乐器? 为什么用它来代替京剧中的 XXX?

2. 幼儿制作,教师巡回指导。教师强调工具的使用方法,重点是物与物之间的衔接。重点提示幼儿可以合作、商量、共同解决问题。

3. 展示幼儿作品——京剧乐器。分享几个有特色的乐器,重点用幼儿作品引导其他幼儿学习物与物衔接的方法。引导幼儿互相分享自己的作品。

(三)结束部分

1. 与幼儿一同将合作完成的乐器布置到主题墙饰中。

2. 乐器投放在表演区,幼儿可以在区域活动时玩一玩,进一步感受京剧的独特魅力。

(图十九:幼儿在利用雪糕棍制作月琴)　(图二十:幼儿利用月饼盒制作单皮鼓)

活动三　音乐活动:都有一颗红亮的心(欣赏)

一、活动目标

1. 情感态度:喜欢京剧并愿意与他人分享自己听京剧的感受。

2. 认知经验:初步感知《都有一颗红亮的心》选段曲调的活泼和刚劲的特点。

3. 技能方法:能够用多种形式大胆表现出选段的慷慨激昂。

二、活动重难点

活动重点:用多种形式表现自己的感受。

活动难点:感受曲调的活泼和刚劲,能够用多种形式大胆表现出选段的慷慨激昂。

三、活动准备

经验准备:了解《红灯记》的故事背景。

物质准备:《都有一颗红亮的心》唱段视频、音频。

四、活动过程

(一)开始部分

播放视频《都有一颗红亮的心》,激发幼儿参与活动的兴趣,引出主题内容。

(二)基本部分

1. 欣赏感受

播放京剧《都有一颗红亮的心》,初步感知选段的曲调。

——说一说自己听到了什么?

——它和我们平时听的音乐有什么不同? 你是怎么听出来的?

——你听完京剧有什么感受?

2. 表达表现

(1)听音乐唱一唱

——请你跟着音乐的节奏尝试唱一唱,唱完后你觉得京剧和平时学的歌有什么不一样?

(2)分组表现

介绍材料:教师准备了画笔、灯、围巾,幼儿可以尝试选择一种道具表达自己的感受。

(3)听音乐选材料表现

——请你们选择一种自己喜欢的形式去表现自己听到京剧的感受。

(三)结束部分

1. 请幼儿再次欣赏《都有一颗红亮的心》,模仿里面的人物进行表演。

2. 将音乐投放到音乐区,幼儿听音乐进行表演。

活动四　美术活动:好看的京剧人物(线描画)

一、活动目标

1. 情感态度:喜欢参加美术活动,可以从京剧线描画中进一步感受京剧的独特魅力。

2. 认知经验:感知京剧人物服饰"对称"的特点。

3. 技能方法:大胆使用各种不同的线条表现京剧人物。

二、活动重难点

活动重点:观察、感知人物服饰"对称"的特点。

活动难点:使用各种不同的线条表现京剧人物。

三、活动准备

经验准备:有过画京剧人物水墨的经验,对线条表现事物有前期经验。

物质准备:每人一根黑色水彩笔、绘画纸、PPT(京剧人物头部特写的相关图片和照片)。

四、活动过程

(一)开始部分

出示PPT(京剧人物头部特写的相关图片和照片),引出主题——画京剧人物。

(二)基本部分

1. 巩固对线描画的理解和认识。

——你们还记得什么是线描画吗? 我们应该用什么来表现我们要画的事物? 你都知道哪些线条呢?

总结:线描画是用线条来表现我们要画的事物,有直线、曲线、折线,不一样的线也可以组合在一起用。

2. 观察PPT中的图片(京剧人物的头饰、脸上的花纹),重点强调"对称"的特征。

——京剧人物脸上的花纹是什么样子的? 哪里的颜色一样? 哪里的形状一样? 如果从中间对折左右一样吗?

3. 大胆尝试用线描画的形式表现京剧人物,教师巡回指导。(见图二十一)

（图二十一：幼儿在创作线描画京剧人物鲁智深）

（三）结束部分

1. 展示幼儿作品，幼儿之间相互欣赏作品。

2. 教师与幼儿一同将作品张贴到作品栏中。

活动五 音乐活动：说唱脸谱（欣赏）

一、活动目标

1. 认知经验：在熟悉乐器旋律的基础上，初步感受《说唱脸谱》中戏曲与通俗京剧相结合的艺术形式。

2. 情感态度：喜欢京剧，愿意主动提问、了解京剧文化。

3. 技能方法：幼儿能够跟随节奏进行表现。

二、活动重难点

活动重点：知道戏歌是戏曲与通俗音乐结合的一种艺术形式。

活动难点：初步了解中国国粹——京剧，并逐步喜欢京剧艺术。

三、活动准备

经验准备：有学习京剧的前期经验，之前在入园及过渡环节播放《说唱脸谱》。

物质准备：《说唱脸谱》音乐、脸谱图片。

四、活动过程

(一)出示脸谱,激发幼儿兴趣

出示窦尔敦、关公、典韦、曹操、张飞的脸谱,请幼儿观察脸谱脸色,引出《说唱脸谱》戏歌。

(二)播放《说唱脸谱》,初步欣赏

——请小朋友在听的时候注意听戏歌里面都唱了什么?

——《说唱脸谱》听上去与我们平时听的京剧有什么不一样呢?

——你都听到了哪些人物? 他们都是什么颜色的脸?

小结:戏歌中的歌词是反映当代人生活情感的内容,而曲调旋律用的却是中国古老的戏曲形式,里面的人物是《水浒传》中的人物,他们的脸谱颜色代表了他们的性格。

(三)再次欣赏,听一听哪些是不理解的

引导幼儿仔细听戏歌歌词,使幼儿知道哪些是自己不理解的,引导幼儿大胆提问。

——再听一遍,请小朋友们仔细听一下,听一听哪些是你们不懂的内容,可以记下来向老师、小朋友提问。

(四)分组表现歌曲,教师巡回指导(引导幼儿跟随节奏进行表现)

——请你们想象一下,你觉得可以用什么形式表现这首戏曲?

教师准备了脸谱、服装、扇子,幼儿可以自由选择道具进行戏曲表现。

(五)结束部分

将音乐投放在表演区,小朋友们在表演区听音乐进行表演。

活动六　美术活动:京剧脸谱(水墨)

一、活动目标

1. 情感态度:喜欢水墨活动,感受创作的乐趣。

2. 认知经验:通过观察,了解旦角和净角的区别。

3. 技能方法:能用对称的图形和色彩设计脸谱,可以熟练用浓淡墨来表现脸谱颜色的变化。

二、活动重难点

活动重点:浓淡墨的应用。

活动难点:水墨颜色的应用及对称的掌握。

三、活动准备

经验准备:有水墨活动经验,知道京剧四大行当。

物质准备:水墨工具、旦角和净角脸谱图案。

四、活动过程

(一)欣赏讨论

出示花旦和净角的图片,激发幼儿兴趣。

——你观察到两种脸谱有什么不一样? 有什么地方是一样的?

——旦角脸谱有什么是其他行当没有的? 净角脸谱有什么是其他行当没有的?

小结:旦角和净角的,脸谱都是对称的,左右两边是一样的。旦角是女性角色,要用发片及鬓角来表现外貌特征。净角也叫大花脸,颜色很多,注意颜色的应用。

(二)用水墨画来画旦角和净角,师生共同讨论画法

——有哪些地方是需要黑色来体现的? 这些黑色都一样吗? 怎么样才能表现不一样的黑色呢?

小结:墨可以调成淡墨、浓墨,黑颜色重的地方是浓墨,浅的地方是淡墨。

(三)请幼儿上来试画脸谱,大家欣赏讨论

——脸谱由哪些部分构成? 我们先画什么? 再画什么?

小结:脸谱的五官要表现出来,眼睛是向上调的,先画出边线,再画出颜色,左右要一样。教师和幼儿共同完成范画。

(四)提出创作要求

引导幼儿选好毛笔进行创作,画之前想好如何画,水墨不要修改,注意旦角和净角的特点(旦角的发片、净角的大胡子和头饰等),注意水墨常规。

(五)幼儿作画,教师指导(见图二十二)

1. 引导幼儿掌握调浓墨、淡墨的技巧。

2. 鼓励幼儿大胆想象,创作不同的脸谱。

3. 引导幼儿用不同的水墨画技巧作画,并能用颜料添画背景。

(图二十二:幼儿在进行水墨脸谱创作)

(六)结束部分

1. 展示幼儿作品,相互欣赏。

2. 与幼儿一同将作品张贴在作品栏、主题墙和美工区。(见图二十三)

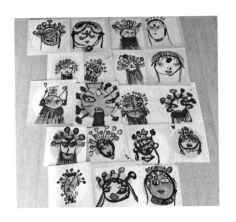

(图二十三：幼儿水墨脸谱作品)

活动七　科学活动:好玩的皮影①

一、活动目标

1. 情感态度:喜欢观看皮影戏,愿意自己参加皮影戏的演出。

2. 认知经验:通过欣赏,初步了解皮影的样子。

3. 技能方法:能够亲身感知、自主探究皮影的成像原理。

二、活动重难点

活动重点:了解皮影的构造及玩法,能够通过探究独立进行皮影表演。

活动难点:知道光沿直线传播,有光、有遮挡物才能在幕布上成像。

三、活动准备

经验准备:知道皮影戏。

物质准备:皮影工具、皮影戏视频。

四、活动过程

(一)欣赏皮影戏《龟与鹤》的片段

引导幼儿发现皮影戏与以往所看的戏的不同,初步感知、发现皮影戏的特点:不是真人演的。

(二)认识皮影,了解皮影戏的表演方式。

(三)教师表演,幼儿欣赏。

——幕布后面藏着什么,怎么样才能让皮影从前面看到?

小结:在黑暗的环境下,有灯光,有幕布的遮挡,才能有生动的皮影。皮影戏需要人来给皮影配音。

——————————

① 在此主题活动中的皮影仅为与京剧结合使用的皮影

（四）出示皮影,认识皮影,知道用这些皮影表演的戏叫皮影戏。

（五）了解表演皮影戏需要的道具。

引导幼儿了解表演皮影戏需要亮子(白布)、灯光、皮影人、人、乐队。

小结:皮影戏是我国最古老的剧种之一,它的演出很方便,唱腔丰富优美,表演精彩动人,千百年来深受大家的喜爱,连外国人也很喜欢皮影戏呢!

（六）观察皮影,简单了解皮影的特征及制作过程。

幼儿分组观察讨论,使之通过实际操作真正了解皮影演出所需要的一些基本道具和设备,知道皮影是靠光成像。

（七）结束部分:幼儿与教师一起玩皮影。（见图二十四）

1. 请幼儿自由玩一玩皮影,感知皮影成像的原理。

2. 将皮影投放到表演区,幼儿可以在表演区玩一玩。

（图二十四:幼儿与教师一同探索皮影成像）

活动八　美术活动:我来画一画皮影人物（绘画）

一、活动目标

1. 情感态度:喜欢用皮影的形式表现京剧人物,愿意与伙伴分享自己的作品。

2. 认知经验:通过观察,了解《红灯记》中人物形象的特点。

3. 技能方法:能够用画笔准确描述《红灯记》中的人物形象,并能用剪刀灵活地剪下圆滑的皮影人物。

二、活动重难点

活动重点:能够用画笔准确描述《红灯记》中的人物形象。

活动难点:能够灵活运用剪刀剪下圆滑的皮影人物。

三、活动准备

物质准备：剪刀、画笔、纸张（人手一份）。

经验准备：学唱过《红灯记》，知道《红灯记》中的故事及人物。

四、活动过程

（一）回顾故事，引出活动

回忆《红灯记》故事，探讨故事人物。

——你们还记得《红灯记》讲的是什么吗？里面都有哪些人物？

（二）出示图片，观察特点

出示铁梅、李玉河和奶奶的图片，观察人物特点和服饰颜色。

——为什么我一出示图片你就知道他是谁？你从哪里看出来的？她穿了什么颜色的衣服？衣服上有什么花纹？头发是什么颜色？头发上有什么装饰？

小结：铁梅穿红底白花衣服，梳麻花辫，红头绳，蝴蝶结，衣服有补丁；李玉河穿蓝色衣服，黑色扣子，两个口袋，蓝色帽子有红星，大眼睛，蓝围巾；奶奶白头发，有皱纹，蓝色衣服有补丁，黑色腰带。

（三）分工绘画（见图二十五）

1. 分组

将幼儿分为三组，进行人物绘画。

——小朋友们，《红灯记》里有三个人物，你们喜欢谁就去相应的桌子去画谁。

2. 绘画

——请你们绘画时注意四肢的画法，要留出充足的空间方便剪下来。

3. 剪人物

提示幼儿正确使用剪刀，碎纸随时回收，沿着轮廓剪下人物。

（四）结束活动

1. 幼儿互相分享自己的制作过程，介绍自己制作的皮影人物。

（图二十五：幼儿在画《红灯记》中奶奶的皮影形象）

2. 将制作的皮影投放到表演区，幼儿可以在区域活动时玩一玩。

活动九　音乐活动：桃花村（欣赏）

一、活动目标

1. 情感态度：喜欢京剧，萌发对民族的热爱之情。

2. 认知经验：初步了解《桃花村》，知道京剧是我国国粹。

3. 技能方法:尝试用不同形式表现《桃花村》。

二、活动重难点

活动重点:尝试用不同形式表现《桃花村》。

活动难点:从活动中感受对民族的热爱。

三、活动准备

经验准备:知道《桃花村》的故事。

物质准备:音乐、视频、胡子、脸谱、月牙刀。

四、活动过程

(一)视频导入,激发幼儿兴趣

播放《桃花村》选段,加深对《桃花村》情节的认识,简要介绍《桃花村》。

引导幼儿了解京剧是国粹,是我国独有的文化。

(二)分辨戏歌与京剧的区别

(三)再次播放,引导幼儿区别《说唱脸谱》与《桃花村》的不同

——《说唱脸谱》和《桃花村》里面人物穿的衣服一样吗? 他们唱的有什么不一样?

小结:《说唱脸谱》不是京剧,更像咱们平时听的歌。《桃花村》是京剧,是我国独有的一种音乐形式,它会有一些拖得很长的音和平时说话没有用到的字。

(四)再次欣赏,说说自己感受

引导幼儿仔细欣赏戏曲,说一说自己的感受,提问幼儿:你觉得可以用什么形式表达自己的感受?

(五)分组表现歌曲,教师巡回指导,引导幼儿用道具表现人物性格

——你觉得可以用什么形式表现这首戏曲?

教师准备了胡子、脸谱、月牙刀,幼儿可以自由选择道具进行戏曲表现。

(六)延伸活动

将音乐投放在表演区,小朋友们可以在休闲时间玩一玩。

活动十　音乐活动:好玩的京剧动作(舞蹈)

一、活动目标

1. 情感态度:愿意学习和模仿京剧中的动作,喜欢用动作表演京剧。

2. 认知经验:通过观察演员,了解男性、女性动作的不同。

3. 技能方法:能够模仿演员动作,搭配音乐做简单的山膀位、兰花指等京剧动作。

二、活动重难点

活动重点:对模仿京剧动作感兴趣。

活动难点:跟随音乐做动作。

三、活动准备

经验准备:每周一节京剧进课堂活动,学习京剧唱段。

物质准备:说唱脸谱音乐、桃花村视频。

四、活动过程

(一)欣赏视频,观察动作

欣赏《桃花村》视频,观察人物动作,区别男性、女性动作的不同。

——请仔细观察女生和男生动作有什么不用。

(二)观察图片,模仿动作

引导幼儿了解男性、女性在京剧中动作有所不同。

截取女性兰花指动作、男性山膀位动作,带领幼儿模仿动作。

(三)听音乐,做动作

1. 播放《说唱脸谱》,幼儿跟随音乐自然做动作。

2. 再次播放,引导幼儿加入京剧动作。

幼儿做动作时,引导幼儿跟随音乐节奏做动作,脚上可加圆场步。

(四)结束部分

1. 请幼儿随着《说唱脸谱》自由做一做京剧动作。

2. 带领幼儿跟着音乐走着圆场步自然结束。

活动十一　综合活动:京剧进课堂

一、活动目标

1. 情感态度:对京剧感兴趣,感受活动中的乐趣。

2. 认知经验:通过在专业演员的引领下,更深入地了解京剧知识。

3. 技能方法:能够做文明有礼貌的小观众,能够给予演员热烈的掌声。

二、活动重难点

活动重点:小记者可以提出自己对京剧的疑惑。

活动难点:掌握京剧知识。

三、活动准备

经验准备:幼儿有一定的京剧知识基础,在家和家长一起搜集京剧知识。

物质准备:音乐 PPT、京剧服饰等。

四、活动过程

（一）观看京剧表演

京剧演员带来京剧表演，幼儿观看并记录，思考自己对京剧的认识。

（二）小记者提问

大二班小记者团对演员进行提问，提出自己对京剧的疑惑，让演员解答自己和父母搜寻资料时的疑惑。

（三）演员介绍

1. 演员向小朋友介绍自己演唱的曲目。

2. 介绍自己身上的行当。

3. 介绍京剧室中的服饰行当。

（四）结束部分

1. 请幼儿自由与演员沟通，了解自己不知道的问题。

2. 小朋友向演员学习几个简单动作，听着音乐回班。

（陈媛媛）

第三部分　主题课程实施策略与教师专业发展策略

幼儿园民间音乐主题活动实施效果的表现性评价

北京市朝阳区京通幼儿园是一所以"弘扬传统文化"为园本课程特点的幼儿园,在 2016 年,园所先后申请立项了北京市教育科学十三五规划课题《经典民间艺术渗透于幼儿艺术活动中的实践研究》、北京教育学会立项课题《经典民间艺术渗透幼儿艺术活动中的实践研究》、北京市教育学会学前教育研究会立项课题《经典民间音乐丰富幼儿情感体验的行动研究》。在课题研究背景下,我园进行了民间音乐相关主题活动,通过民间音乐主题活动发展幼儿的音乐能力,培养幼儿对本民族的认同感和自豪感。为了更好地了解园所课题研究进展情况及主题活动实施质量,我们采用表现性评价方式对幼儿音乐能力发展情况和课程实施效果进行分析总结。

一、概念界定

(一)民间音乐

民间音乐是传统文化中留存至今、兼具古老与现实特征的音乐文化类型,是由普通民众主要依靠口传心授方式集体创作与传承的。民间音乐作为一种集体记忆与秩序空间的象征符号,是与民俗活动和民间信仰密切相连的人类口头与非物质文化的一种有意义的声音与表演。[1] 本文所指的民间音乐,不仅仅

---

[1]　吴凡. 民间音乐[M]. 中国社会出版社,2008:307.

228

是某地域或某一民族的本土民间乡土音乐,而是民族音乐学视野下的所有民族的民间音乐,它的范围更广,音乐的地域风格更加丰富。

(二)民间音乐主题活动

幼儿园民间音乐教育是以经典民间音乐为内容,教师对民间音乐内容进行有目的地选择和组织,并在幼儿一日生活常规活动或教育活动中开展、实施。[①]本文所指的民间音乐主题活动,不仅包含各地域对自己本土的民间乡土音乐教育,还包括对其他民族和地域民间音乐的教育。本研究提倡的民间音乐主题活动,强调的是,以各民族和民间音乐内容为载体,融合五大领域教育的主题活动。

(三)表现性评价

表现性评价是教师在教育活动中,为幼儿在真实情境或模拟的真实情境中设计一定的任务,通过分析幼儿在完成该任务时的行为表现来评价幼儿发展的一种评价方式。[②] 常见的表现性评价方式包括游戏化评价和档案袋评价等。

本研究通过观测幼儿在民间教育活动中对教师设置的音乐任务的真实表现和掌握情况进行评价,同时对教师在设计与实施民间音乐教育活动中的表现进行评价,以总结和分析幼儿园民间音乐主题活动的实施效果,为提高音乐活动质量提供借鉴思考。

二、研究设计

(一)评价程序

首先,在各班教师的帮助下,征得幼儿家长的同意后,从本园大班选取五个音乐活动,每个音乐活动中教师都安排有真实的音乐任务情境。通过研究者非参与式观察、教师本人参与式观察,使用评价量表和录像拍照等多种方式,记录幼儿在音乐活动中的表现和对音乐任务的掌握情况。

由于研究者和教师本人都是本园教师,幼儿对教师都很熟悉,很好地消除了观察者本身的陌生干扰因素。正式的观察从9月份开始,班级每周安排两次音乐课,我们每周着重选取一个活动进行观察,每周记录一个音乐活动,观察活动类型包括歌唱活动、音乐律动、打击乐活动、音乐欣赏;然后根据幼儿的活动表现和教师的观察记录,对幼儿的音乐发展能力和民族认同感发展情况进行评

---

① 龙慧. 幼儿园民间音乐教育研究[D]. 华东师范大学,2014(5):5.
② 周文叶. 中小学表现性评价的理论与技术[M]. 上海:华东师范大学出版社,2014:93 – 100.

价,评价结果也用于对教师课程实施质量的评定参考。

(二)评价工具

研究工具用于测量幼儿音乐发展水平、幼儿国民认同感评价和教师的课程实施质量评价。首先,为了更好地测查幼儿民间音乐发展水平,本研究依据《3—6 岁儿童发展指南》中对艺术领域设定的教育目标维度自制了观察评价表(见附:幼儿民间音乐活动表现性评价表),用于测查幼儿的音乐发展能力,用自制量表测查幼儿民族认同感的发展情况,用自制量表测查教师的课程实施质量。

以"幼儿民间音乐活动表现性评价表"为例进行说明,评价表涉及知识技能、过程方法和情感表现三个方面的内容,便于教师观察测量。其中,量表分为感知、欣赏、表现和创造四个维度,每个维度又细分为不同项目,其中感受和创造部分均包括四个项目,欣赏和表现部分均包括五个项目。评价表按照平均分配原则,每个维度总计 25 分,每个维度下划分不同方面的内容,感受和创造维度每个项目分数为 6.25,表现和创造维度每个项目为 5 分,总计为 100 分。例如,一名幼儿在感受维度能够准确听辨乐曲的情绪、情感,有相应的表情动作,则得分为 6.25。具体如表 1 所示:

表 1   创造性维度评价(部分)

类别 I	类别 II	等级标准	得分
感受	1. 乐曲情绪、情感	1. 能够准确地听辨出乐曲的情绪、情感,听到高兴或悲伤的乐曲时会有相应的表情、情绪或动作。(6.25分) 2. 当听到高兴或悲伤的乐曲时不能立刻感受或有所表现,经过教师指导或看到同伴表现时会有所反应。(4.25分) 3. 不能感受和听辨出乐曲的情绪,无相应情绪、表情或动作(2.25分)	
	2. 常见的民间乐器和音乐作品	1. 认识并识别出常见的民间乐器或音乐,能说出乐器或音乐作品名称、所属民族等基本信息。(6.25分) 2. 认识并识别出一种或两种民间乐器或音乐,不能准确地说出乐器或音乐作品名称、所属民族等基本特点。(4.25分) 3. 不认识民间乐器或音乐,对常见的民间乐器和音乐作品等一无所知。(2.25分)	

续表

类别Ⅰ	类别Ⅱ	等级标准	得分
感受	3. 乐曲音高、强弱与速度变化	1. 能够准确识别和辨别乐曲中音高、强弱和速度变化,跟唱或哼唱歌曲时能表现出准确、明显的音高、强弱与速度变化。(6.25分) 2. 在跟唱或哼唱过程中有音高、速度和强弱变化,但变化不够准确或与原唱不符,需要教师和同伴的细致引导。(4.25分) 3. 在跟唱或哼唱过程中无音高、速度或强弱变化,表现为说唱或没有声音。(2.25分)	
	4. 乐曲的乐句、乐段	1. 能够准确识别和分辨乐曲中的乐句、乐段,能够准确地识别乐曲的前奏、间奏,能一句一句跟唱或完整唱完一段。(6.25分) 2. 基本能够识别乐曲中的乐句、乐段,偶尔有一两句抢唱行为,能在教师的提醒下识别出前奏和间奏。(4.25分) 3. 不能识别乐句、乐段,经常抢唱或多唱,不能完整地跟唱,不能识别出前奏和间奏。(2.25分)	

(三)评价方法与示例

1. 观察法与示例

研究者所采用的观察法主要以非参与式观察为主、参与式观察为辅。研究者作为旁观者能清楚地观察到每个幼儿的表现和在任务情境中的状态,而教师作为第一视角的参与式观察者能帮助研究者提供一些幼儿行为表现背后的因素和信息,有助于更全面地分析幼儿情况。

本着自然、真实的原则,研究者对班级开展的音乐活动进行观察,对照评价表中的各个项目记录幼儿在音乐任务情境中的行为表现,在音乐活动观察一轮后进行一次总结,然后再进行下一轮的活动观察,是一个持续不断的过程。

如在歌唱音乐活动"我是草原小骑手"中,教师安排了一个任务情境:"我们来听一听这首好听的歌曲,想象一下,如果你是草原小骑手你会如何骑马呢?"

幼儿1:音乐一响起,ZD 弯着腰,双手一前一后窝着拳头,脚步平稳地来回踱着步,到了乐段中间,ZD 直起身子、高抬起头,脚步开始加快,一只手放在身后拍打着,口中不时喊着"驾!驾"。随着音乐的变化,ZD 也变换着速度和动作,不时"哈哈哈"地笑着。

幼儿2:音乐一响起,SJK 没有什么动作,看到旁边 ZD 高兴地变换着动作,他也跟着学习起来,脚下踱着步,双手握着拳,不时望向教师。到了乐段中间,跟着 ZD 的动作变换起来,教师用眼神鼓励着他,向他竖起了大拇指,SJK 露出了微笑,加快了动作。

通过观察和分析幼儿的音乐表现和状态,结合量表中的指标(见表1),对幼儿的表现和状态进行量化评价。

结合量表可以看出幼儿在音乐活动中的表现,幼儿 1 能够感受到音乐作品的变化,能根据不同段落变换不同动作,表达自己对音乐作品的理解,身体动作与音乐的节奏、节拍还比较吻合,动作也协调自如,符合评价量表创造维度中的项目 1 中的第一条,可得 6.25 分。幼儿 2 倾向于对同伴动作的模仿,在老师和同伴的帮助下能变换动作和模仿其他幼儿动作,但缺少自己对音乐作品的理解,在动作表现音乐的情绪变化方面和在聆听音乐做即兴动作方面表现得还稍微弱一些,动作单一,缺乏灵活性,符合评价量表创造维度中的项目 1 中的第二条,可得 4.25 分。教师将幼儿表现作为自己实施课程质量的评价依据之一,针对这种情况,教师可注意丰富幼儿的动作经验,以及为幼儿提供表演的机会,同时提醒家长配合教师的教学,不断促进幼儿音乐能力的发展。

2. 作品分析法与示例

本研究中收集的作品是影像数据,包括照片、录像等。这些资料是在民间音乐活动中根据幼儿的表现收集的,有的是教师在课外活动中收集的,还有些是家长收集幼儿在家中的音乐表现等。具体收集内容见表2:

表 2　作品收集表

收集范围	收集项目
民间音乐活动	1. 音乐活动中的幼儿照片 2. 幼儿歌唱、表演的照片、录像、录音 3. 幼儿用肢体动作表现音乐的照片、录像 4. 幼儿进行打击乐表演的照片、录像
课外音乐活动	1. 幼儿自发歌唱、表演的照片、录像、录音 2. 课外音乐活动中幼儿的照片、录音、录像 3. 幼儿园组织的音乐活动中幼儿的表演照片、录像等
幼儿家里	1. 幼儿歌唱、表演幼儿园学习内容的照片、录像 2. 幼儿自发的歌唱、跳舞等方面的照片、录像

以上资料教师每周收集一次,并对其进行分析,分析依据依然是评价量表中的课题。如对某幼儿的歌唱录像进行分析,观察他是否能用歌唱的嗓音,是否能控制歌唱的气息和力度等,是否在歌唱中运用恰当的面目表情和身体

动作。

三、幼儿园经典民间音乐主题活动的实施效果分析

（一）幼儿方面

1. 幼儿的民间音乐知识与技能得到提高

民间音乐以声音、形状、色彩刺激着幼儿的听觉和视觉等感官,促进幼儿感知觉能力的发展。以往的教育活动重知识技能的传授,缺乏幼儿的试听感受,通过民间音乐主题活动,幼儿能身临其境、潜移默化地获得音乐知识和技能。例如,在小班音乐活动"金孔雀轻轻跳"中,幼儿被傣族丰富多彩的服饰和独具特色的竹楼建筑吸引,悠扬的葫芦丝音乐给予幼儿美的享受,幼儿穿着傣族服饰,像模像样地跳起了傣族舞蹈,幼儿通过积极参与活动习得了傣族的"三道弯"舞蹈动作,知道了冠形、嘴型等手势。

此外,幼儿在进行民间音乐活动时需要身体感官的共同参与,因此不仅有利于幼儿动作协调能力、手眼协调能力的发展,同时也能促进幼儿观察力、想象力和表达能力的发展。园所请来了民间音乐教师,通过给孩子们上京剧课、表演木偶戏等,丰富幼儿对民间音乐的感知和体验。比如,在"民乐进课堂"活动中,幼儿通过直观地看一看、摸一摸、弹一弹、瞧一瞧等多种方式,直观地感知了民间乐器的外形、音色等特征。通过这些实际操作,强烈地刺激了幼儿的感官知觉和大脑,在丰富幼儿民间音乐知识的同时也促进了幼儿思维能力的发展。

2. 幼儿的艺术审美和情感表现得到丰富

幼儿在聆听和参与民间音乐的过程中,能充分体验蕴藏在音乐中的积极情感,有利于幼儿养成积极乐观的态度,从而树立正确的审美观念。幼儿在聆听乐曲时,最先感受到的是乐曲旋律,比如有的音乐清丽婉转,有的音乐欢快激昂,有的音乐诙谐幽默等,这些音乐特点都是幼儿对听到音乐的最直接的感受,这些不同的乐曲感受,都能够引领幼儿从正确的角度去欣赏和感受音乐,从而丰富他们的审美层次,充分享受民族音乐带给自己的美的感觉。

比如,在音乐欣赏活动"赛马"中,《赛马》是根据北方少数民族蒙古族音乐创作而成,音乐中用二胡模仿马头琴演奏,旋律简单,描写了节日里草原上骑手举行赛马比赛时的激烈、热闹的场面。幼儿通过快慢鲜明的节奏感受到了蒙古族人民喜欢骑马,体会到了一起赛马的民族风情,幼儿通过模仿、再现草原上的赛马场景,丰富了幼儿的想象力,促进了幼儿的情感表达。此外,通过教师组织的赛马比赛,在民间音乐活动中,幼儿通过民间音乐与人交往和互动,有助于幼儿了解蒙古族,萌发幼儿对蒙古族的热爱之情。幼儿在游戏中积极投入,情绪

高涨,从而利于帮助幼儿形成活泼开朗的性格。

当幼儿通过音乐听到和看到音乐中所描绘的美丽景色时,如山川河流,幼儿可切身体会和感受到家乡秀美的景色,从而激起幼儿对家乡、祖国的热爱之情。一些民间音乐还包含中国传统的礼仪、民族美德等内容,这些也会对培养幼儿积极的情感和良好的品德有着潜移默化的作用。

3. 幼儿的民族意识和民族认同感得到提升

通过民间音乐教育活动和本土音乐文化的渗透,促进了幼儿对家长、祖国的热爱之情,以及对民族文化的认同感和归属感。在音乐活动"娃娃爱京剧"中,幼儿了解了京剧是我国国粹,在学唱《说唱脸谱》中,知道了《说唱脸谱》是京歌,幼儿纷纷为自己是中国人、北京人感到骄傲、自豪。幼儿在感受到这一古老剧种的艺术魅力的同时,也了解到了弘扬中国的戏曲——京剧人人有责,激发了幼儿的民族自豪感。

在情感的内化过程中,幼儿会通过学习民间音乐而了解音乐中隐含的文化习俗,了解各地区民族的文化,促进幼儿良好社会品格和情感的发展。比如,大班幼儿在学唱京剧《红灯记》选段《都有一颗红亮的心》时,感受到了歌曲曲调活泼、刚劲的情感,更了解了片中讲述的抗日战争时期,我党地下工作者向游击队转送密电码前仆后继、与日寇不屈不挠斗争的英雄故事。

除了京剧,中班幼儿在开展主题活动"说凤阳唱凤阳"中,通过欣赏花鼓灯艺术大师的民间舞蹈,感受到不同形式的凤阳文化,开拓了幼儿的视野,增强了幼儿的民族认同感。此外,各班还通过开展"春江花月夜""快快乐乐过端午"等多种主题活动,全方面地使幼儿了解了祖国的多民族文化,了解了民族历史,萌发了幼儿对国家和民族的热爱,萌发了幼儿的民族意识和民族认同感等。

(二)教师方面

1. 提高了教师课程资源整合和开发能力

课程资源是课程建构的重要内容,民间资源涵盖的内容十分广泛,但不是所有的内容都适合幼儿。在没有现成教学资料和历史经验的情况下,需要我们教师根据幼儿的年龄特点及资源的教育意义来甄别选择。教师从幼儿的生活经验出发,注重幼儿的兴趣培养和激发幼儿的民族认同感,将成人化的民间传统艺术幼儿化。比如,将幼儿熟悉的本地区名曲欣赏代替高难度的专业京剧表演欣赏;改编传统的童谣,以贴近幼儿的生活等。在传统民俗节日期间,带领幼儿欣赏舞龙舞狮、扭秧歌等民间文艺,共同装饰布置新年环境等,适时开展"端午节""过新年"等主题活动,与幼儿一起动手制作贺卡、贴春联、制作对联、赏灯、做灯等。

在所有活动和课程资源的开发过程中,教师搜集大量资料,通过教研、查阅文献、请教专家等多种方式,整合出了一个个适宜本园本班幼儿的主题活动,提高了教师的课程开发能力和教学整合能力。

2. 促进了幼儿教师的民间艺术技能和教学实践能力

教师是实施民间音乐活动的关键,一次优秀的民间音乐活动需要教师自身不断地寻找素材和组织活动,因此,教师本人的文化程度和学习水平会直接影响教育活动的质量。我们园所注重培养教师自身实施民间艺术课程所需要的技能技巧、教学素养等,结合教师各人原有的特长、爱好,成立了教师学习培训小组,定期聘请民间艺术教师和专家来园对教师进行适时指导。比如,带领教师学习古筝、葫芦丝;聘请高校专家教师来园对教师主题活动设计与修改、环境创设等方面提供专业的指导和点评;组织民间音乐活动观摩课,请全园教师和领导对观摩课进行研讨和反思等。

教师的民间艺术技能和民间音乐教学实践能力都在原有的基础上有了明显的提高,为高质量的园所民间艺术课程提供了保障。同时,积极利用教师的特长,鼓励教师自己设计班级特色,力求民间技艺通过班级教师的引导在幼儿身上得到传承。

3. 促进了幼儿教师反思和提高了活动设计能力

如何组织一次好的民间音乐教育活动是每名幼儿教师的诉求,通过一次一次的修改案例和与幼儿磨合,教师加深了对自身教学组织方法和对自身教学能力的反思,一遍遍修改教案,力求达到最优的状态。

通过分析反思、优化活动设计,使活动更贴近幼儿的实际。比如,园所开展"教学反思实践的交流研讨""通过观摩课分析自己教学行为"等园本教研活动,让教师交流反思心得,在教研讨论中彼此学习和获取教学反思的多种经验,逐步完善和深化自己的教学行为,掌握反思的方法。此外,园所还组织教研组的集体备课、公开教学观摩活动后的评议活动,围绕一些关键问题,如"目标是否符合本班幼儿实际?""活动内容是否对幼儿发展起到促进作用?起到何种促进作用?""活动目标是否得当及是否在活动中达成?"等多种关键问题,让教师以对话方式参与交流讨论,这样不仅促进了教师的个人专业发展和个人素质的提高,更能有效地改进活动设计,拒绝闭门造车模式,真正优化了活动设计。

附:幼儿民间音乐活动表现性评价表

幼儿民间音乐活动表现性评价表

班级:　　　　　　　　日期:

幼儿姓名:　　　　　　幼儿年龄:

类别 I	类别 II	等级标准	得分
感受	1. 乐曲情绪、情感	1. 能够准确地听辨出乐曲的情绪、情感,听到高兴或悲伤的乐曲时会有相应的表情、情绪或动作。(6.25分) 2. 当听到高兴或悲伤的乐曲时不能立刻感受或有所表现,经过教师指导或看到同伴表现时会有所反应。(4.25分) 3. 不能感受和听辨出乐曲的情绪,无相应情绪、表情或动作。(2.25分)	
	2. 常见的民间乐器和音乐作品	1. 认识并识别出常见的民间乐器或音乐,能说出乐器或音乐作品名称、所属民族等基本信息。(6.25分) 2. 认识并识别出一种或两种民间乐器或音乐,不能准确地说出乐器或音乐作品名称、所属民族等基本特点。(4.25分) 3. 不认识民间乐器或音乐,对常见的民间乐器和音乐作品等一无所知。(2.25分)	
	3. 乐曲音高、强弱与速度变化	1. 能够准确识别和辨别乐曲中音高、强弱和速度变化,跟唱或哼唱歌曲时能表现出准确、明显的音高、强弱与速度变化。(6.25分) 2. 在跟唱或哼唱过程中有音高、速度和强弱变化,但变化不够准确或与原唱不符,需要教师和同伴的细致引导。(4.25分) 3. 在跟唱或哼唱过程中无音高、速度或强弱变化,表现为说唱或没有声音。(2.25分)	
	4. 乐曲的乐句、乐段	1. 能够准确识别和分辨乐曲中的乐句、乐段,能够准确地识别乐曲的前奏、间奏,能一句一句跟唱或完整唱完一段。(6.25分) 2. 基本能够识别乐曲中的乐句、乐段,偶尔有一两句抢唱行为,能在教师的提醒下识别出前奏和间奏。(4.25分) 3. 不能识别乐句、乐段,经常抢唱或多唱,不能完整地跟唱,不能识别出前奏和间奏。(2.25分)	

续表

类别 I	类别 II	等级标准	得分
欣赏	1. 喜欢各种音乐作品	1. 对音乐活动表现出极大的兴趣,能够认真聆听音乐或与教师互动,整个活动过程情绪积极,活泼快乐。(5分) 2. 对音乐活动有兴趣,在教师的提醒下能够聆听音乐或与教师互动,整个活动过程能基本配合教师,情绪基本愉快。(3分) 3. 对音乐活动无兴趣,无法投入到活动中来,无法与教师或同伴互动,整个活动过程情绪低迷,无所事事或从事无关的事情。(1分)	
	2. 对民间音乐的情绪反应	1. 听到民间音乐时能立刻停下手里的事情或停止讲话,认真聆听,不自觉地跟唱或有相应的表情动作。(5分) 2. 音乐响起时仍在讲话或做其他事情,在教师的提醒和同伴影响下能注意到音乐并有一些表情或动作。(3分) 3. 音乐响起时仍在与同伴讲话或做其他事请,对音乐无喜欢或感兴趣的表现,或眼神掠过后仍进行其他事情,老师提醒后无效或撑不过一分钟。(1分)	
	3. 在欣赏音乐的过程中注意力集中	1. 音乐活动过程中神情专注,能保持认真聆听或观看,基本不受外界的干扰或打扰。(5分) 2. 音乐活动过程中神情专注,基本能保持认真聆听或观看,偶尔会受到外界的干扰和打扰,在教师的提醒下能重新回到专注状态。(3分) 3. 音乐活动过程中神情涣散,东张西望,消极配合或不配合,经常会被其他事物吸引,教师提醒无效或提醒后坚持不了一分钟。(1分)	
	4. 模仿和参与的欲望	1. 欣赏音乐活动时不自觉跟着音乐哼唱或做动作,模仿音乐作品中的行为或舞姿,并表现出专注、愉悦的情绪。(5分) 2. 欣赏音乐作品时不会跟着哼唱或学做动作,但看到同伴有相应行为时会跟着模仿,并表现出专注、愉悦的情绪。(3分) 3. 欣赏音乐作品时不会跟着哼唱或学做动作,看到同伴有相应行为时也无动于衷,没有受到音乐感染的表情或情绪。(1分)	
	5. 与同伴友好相处	1. 喜欢和小朋友一起进行音乐活动和玩游戏,喜欢结交新朋友,整个活动过程情绪保持安定愉快,没有争吵、告状等行为。(5分) 2. 能和小朋友一起进行音乐活动和游戏,情绪基本保持愉快安定,遇到争吵和问题能在教师的帮助下尽快解决,回到情绪愉快状态。(3分) 3. 不能和小朋友友好相处,经常发脾气和有情绪问题,不听教师调节或调解后仍然情绪状态较差。(1分)	

续表

类别 I	类别 II	等级标准	得分
表现	1. 歌唱嗓音	1. 歌唱时能用优美、准确的嗓音,不喊唱或说唱,演唱时吐字清晰准确。(5分) 2. 歌唱时基本能用优美的嗓音,但唱得不够准确清晰,有喊唱或说唱的表现,教师指导后能基本改正,歌唱时吐字基本清晰。(3分) 3. 歌唱时完全喊唱或说唱,吐字不清,教师指导或提醒后无明显改善。(1分)	
	2. 气息和力度	1. 歌唱时能控制好歌唱气息和力度,歌唱平稳好听,并且能掌握乐曲基本的分句,每句唱完能自然换气。(5分) 2. 歌唱时基本能控制好歌唱气息和力度,歌唱基本平稳,基本能掌握或在教师提醒下能掌握乐曲分句,每句唱完换气不平稳,换句时有大喘气现象。(3分) 3. 歌唱时无法控制气息和力度,换句时经常大喘气或不知道如何断句。(1分)	
	3. 节奏和音调	1. 唱歌或演奏乐器时能准确跟随音乐节奏,且音调清晰准确(5分) 2. 唱歌或演奏乐器时基本能跟随音乐节奏,过快或过慢时能自动调整或在教师的提醒下调整,音调基本准确。(3分) 3. 唱歌或演奏乐器时跟不上音乐节奏,唱歌走音、跑音。(1分)	
	4. 表情和身体动作的表达	1. 唱歌、律动或演奏时会跟随音乐的不同情绪有相应的表情动作,能通过演奏乐器或蹦蹦跳跳等多种方式准确表达自己对音乐作品的理解和情感。(5分) 2. 唱歌、律动或演奏时无明显的情绪表现和动作,在教师的引导下有一些表情和动作,能用语言或其他方式表达自己的情感,并对此产生兴趣和感到快乐。(3分) 3. 唱歌、律动或演奏时无情绪表现和动作,不会跟随音乐做相应的表情和身体动作,也不能用语言或其他方式表达自己的情感。(1分)	
	5. 独自或与其他人一起唱歌、律动及演奏乐器	1. 在音乐活动中能独自或与其他人融洽地一起唱歌、进行律动或演奏乐器,行为表现大方自然,不怯场。(5分) 2. 在音乐活动中,在教师的鼓励下能够独自或与其他人一起唱歌、律动或演奏,会有躲闪或怯场的表现,但是在教师和同伴的鼓励下能够克服。(3分) 3. 在音乐活动中不能独自或与他人一起唱歌、律动或演奏,拒绝参与其中或对此不感兴趣。(1分)	

续表

类别 I	类别 II	等级标准	得分
创造	1. 自如地变换动作	1. 能感受到音乐作品的变化,并根据不同段落和词句自如地变换不同的动作,自由地表达自己对音乐中含义表现的理解。(6.25 分) 2. 能感受到音乐作品的变化,在教师的提醒、帮助下能变换动作或模仿其他幼儿的动作,缺少自己对音乐作品中含义的理解。(4.25 分) 3. 不能感受音乐作品的变化,基本没有动作,也不模仿其他幼儿的动作。(2.25 分)	
	2. 即兴做动作	1. 能听懂歌词含义并能根据歌词唱唱跳跳,即兴地创编动作,动作符合歌曲内容和感情基调。(6.25 分) 2. 能基本听懂歌词含义,自己不能独自创编动作,但能模仿其他幼儿或教师的动作,能唱唱跳跳,但可能不符合歌曲内容。(4.25 分) 3. 不能听懂歌词含义,无法独自创编动作,也不会模仿其他幼儿或教师动作。(2.25 分)	
	3. 乐曲创作	1. 能用常见的民间乐器或其他发声器材创作简易的乐曲,并且节奏准确、力度和音色恰当。(6.25 分) 2. 能在教师和同伴的帮助、引导下用常见的民间乐器或其他发声器材创作简易的乐曲,节奏力度基本准确。(4.25 分) 3. 不会操作乐器,不能用常见的民间乐器或其他发声器材创作简易乐曲,对创作行为排斥。(2.25 分)	
	4. 根据音乐展开想象	1. 欣赏音乐作品后能根据自己感受到的情绪展开联想和想象,能表达和表述出相应的情节故事和自己的真切感受,而且其情绪基调与音乐作品相符合。(6.25 分) 2. 欣赏音乐作品后基本能根据自己感受到的情绪表达和表述出自己的感受,但需要教师的指导和引导,其情绪基调基本与音乐作品符合。(4.25 分) 3. 欣赏音乐作品后无相应的情绪、情感,无自己的表达行为。(2.25 分)	

(陶苑玲　任冬花)

幼儿国家认同感的内涵及其在民间音乐主题活动中的表现

一、幼儿国家认同感的概念解读

（一）国家认同感的内涵及其构成

国家认同是指个人在心理上认为自己归属于该共同体,意识到自己具有该国成员的身份资格。国家认同表现为国民对国家具有持久的爱,在祖国面临生死存亡的关头,国民能赴汤蹈火,与祖国同甘苦,与同胞共患难。①

从国家认同感的内涵来讲,国家认同可以划分为对身份的认同、对民族的认同、对文化的认同及对集体的认同四部分。

（二）幼儿国家认同感内涵及其构成

对幼儿来说,当他们初步了解自己生活的地方叫做"中国"、自己是一名"中国人"、自己对成为一名"中国人"很高兴时,他们就初步形成了对中国的"国家认同感"。

幼儿国家认同感在众多文献中的构成各不相同,大致可以分为两大系统,分别是认知成分系统、情感成分系统。认识成分系统可以解释为人们对自己国家人民的看法;情感成分系统主要包含人们对自己和国家、人民的情感。

1. 认知成分系统

认知和观念系统主要是人们对国家认识的一些基本知识,大致可以分为四个大方面。首先,人们应该具有自己国家的一些基本知识,知道自己生活的国家叫做中国、自己是中国人、自己是中国的一份子,知道中国的一些基本知识,如:国旗、国徽、国歌等。其次,人们应该知道自己国家的地理位置,了解自己国家每个地区的分布等。第三,了解自己国家文化和历史方面的基本知识,如对能够代表和象征自己国家和民族的语言、风俗、习惯、历史、传统及人物等有所认识,如中国人对于长城、黄河、天安门、京剧、春节等的了解。第四,了解国家学习品质等知识,知道自己国家特有的品质文化,即自己国家人所具有的相似品格。

---

① 吴玉军. 提升国民的"国家认同感"[N]. 北京日报,2015(9).

2. 情感成分系统

从情感成分来看,国家认同感包括的情感成分大致可以归纳为以下三个方面。第一,人们对于自己国家人群的归属感。第二,人们对自己国土的情感眷恋和保护意识。例如,人们把国土的被侵占视作对自己的侵犯。第三,人们的民族自尊心、民族自豪感、国家荣辱感等社会情感。

二、民间音乐主题中的表现

民间音乐主题活动是以经典民间音乐为载体形成以自然、文化、地域、历史组成的一系列适合本年龄段幼儿的活动,具有目标和价值标准意义的主题活动。民间音乐主题自身的特点决定其蕴含着丰富的教育意义。利用民间音乐对幼儿进行国家认同启蒙教育也是幼教工作者应关注的重要方面,因此,根据幼儿国家认同感的构成及民间音乐主题活动的特点,将幼儿在民间音乐主题活动中的国家认同感表现划分为认知表现和情感表现两部分。其中,认知表现分别从我是中国人、中国在这里、中国文化和学习品质四部分阐述;情感表现分别从归属感、眷恋保护意识及社会情感三方面进行阐述。

(一)认知表现

1. 我是中国人

《指南》中明确指出,要引导幼儿知道自己是中国人,为自己是中国人感到自豪。在文化主题下,我们每个年龄段的班级都会组织适合本年龄段幼儿的爱国活动,如我的国家(社会活动)、我是中国人(语言活动)等,引导幼儿认识国旗、国徽,了解我们生活的国家是中国,我们是中国人、是龙的传人、是中国的一份子。

在音乐主题活动"勇敢的王二小"中,教师根据音乐活动"歌唱二小放牛郎"班中组织音乐剧《歌唱二小放牛郎》,当演员商讨时,所有的角色,如八路军、牛、山、大树等,小朋友都很喜欢,踊跃报名,但是当商讨谁来扮演"日本军"时,却没有小朋友愿意举手扮演,并且会听到小朋友说"我是中国人,我要扮演中国人"的话语。在班级微信群里,家长也会发一些幼儿在家给爸爸妈妈介绍中国国旗、国徽的小视频。

在每周一次的升旗仪式中,在庄严的国旗下,各个年龄段的幼儿根据自己班的民间音乐主题活动,在国旗下向全园小朋友介绍着各民族的风土民情,表演着经典民族、民间音乐和歌舞,例如,《我是草原小骏马》《金孔雀轻轻跳》《娃哈哈》《喜庆秧歌》《说唱脸谱》等,表达自己对祖国各民族的热爱。当国歌奏响的时候,每一个小朋友的眼睛盯着国旗,当身边的小朋友注意力不集中时,他们也会用"嘘"声手势提醒，或者轻声提醒"别说话尊重国旗，升旗呢"！

2. 中国在这里

《指南》中指出，要和幼儿说一说或在地图上找一找自己家乡所在的省、市、县（区）。在文化主题下，我们全园是以中国地图为线索，带领每一个班级的幼儿走遍中国的大江南北。从北京出发到各少数民族，到各个有特色的区县，带领幼儿从中国的雄鸡地图上一起认识各个地区在中国的位置，了解自己的家乡及主题活动所在地区的位置。

在音乐主题"娃娃爱京剧"中的歌唱活动"说唱脸谱"中，孩子们会一边跟着戏曲唱出"外国人把那京剧叫做 Beijing Opera"一边用手指着地图上的红星（首都北京的位置），并且在"娃娃爱京剧"主题活动进行期间，孩子们在过渡环节会对着地图找到自己的家乡并给其他小朋友指出来，有模有样地介绍自己家乡好玩的、好吃的。孩子们常常会一边指着地图一边说："我的老家在河北，爸爸跟我说过北京的边上就是河北，你别看地图上它们离得这么近，每次我们都要开车开好久。"

3. 中国文化

《指南》艺术领域明确指出，创造条件让幼儿接触多种艺术形式和作品。如：经常让幼儿接触适宜的、各种形式的音乐作品，丰富幼儿对音乐的感受和体验。带幼儿观看或共同参与传统民间艺术和地方民俗文化活动，如皮影戏、剪纸和捏面人等。《指南》给了我们引导幼儿的方向，我们要在日常活动中组织民间活动，这样也就能直接、间接地引导幼儿学习和掌握中国的传统文化，被传统文化熏陶，认识到中国传统文化的博大精深，从而萌发对祖国的热爱。

音乐主题活动"快快乐乐过端午"以"端午节"为线索，带领幼儿学习端午节的节日特色，知道端午节的传统，了解端午节的习俗，从而进一步对传统节日有了更深的认识。"城门城门几丈高"的文化主题，以歌谣"城门城门几丈高"为线索，带领幼儿一同游览北京的城门，了解北京的建筑，从而进一步学习、掌握中国古建筑的特色。"娃娃爱京剧"文化主题，以京剧为线索，带领幼儿欣赏传统京剧、现代京剧和戏歌，从而让幼儿更加深入地了解京剧的渊源文化。这些主题活动虽然线索不同，但都通过不同的活动引导幼儿了解中国文化，从而让幼儿在民间音乐的欣赏、歌唱中增加对祖国的热爱。在"草原小骏马"的主题活动中，教师向幼儿介绍蒙古族特有的"马头琴"，介绍这些是中国人的创造，是中国人聪明才智的创造成果，以激发幼儿的民族自豪感。

我园还在主题活动进行过程中聘请了北京著名琴票张雪平老师，从不同行当人物的发声练习、气息运用、行腔演唱、动作表演等对幼儿进行指导，使幼儿感受京剧中"手眼身法步"的协调运用及虚拟程式化的表演,调动幼儿学习戏曲的积极性,在弘扬传统文化的同时帮助幼儿增强在表演中的自信心和国家认同感。

在美术创作中,幼儿用自己的画笔描绘着各民族、各地区的特点。幼儿的作品中出现了新疆丰收的哈密瓜、葡萄干、特色服饰,蒙古的那达慕大会和蒙古人摔跤、射箭、骑马、跳舞的热闹场面,傣族的泼水节、孔雀舞,西双版纳特有的竹楼及老北京四合院中幼童嬉戏的场景。

4. 学习品质

《指南》中提出,重视幼儿的学习品质,幼儿在活动过程中表现出的积极态度和良好行为倾向是终身学习与发展所必需的宝贵品质。而学习品质的养成就需要教师充分尊重和保护幼儿的好奇心和学习兴趣,以帮助幼儿逐步养成这些品质。

了解中国人所具有的学习品质就是我们主题进行的一个重点目标,通过音乐主题中的活动,引导幼儿了解中国人所具有的良好品质,通过榜样力量,引导幼儿向他们学习,从而养成这些品质。如:文化主题"勇敢的王二小"以抗日小英雄为主线索,引出一系列抗日英雄,在活动中诉说这些英雄的英勇事迹、好的品质,引导幼儿对英雄的崇拜,引导幼儿向他们学习,从而进一步萌发幼儿对祖国的热爱之情。

民间音乐更多的产生于劳作情景中,幼儿通过学习和欣赏民间音乐,感受中华民族的勤劳、淳朴与智慧,更加向往学习音乐活动中的优良品质。在音乐主题"娃娃爱京剧"的"红灯记"音乐活动中,幼儿在了解李铁梅的故事时,看到奶奶的衣服上全是补丁时,会问那个是什么,从而知道以前的生活多么不容易,这时,教师加入随机教育,引导幼儿珍惜粮食,引导幼儿知道,粮食和现在美好生活来之不易。在"勇敢的王二小"活动中,幼儿了解了王二小的故事,知道要勇敢,要能做让集体有利的事情。在《春江花月夜》的我和乐器做朋友子主题模块中,幼儿在认识乐器、玩乐器的过程中,养成了爱护小乐器、爱护玩具的良好品质。

(二)情感表现

1. 归属感

《指南》中明确提出,幼儿应初步具有归属感,这里的归属感包括集体归属感、家庭归属感和国家归属感。而培养幼儿的国家归属感一开始教师应"运用幼儿喜闻乐见和能够理解的方式激发幼儿爱家乡、爱祖国的情感"。我们在进行的多数以地区为主要介绍内容的文化主题,都会在主题一开始一起与幼儿在地图上寻找所进行主题活动地区在地图上的位置,后期组织社会实践的家园共育活动,引导家长利用假期时间带领幼儿参观已经进行的文化主题,从而深入了解当地文化,知道这个地方属于中国,这个地方的好是中国所特有的,从而激发幼儿的自豪感和热爱之情,进一步对祖国产生归属感。

在音乐主题"城门城门几丈高"时,教师会与家长沟通,告诉家长在假期可以带领幼儿参观北京的城门,每周一会组织幼儿进行分享。在分享活动中,因为是小班幼儿,语言发展水平还较弱,但是他们表达最多的就是"城门真高"、"我喜欢城门",这两句话虽然简单,却充分表达了幼儿对北京城门最独特的特点"高"的认知,并传达出幼儿对城门的喜爱。

2. 眷恋保护意识

国民认同感中的眷恋保护意识即人们可以把国土的被侵占视作对自己的侵犯。在"勇敢的王二小"主题活动进行中,幼儿能够在活动中理解抗日英雄的故事,并且会在一日生活中有以下表现:

自由活动:一个小朋友指着主题墙上的日本军队照片说:"日本军队欺负我们中国就是欺负我,我不喜欢它。"另外的小朋友也跟着说:"大坏蛋,我也不喜欢它。"

表演区:"你来演日本军队。""不要,我要演八路军。日本军队是坏人。"

3. 社会情感

《指南》中提出,幼儿要知道自己的民族,知道中国是一个多民族的大家庭,各民族之间要相互尊重、团结友爱。文化主题活动进行前后,孩子们对祖国的热爱程度上升了不止一个度,并且更能感受到中国是一个大家庭的概念。

(陈媛媛)

参考文献:

1. 佐斌. 论儿童国家认同感的形成[J]. 教育研究与实验,2000(2):33-37.

2. 评论员. 事关教育发展方向的重大问题——谈加强青少年学生的思想教育[N]. 光明日报,2000-02-14(01).

3. 贺金瑞,燕继荣. 论从民族认同到国家认同[J]. 中央民族大学学报(哲学社会科学版),2008(3):5-12.

4. 张海洋. 中国的多元文化与中国人的认同[M]. 北京:民族出版社,2006.

5. 教育部. 3—6儿童学习与发展指南.

小班经典民间音乐活动的组织与实施策略

　　经典民间音乐是国家与民族的重要文化资源,也是学前教育课程的重要内容来源。在学前教育阶段开展民间音乐教育活动是对民族文化的传承,更是对中华民族民族性的一种彰显。然而,当下幼儿园对于民间音乐的使用相当有限,例如,缺乏对本地民间音乐资源的有效整理,对民间音乐素材缺乏深入分析,在组织策略上也缺乏系统的研究等。如何更好地将经典民间音乐融入幼儿园教育之中,是摆在我们面前的一个重要问题。在过去的两年时间中,我园一直致力于经典民间音乐主题活动课程的开发,为如何在不同班组织与实施民间音乐活动积累了相关实践经验。下面就经典民间音乐教育活动在小班的组织与实施策略进行阐述。

一、经典民间音乐的选择要考虑小班幼儿音乐能力水平与审美特点

　　音乐选材要符合小班幼儿的年龄特征与审美特点。不同年龄阶段的幼儿在能力和审美喜好等方面存在着明显的差异。幼儿园对于民间音乐的选择应当考虑不同年龄、不同层次幼儿的需要。在必要的时候,教师要对音乐内容本身进行改编,以符合不同年龄幼儿的发展需要与幼儿园教育特点。

　　第一,为小班幼儿选择或改编音乐作品时要坚持趣味性原则。如果音乐本身缺乏趣味性,小班幼儿很容易丧失兴趣,导致注意力分散。在改编民间音乐时,要根据小班幼儿的兴趣爱好、身体素质及智力水平,对音乐的故事情节、活动形式、动作设计及游戏规则进行设定,提高活动的适宜性和趣味性。

　　第二,为小班幼儿选择或改编音乐作品时要坚持适宜性原则。小班幼儿的身体发育水平尚处于初级阶段,民间音乐游戏的动作难度和运动量要保持在一定的范围内,竞争性不能太强。在音乐活动中,教师应适时参与进去,给予幼儿适宜的支持和引导。比如,在"丢手绢"音乐活动中,很多小朋友的身后被放了手绢,却不能立刻反应过来,或者小朋友会因为过于关注手绢的位置而忘记唱歌,这都需要教师及时进行引导与提示。此外,小班教师应当充分考虑幼儿认知能力的发展水平,对不适宜的部分进行删减和修改,如将拗口难懂的方言改编为普通话。

　　第三,为小班幼儿选择或改编音乐作品时要坚持生活化原则。小班幼儿在

幼儿园的生活内容与中班、大班有所不同,教师所选择的音乐作品最好贴近小班幼儿的生活主题。比如,小班幼儿刚刚离开父母来到幼儿园开始集体生活,环境转变带来的巨大差异容易使他们产生焦虑心理,此时可利用经典民间音乐"拉大锯"来缓解幼儿的入园焦虑。一方面,"拉大锯"节奏活泼,词语俏皮,能够吸引幼儿兴趣;另一方面,"拉大锯"篇幅短小,简单易懂,易于幼儿接受和学习。教师和幼儿一起边念儿歌边做游戏,很容易帮助幼儿缓解分离焦虑,有助于幼儿逐步适应集体生活。

二、将经典民间音乐主题渗透在班级整体环境与区域活动中

《幼儿园教育纲要》指出:"环境是重要的教育资源。"幼儿经典民间音乐活动旨在让幼儿在有趣的音乐活动中陶冶性情和品格,因此,班级环境的创设极为重要。一方面要创设良好的民间音乐精神环境,创设与民间音乐内容相适应的文化气息,让幼儿有身临其境的感觉;另一方面要创设良好的物质环境,让幼儿有身入其境的感觉。

以李焕之的《春节序曲》民间音乐教育活动为例,教师从整个教室的环境布置来营造"春节序曲"的气氛,在活动室上方垂吊中国民间过年饰品,如红灯笼、彩带等,在窗户上贴了民间工艺的剪纸,在活动室四周放了中国的大红娃娃及红丝带等,呈现春节来临的欢快喜庆的气氛,让幼儿一进入活动室就感受喜气洋洋的欢乐情绪,进而感受和欣赏"春节"的美丽环境和快乐的氛围。在美工区域,活动还投放了一些布料、彩泥、硬彩纸等材料,幼儿可以制作"新年贺卡""包饺子"等,以此来作为主题活动的补充,这样,不仅从物质上创设了主题相关环境,也提高了幼儿的积极性,让幼儿更好地体验了乐曲的内涵和情绪等。

在此过程中需要注意的是,绘画手工对幼儿手眼协调、手指曲伸等方面的能力有一定的要求,小班幼儿虽然已经度过了早期的无序涂鸦期,但幼儿园中的大部分小班幼儿的绘画与手工能力还有限,因此,在将民间音乐游戏引入小班幼儿手工区活动的过程中,教师需要分阶段逐步引导。

首先,需要幼儿教师先教授幼儿如何正确地握笔,然后从简单的点线绘画开始对幼儿进行锻炼。在小班幼儿掌握了基本的绘画能力后可以适当引入一些较为复杂的手工绘画活动,如边说唱儿歌边绘画、边变化表情边绘画等。还可以开展一些简单的音乐活动,以游戏形式为主。如经典的民间音乐绘画活动"丁老头",教师可以先通过歌谣导入游戏,用活泼幽默的童谣激发幼儿学习语言的兴趣。然后,将童谣的文学形象转化为绘画语言,引导幼儿通过图形曲线的绘画来感知童谣。小班幼儿的语言表达能力与中班、大班相比有较大的差距,他们大多习惯于通过自己的行动表达需求。"丁老头"游戏中所蕴含的这种"边说边画"的教育模式符合小班幼儿的年龄特征与认知水平,因此,往往能取得不错的效果。

当小班幼儿能够熟练地控制手腕和手指动作后,教师可以开展各种形式的手工制作活动。在音乐游戏课程开始前,可以先引导幼儿在美工区制作相关的游戏道具,将两种课程活动联系起来。如制作"丢手绢"游戏所需要的道具"手绢",以及制作"老鹰抓小鸡"游戏中老鹰和母鸡的面具或头套。在这阶段的小班幼儿手工活动中,教师要注重启发孩子的想象力与创造力,鼓励孩子进行独立思考与自主创造。

三、以游戏的方式组织小班民间音乐活动

(一)创设游戏情境,吸引幼儿注意

小班幼儿对周围的世界及新鲜的事物具有强烈的好奇心,但是由于年龄小,也有着注意力不稳定、观察能力弱的问题。因此,小班幼儿在开展新的游戏活动前,教师应当事先营造好特定的游戏情境与氛围,将日常知识与基础技能通过游戏融入到情境教学中,丰富幼儿的情感体验,以便让幼儿更好地投入到游戏中。

比如,在小班音乐活动"小老鼠上灯台"中,教师需要事先运用色彩鲜艳的装饰物对教室环境进行布置,准备灯台道具及猫和老鼠的面具等。活动开始后,教师在活泼欢乐的歌曲中,给幼儿讲述"小老鼠上灯台"的故事,根据故事提出简单的问题,引导幼儿进行思考与想象,这样可以促使幼儿充分投入到游戏情境之中。

(二)在游戏中把握好教师主导和幼儿主体之间的关系

民间经典音乐主题活动虽然由教师组织,但要让幼儿成为游戏的主体,让幼儿主动参与其中,才能实现幼儿的发展。例如,在"小老鼠上灯台"中,教师扮演鼠妈妈,幼儿扮演鼠宝宝,鼠妈妈主动从家里走出去,动作、表情、声音的变化都大大吸引了鼠宝宝们的注意力,同时幼儿在音乐游戏当中的步伐、动作、叫声等也都是随着音乐的节奏、节拍有了生动的表现,这样鼠宝宝们就能主动、自觉地投入到游戏中了。为了保障幼儿的游戏主体地位,教师的教学重点要放在游戏过程的组织和设计中,以给予幼儿最大程度的游戏空间。

在处理教师主导和幼儿主体的关系时,教师要抓住小班幼儿的典型特征——爱模仿。小班幼儿喜欢模仿,并在模仿中获得学习和成长。幼儿的模仿并不等同于被动的临摹,他们的模仿是具有创造力的,能够表达出自己独特的

个性与情感。如在音乐活动"小老鼠上灯台"中,教师要引导孩子进行歌曲动作的创编,激发幼儿的想象力与创造力。一开始,可以先由教师模仿小老鼠慌忙逃脱的样子,并提出疑问:是什么让小老鼠这么害怕? 通过提问,引导幼儿大胆想象与表达。然后,由教师扮演猫、幼儿扮演小老鼠,激发幼儿表演创造的能力。当老鼠还没有出现而音乐却发生了变化时,老鼠宝宝们却被吓得快速跑回家,在看到没有猫时就又大模大样地出现在了灯台旁。在多次游戏后,由幼儿独立扮演猫和老鼠,教师引导幼儿大胆创新,演出不一样的猫、鼠妈妈和鼠宝宝。幼儿通过想与做来加深对故事的理解,这有助于提升他们的表演能力、创造能力及对音乐的感知能力。

(三)以亲子形式开展小班民间音乐游戏,使民间音乐活动蓬勃开展

幼儿园各项活动的开展,离不开各位家长的支持、配合与帮助,尤其是在开展民间音乐游戏的过程中,家长是一个很好的教育资源。

1. 开展亲子音乐游戏,进一步增进亲子感情

家长的积极参与,使班级的民间音乐活动蓬勃开展。在活动中,家长积极报名,以家长助教的形式走进课堂,聪明的父母们在观摩老师如何引导幼儿参与游戏之后,也都模仿老师的表情、动作、语言,与幼儿共同游戏,有的家长还在活动前,多次与老师主动沟通,说出自己对游戏的理解及对游戏创新的玩法,愿意在活动中与老师、小朋友一起尝试和体验。在"小老鼠上灯台"的游戏中,班上叶静怡小朋友的爸爸就在扮演大花猫的过程中别出心裁,一会儿扮演懒洋洋的大花猫,一会儿扮演动作诙谐有趣的大花猫,并且还在游戏活动前提醒小朋友要认真寻找和观察大花猫,于是在欢声笑语中,小朋友的积极性被激发了出来,在进一步增进浓浓亲子情的同时,也增加了家长对班级活动的了解、对老师工作的肯定。

2. 利用家长资源,丰富适合本班的音乐游戏内容

对于各民族的民间游戏,一些来自五湖四海年龄大的家长会有所了解,因此,教师邀请时间充裕的爷爷奶奶、爸爸妈妈们,请他们利用业余时间收集整理人们喜闻乐见、有教育意义的民间游戏,然后将这些内容发在班级微信群中,和所有的老师、家长、幼儿进行分享。大家都认为非常好的游戏有山西的"石头砰砰砰"、陕西的"小鲤鱼跃龙门"等。在离园后的亲子游戏中,教师请家长做家长助教,在选择好音乐和游戏后,家园配合共同准备好相关音乐和游戏材料,在操场上或者音乐教室里进行游戏。每一次游戏之后,家长们都发现,幼儿对音乐的感受有所提高,在游戏中的表现更富有个性,同时,很多家长也在游戏过程中体验和感受到了儿时的快乐。

总之,民间音乐活动稚拙清新、富有美感与儿童情趣,是幼儿教育中不可多得的宝贵财富。作为幼儿教育者,我们应当不断发掘传统民间音乐活动的精华,并且根据学前教育的基本特征对其进行适时的改造,使民间音乐课程成为幼儿教育的新亮点。

(郭春靖)

参考文献:

1. 许洁,缪志红,王红梅. 图说民间儿童游戏[M]. 武汉:华中师范大学出版社,2010.

2. 李颖. 儿童民间游戏融入幼儿园课程的机制研究——以宁波市北仑区幼儿园为例[D]. 浙江师范大学,2010.

新手教师在幼儿园音乐主题课程教科研活动中的专业成长

一、背景介绍

中国民间音乐全面反映了我国各时期、各地域、各民族的社会生产与生活,反映了中国悠久的历史,是中华民族非物质文化遗产中的艺术瑰宝。我园培育和践行社会主义核心价值观,以《完善中华优秀传统文化教育指导纲要》为引领,坚持推进中华优秀传统文化教育,以经典民间音乐为载体构建主题课程,加强幼儿的国家认同感。

参与园本教研是新手教师专业成长的重要途径。目前,幼儿园在开展教科研活动时一般采用集体讨论、分组讨论、观摩讨论等几种形式。作为我园的新手教师,我在参与幼儿园音乐主题课程教科研活动中有了明显的专业进步。当然,截至目前,我仍然面临着许多需要解决的专业发展问题。在此,我将以个人为研究对象,通过叙事反思的方式来梳理我在此轮教科研活动中的专业成长与面临的问题,以此说明我园此轮教科研活动的效果与待改进之处。

在参加教研活动之前,我组织的音乐教学活动总会出现很多问题,不是目标设定不符合幼儿年龄特点,就是上课语言组织不规范、环节设计不严谨、"吃不透"活动目标与重难点,时常导致课上到一半就跑偏了。比如,在大班音乐欣赏教育活动"赛马"中,我请小朋友说一说听到这段音乐后的想象与心情。孩子们纷纷表达了自己的想法——欢快的,奔腾的,感觉好多马儿在草原上奔跑……我在听到孩子们的表达后只用一句肯定总结式语言就带过了,留给了孩子们一种意犹未尽的感觉,从而使整节活动下来,孩子们并没有真正理解、全身心地投入到音乐欣赏活动当中,也就没有很好地达到预期的教学目标。

二、教科研活动对新手教师专业成长的促进

为促进幼儿教育事业的稳定发展,加强幼儿教师队伍的建设,促进新手教师的快速成长,我园在开展教科研活动时专门针对新手教师在艺术领域音乐教学活动中存在的问题及原因进行了分析。幼儿园教研组邀请新手教师参与观摩研讨,致力于帮助新手教师认识到民间音乐的特点及其独特的教育价值,提

高新手教师设计与组织经典民间音乐教育活动的能力。

从我个人的体验来看,在不断参加园本教研活动的过程中,我学到了很多。首先,教育意识得到了转变。目前,我能够秉持正确的教育观真正读懂幼儿的即时需要,更加关注幼儿的自主与自发学习,并能够及时地引导幼儿思考与发现,促进幼儿探索与创新。其次,我现在可以精准定位活动的重点、难点,准确了解幼儿的已有经验现状,能够对幼儿的反馈做到"看得见、听得到、想得透",更好地提升了活动效果。

具体来讲,对我的帮助主要表现在以下方面:

(一)认识到音乐内容的选择要多考虑幼儿的兴趣,并体验到成功教学的乐趣

幼儿园音乐内容的选择要以儿童兴趣为主,强调"以儿童为中心"的原则。这一教学原则要求活动内容选择从幼儿自身出发,以提高音乐教学活动的有效性,真正地促进幼儿的发展。

前不久,我园开展了关于民间音乐的集体授课研讨活动,在活动前我并没有急于确定课程内容,而是先跟孩子们探讨了一下他们喜欢的音乐内容和上课形式。通过与幼儿的交流,我发现我们班孩子非常喜欢上打击乐活动,于是我结合我们班的主题和打击乐材料,确定了《花好月圆》这首极具民族代表性的音乐作品,开展了一堂具有民族特色的打击乐活动。在活动中,孩子们兴趣浓厚,并且自由创造出了多种演奏形式,整节课的学习氛围高涨。

通过上述的这节音乐活动课可以看出,在音乐内容选择方面,我做到了以幼儿兴趣为基础,将幼儿感兴趣的事物带到教学活动中来,体验到了寓教于乐的教学效果。

(二)认识到音乐学科知识自身的重要性,并在教研中丰富了自身的学科知识

为了开展好音乐主题教学活动,幼儿园邀请了音乐专业人士来参与和支持幼儿园主题活动的开展。在向音乐专业人士学习的过程中,以及与音乐专业人士一起开展主题教学活动的过程中,我深刻认识到了音乐学科知识的重要性,并丰富了自身的音乐学科知识。例如,在开展京剧主题活动的过程中,每周定期邀请专业京剧老师来我园开展中大班京剧培训,老师从发声、站位、手位、唱腔等方面对幼儿进行全面系统的指导培训。园里也会通过邀请民乐专业人员进园开展民乐进课堂活动,专业演员用娴熟的手法、优雅的姿态给幼儿园师生带来了《春江花月夜》《夜深沉》等精彩的民乐演奏。演员老师以简单明了、通俗易懂的语言介绍民乐乐器,同时与孩子一起互动。孩子们通过看一看、摸一

摸、弹一弹、敲一敲等方式，直观地感知、体验了民间乐器的外形、音色等特征。在戏曲《小放牛》的互动环节中，孩子们兴趣浓厚，不断模仿演员老师的动作、唱腔。在各项活动中，幼儿不仅能够了解到中华文化的博大精深，还能够用艺术形式表现出来。这让本来枯燥无味的国学经典，通过幼儿感兴趣的艺术形式得以体现、传承，而我本人也受到了美的熏陶与感染。

（三）重视且能够更好地将音乐教学情境与幼儿日常生活相联系

幼儿生活与成人生活不同，幼儿的生活经验在内容知识的学习中是不可替代的。《幼儿园教育指导纲要（试行）》中指出："引导幼儿接触周围环境和生活中美好的人、事、物，丰富他们的感性经验和审美情趣，能初步感受并喜爱环境、生活和艺术中的美。"艺术来源于生活，同样也回归生活。幼儿正处于身心发展的特殊时期，他们喜欢模仿自然界和生活中存在的声音，观察生活环境中与音乐内容密切相关的活动。

音乐教学情境知识与幼儿生活有着密切的联系，教师不仅要使幼儿产生学习兴趣，还要创设符合主题教学活动需要的教学情境。例如：幼儿对马的了解仅限于图片，通过去马场观察，幼儿了解到马的基本特征和奔跑的姿态。以此为基础，我们再组织音乐欣赏活动"赛马"，这样，幼儿能更好地体会到在《赛马》这首作品中马儿在大草原奔腾的画面感。

也正是通过几次的教科研活动，使我认识到了音乐教学情境与幼儿日常生活的联系，让我意识到更应该让音乐教学贴近幼儿的生活，更具有生活性，这种生活性不仅是指与幼儿生活密切相关的，还应该是幼儿所熟悉的、感兴趣的，能够符合他们年龄发展特点的，这些都是我之前所不了解也没有将这些理论运用到实际教学当中的。教师从幼儿对马的了解出发，设计符合音乐内容的教学情境，让幼儿深刻体会《赛马》这首音乐作品的情感。

正是这种研出的成果在实际教学当中产生的良好效果，使我感受到了教科研对于教师尤其是新手教师的重要性。通过教科研活动的开展，我能够更轻松地驾驭整节活动内容，孩子既兴奋又投入，课堂氛围高涨。

（四）在音乐知识的选择上能够更加符合幼儿的身心发展特点

幼儿不同年龄阶段有着不同的发展特点，音乐教学活动要根据幼儿的发展水平来决定，教师在音乐活动的选择方面，要根据不同年龄阶段幼儿身心发展水平组织不同的音乐教学活动，从幼儿的实际情况出发，结合幼儿语言、思维、记忆等特点，选择能够被幼儿接受、被幼儿喜爱、适合幼儿身心发展的活动材料。

在刚参加工作的时候，我无法准确地把握幼儿的身心发展特点，幼儿很难理解我设计的主题活动,导致幼儿注意力涣散,就是觉得太简单导致课堂气氛"炸开了锅",进而影响了我接下来的教学活动进度。通过参加教科研活动的研讨,我找到了这些理论依据做支撑,也学会了针对现阶段幼儿身心发展的年龄特点该如何选择正确地接近该阶段幼儿"最近发展区"的音乐知识。

三、新手教师在音乐教育活动中仍然存在的问题

幼儿园开展音乐教育活动的主要目的就是让幼儿萌发感受美、表现美的情趣。通过音乐学习,能够调节幼儿的情绪,给予他们积极的情感体验,能够带给他们美的享受,使他们全身心地投入到音乐活动中。但是新手教师如何根据幼儿的特点,有效地开展音乐教育活动,使幼儿在理解音乐作品的同时感受到到音乐的魅力,进入到优美的意境中,是需要新手教师自我反思和提高的。因此,我根据自身经历从音乐基础知识、音乐学科知识、音乐教学策略的运用及音乐教学活动思路与预设等方面进行了分析。

(一)音乐基础知识部分不足

音乐理论基础不仅是教师进行有效教学的必备基础,也是幼儿需要的基本音乐知识,只有教师掌握了足够的音乐理论基础才能够更好地传授给幼儿。如果教师都不具备基本理论知识,那向幼儿传授错误知识的后果更是不堪设想。

对于我而言,我自己的乐感很不错,给我一首音乐我能跟着哼唱出来,并能想象出接下来的旋律是什么样子的,但是,在一次教学活动中我却听不出那首曲子的音级,不了解节拍和调式,这对于新手教师在音乐教学过程中是非常致命的。

(二)音乐学科知识不够全面

音乐学科知识是新手教师需要掌握的最基本的音乐知识,其内容的全面性体现在教学活动的类型方面,主要包括歌唱活动、韵律活动、打击乐活动和音乐欣赏活动。在音乐类型上,幼儿园音乐活动的扩展能全面提升幼儿的审美能力。但是在新手教师看来,幼儿园音乐领域教学活动的认知还只是停留在歌唱活动居多,未能深入理解其他三种教学活动的教学方法、策略及教育意义和价值。

(三)音乐教学策略运用不够灵活

音乐教学策略的类型主要包括语言指导式、角色扮演式、范例示范式和经验迁移式。其中,范例指导法是音乐教学活动中常见的教学方法,它形象、具体、能够直观地再现教学情境,具有真实性。范例指导法是指教师借助于现场演唱、演奏、动作表演或图片、实物等直观性手段,使幼儿更好地感知音乐作品。

　　示范法主要是通过教师为幼儿树立榜样、提供材料、示范规则,引导幼儿探索、创造线索。在歌唱活动中,教师向幼儿示范歌曲的演唱方法;在韵律活动中,教师向幼儿示范节奏型等。教师的示范有助于幼儿直接模仿。如果教师只用一种教学策略贯穿整个课堂,就会让幼儿感觉乏味、缺乏新鲜感。例如,在我们班的韵律活动"摘葡萄"中,教师首先示范基本节奏型,并将歌词带入节奏型中,然后再示范说唱形式,最后让幼儿进行个人示范。虽然这种示范策略可以让幼儿更快、更准确地掌握节奏和歌词,却让幼儿在单一的示范中丧失了学习音乐律动的兴趣。

　　但如果我们再加入一些语言指导法和角色扮演法,让幼儿扮演新疆哥哥姐姐来模拟摘葡萄的场景,配着音乐加上动作,大家欢唱着、劳动着,就会使整堂课变得更加生动。

　　(四)音乐教学活动思路不清晰

　　在活动中,教师随着幼儿的即时表现及现场反馈而"跑偏"。虽然新手教师在教学活动过程当中能够发现和回应幼儿的需求,并对这种需求进行及时的反馈,但缺乏对幼儿的陪伴式引导,时常会在耐心引导中"跑偏"。

　　例如:在一节"母鸡生蛋了"的音乐活动中,教师在示范演唱母鸡生蛋过程中的节奏型时,孩子突然提出:"老师,我见过母鸡生蛋,母鸡生蛋的时候是不叫的。"这时我要是向小朋友解释说我们只是一节音乐活动课,就是没有尊重幼儿的主体性,是高控行为的一种体现。如果向这位小朋友详细解释母鸡生蛋这个场景,又容易跑到语言领域的教学范围之中。这就是新手教师在音乐教学活动中思路不清晰的表现。

　　(五)音乐教学活动中的"多与长"和"少与短"

　　新手教师在音乐教学活动中使用的无效语言和无效环节较多,活动耗时长,只负责自己"完成任务"走流程,造成师幼互动启发少,速战速决课时短。

　　例如:在我们班的韵律活动"摘葡萄"中,我过多地引导小朋友们观察了图片上的葡萄颜色、形状和数量,这正是过多的无效引导语和无效环节的体现。有时由于缺乏教学经验,教师认真准备的一节课经常会因为小朋友突然地提问导致教学内容跑偏,教学目标没有达成。为了达成教学目标,教师在上课时完全按照教案的书写顺序讲下来,课堂中很少出现师幼互动环节,进而出现课程内容讲完了,时间还没到,课堂效果也不理想。

　　(六)音乐设计活动中的"想"与"怕"

　　教师想通过写一篇好的教案上好一节好课是不可能实现的。教师对创新活动形式有畏难心理,愿意用更保守的设计来开展活动,较难突破传统模式的束缚。

例如:在"赛马"这节音乐欣赏活动中,我做了大胆的尝试,用钢琴弹奏的方式来向孩子们展现乐曲磅礴的气势、热烈的气息和奔放的旋律。钢琴是幼儿园的必备演奏乐器,教师用钢琴来演奏,既能吸引孩子们的注意力,提高孩子们的学习热情和兴趣,又能使教师在孩子们心目中树立起威信。但是这首曲子是一首二胡独奏曲,用钢琴演奏容易破坏这首曲子原有的韵味,也容易误导孩子认为这首《赛马》的演奏乐器就是钢琴,所以最后只好采用保守的设计来开展教学活动。

四、对教科研活动的改进建议

为了更好地促进新手教师在幼儿园音乐主题课程教科研活动中的专业成长及新手教师教育实践的改进,提高新手教师在音乐教育活动中的教育教学能力,适应新课改教育要求,早日成为熟手型教师。我对教科研活动提出了以下几条改进建议:

(一)加强教师间交流与合作的机会

经验丰富的教师在长期的音乐教学实践和反思中积累了丰富的教学经验,而新手教师教学时间较短,教学经验不足,因此,幼儿教师之间应当加强交流,通过"帮帮学"的方式,让经验教师通过言传身教的方法帮助新手教师,促进幼儿教师之间的交流与合作,这样,才能使新手教师在不断的学习过程中增加对幼儿音乐教育知识的理解。

(二)增加音乐教研观摩活动的次数

幼儿园观摩活动是教师之间互相学习、实现专业成长、提高教师技能的重要手段,是加强园内交流和沟通的有效途径,是教学理论与实践密切联系的结合点。幼儿园增加音乐教研观摩活动,不仅可以促进家长对本园教学特色的了解,还可以吸引更多专家、老师来参观学习、互相交流。开展音乐观摩活动,应从幼儿教师本身出发,提高教师自身的音乐教学技能,促进教师的专业发展。

(三)引导新手教师树立正确的儿童观,并提前了解幼儿的发展水平

拥有成熟的儿童观会使教师在与本班幼儿互动的各项环节流畅自如。教师只有充分理解"孩子的所有表现都是有原因的"这句话时,才可以对孩子的一切反馈"看得见、听得到、想得透",才能够更好地提升活动成效。

(四)要求教师精准提炼引导语,教学围绕重难点展开

首先,教师要了解教材的基本内容,在综合了解活动内容的基础上把教育目标和活动及幼儿发展的重难点梳理清楚、明确于心。对于关键概念的提炼一

定要用言简意赅、深入浅出的语言进行提炼，以引发其思考、促进其发展。同时，教师活动环节的设计、教学语言的叙述都应当围绕活动重难点展开。

（五）端正学习态度，夯实专业发展基础，提升教育教学能力

每一位具备良好音乐学科教学能力的幼儿教师都不会是在某一场优质课评比、观摩活动、交流分享活动中一蹴而就发展起来的，教师良好的教学能力是教师本身在日常工作中长期保持治学严谨的态度、脚踏实地的工作精神、创新发展的从业素养内化、夯实的结果。新手教师容易浮躁，取得一点成就容易得意忘形、沾沾自喜，从而导致其教学基本功并不扎实，教学实践经验匮乏。教学实践经验是新手教师在不断的教学过程中积累的，是能促进幼儿身心发展、提高课堂氛围的经验。因此，在教科研活动中，将老教师的教学实践经验作为互相交流、学习的资源，充分发挥老教师教学实践智慧是必不可少的。只有新手教师不断地丰富自己的教学实践经验，才能够不断突破自我发展，对音乐教学实践产生积极的意义。所以，沉下心去观察幼儿表现、研究幼儿需要、了解幼儿兴趣，是每一位新手教师做好本职工作的坚定基石。新手教师在平日里勤恳求实工作，才可能在真正需要创新的过程中积累下举一反三的实力，这是"种瓜得瓜、种豆得豆"的过程。

（六）增强新手教师的反思意识，提高其反思能力

教师自我反思是提高教师专业发展的最佳途径。新手教师的不足之处还表现在反思意识较为薄弱、反思方法单一、反思能力不足等方面，因此，新手教师在教科研教学反思中首先应当树立教学反思意识，重视教学反思在音乐教育活动中的价值。新手教师在音乐教学活动结束后，要及时进行教学反思，在教科研活动中与其他教师共同讨论音乐教学活动中存在的不足，并加以改正。新手教师应通过自省的方法解决存在于音乐教学实践中的问题，在教学实践中提高自己的教学能力。

幼儿园通过对新手教师开展以音乐为主题的教科研活动，使我对今后的音乐教学活动有了更加明确的认识和定位，使我认识到，在今后的教学中应当严谨教学，认真负责，让孩子在音乐学习中体会快乐，在快乐中茁壮成长。

（郝江山）

在幼儿园一日生活中渗透民间音乐教育的策略

学习民间音乐有益于幼儿萌发热爱家乡和热爱人民的情感。同时,民间音乐教育不仅能够提高幼儿的情感体验,还能帮助幼儿养成良好的生活品质。为了深入开展民间艺术教育活动,我们幼儿园尝试了将民间音乐渗透到幼儿的一日生活中。在实践研究的过程中,我们发现并积累了一些有效的策略。

一、生活环节中的渗透

用民间音乐营造生活氛围,并将其作为生活环节转换的提示。民间音乐能为幼儿创造更好的氛围,使幼儿在民间音乐情景中受到良好的熏陶,被音乐感染。在富有感染的音乐情景中,幼儿在活动中会更加投入,充满热情音乐的停止和变换也巧妙地成为了生活环节转换的信号。两种方式的结合,使幼儿一日生活的美感也得到了提升。目前,民间音乐活动贯穿于我园幼儿的一日生活中。如:入园时都会伴有相应的民间音乐,让幼儿有充分的机会感受民间音乐的美,拥有愉悦的心情。在餐前会播放音乐,提示幼儿做准备活动。过渡环节中为幼儿播放轻柔的民间音乐,让幼儿能放松心情,自主地做事情。这些欣赏体验调动了幼儿全身感官与体态动作,丰富了他们的情感体验。在这个过程中,教师要注意为幼儿创造机会和条件,支持幼儿自发的艺术表现和创造,为幼儿提供充足的时间、空间和材料,让幼儿在充分的选择中去探索。有了探索的条件,幼儿就会感兴趣,就能根据自己的喜好选择相应的材料、伙伴、游戏等,在轻松自由的活动氛围中表现自己喜爱的民间音乐的乐曲和形象。教师在生活中对幼儿即兴的表演、表现行为要及时给予回应与鼓励,这样能够使幼儿更加积极主动、情绪高涨的感受民间音乐。

二、区域活动中的渗透

区域活动开始前教师应为幼儿放一些轻柔的民间音乐,使幼儿保持轻松的心情,放松安静地进行区域活动。当音乐在规定的时间结束后,区域游戏就结束了,这样使幼儿形成了良好的时间观念,并复习了民间音乐。尤其在表演区重点投放民间音乐曲目时,幼儿在这时进行表演,教师应抓住时机鼓励幼儿随着乐曲中强弱的变换大胆地创编动作,这样,幼儿在边听、边想、边做的过程中就感知了民间音乐、表现了民间音乐,并加深了对民间音乐内容的理解。教师要注意在此过程中让幼儿充分发挥想象力与创造力,鼓励幼儿用语言表达出对民间音乐内容的理解,例如,让幼儿尝试听音乐编故事,在图书区内为同伴讲,这同时提高了幼儿的语言表达能力与想象力。另外,在阅读区投放与民间歌曲内容相关的图片,放些缓慢轻柔的民间音乐,便于幼儿在阅读时根据音乐的变化来感受故事情节的变化。音乐活动渗透于区域活动的形式多样,教师在为幼儿提供有效环境的基础上,要注意帮助幼儿建立游戏规则和积累生活、学习经验。通过以上音乐活动与区域活动结合的尝试,教师将民间音乐活动渗透到区域活动中,使幼儿更易于接受,加深了幼儿的印象,提高了幼儿对民间音乐的欣赏能力。

三、环境创设中的渗透

环境创设方面,教师应创设良好的音乐教育环境,激发幼儿对民间音乐的兴趣。幼儿教育的最大特点是通过环境对幼儿进行教育,因此创设相应的环境,让幼儿去看、去听、去摸、去感知,逐步萌发对民间音乐的兴趣;让幼儿亲自体验,在欣赏中喜欢上民间音乐,使幼儿获得不同的情感体验。我园班级环境相辅相成、各具特色,分别以民间美术、民间文学、民间音乐、民间饮食风俗习惯、民间游戏为切入口,与幼儿共同创设具有强烈视觉冲击力的民间艺术教育环境,在这样的环境中,幼儿在高涨情绪的推动下,能积极地投入到活动中,便于吸引幼儿的目光,激发幼儿的兴趣。《纲要》中提到,环境是重要的教育资源,有效地利用环境资源,重视建设节约型社会,创设和谐人际环境,对幼儿身心健康发展有着至关重要的现实意义。著名儿童教育家陈鹤琴也说过:"音乐可以陶冶人的性格和情感,可以鼓舞人的进取精神,应该为幼儿创设情景,培养幼儿对音乐的兴趣。"因此,我们在进行民间音乐教学活动时,应重视环境育人,寓教育于环境中。

四、民间音乐教学活动中的运用

幼儿民间音乐教育活动的目的不是培养音乐家,而是要让幼儿在有趣的民间音乐教学活动中陶冶性情和品格,逐步认识和了解民间音乐。

第一,作品分析法。教师通过生动的语言向幼儿讲解歌曲内容,激发幼儿的兴趣,帮助幼儿理解歌词内容,如学习《拾豆豆》歌曲时,教师向幼儿介绍秋天是丰收的季节,向幼儿讲述孩子们在田间拾豆豆的场景,让幼儿感受到劳动的快乐。作者把这种劳动的快乐写成了一首歌,这首歌欢快、富有情趣,运用这种方法,使幼儿对歌曲的内容与情感有了一个全面的了解。

第二,范唱演示法。教师按照歌曲的情感要求、风格特点进行有感情的演唱。幼儿喜欢模仿,教师是幼儿学习的榜样。所以,教师在歌唱活动中的示范演唱对幼儿的歌唱起着重要作用。如歌唱活动《京剧脸谱》,这是具有中国民间音乐的代表歌曲,教师在范唱时,通过丰富的表情与专业的京剧唱腔,让幼儿体会歌曲中的京剧人物形象,从而激发了幼儿学唱歌曲、急于表现的欲望。

第三,情感强化法是先要重视幼儿在音乐教育中情感的体验,让"情感是音乐的灵魂"真正得以实现。在对幼儿进行音乐教育时,我始终把握这一思想,以欣赏作为教学活动的中心,以情感作为重点。相应的环境气氛,能帮助幼儿更好地进入艺术欣赏状态,充分调动幼儿的视听感官,激发他们的想象力,帮助幼儿更好地理解作品。随着音乐活动的开展与深入,教师在教育活动的重难点和教育形式的设计上可以更丰富多样。幼儿的想象力表现很活跃,幼儿探索活动和创新活动的基础都是从创新性的想象开始的。民间音乐非常注重主观想象、自由表现、感情抒发,因此,教师在开展民间艺术教育时,应让幼儿勇于迁移已有经验,大胆地进行想象,自由地表达自己的认识,抒发内心的情感,从而使幼儿的创造性思维获得发展。幼儿的天性本就活泼好动,教师可以充分利用这一点,组织幼儿结合对音乐的理解来做形体的表演,进而展开丰富的教学活动,促使幼儿用身体语言感受民间音乐带来的快乐。

五、户外活动中的渗透

在户外活动中,教师为幼儿提供好玩的民间游戏,尤其是与音乐相结合的民间游戏,使幼儿在游戏中体验民间音乐,理解民间音乐中的内容,实现民间音乐的表达与游戏活动相结合,使幼儿在游戏中获得愉悦的心情和体验。同时,教师应用民间音乐来创设游戏情境,增强游戏的情境性与趣味性。如《小兔乖乖》,教师创设了一个情景化的环境,请幼儿分别扮演小兔子、兔妈妈和大灰狼的角色,并在活动中鼓励幼儿边演唱歌曲边表现歌曲内容。这种创设游戏情境的方法,让幼儿身临其境,增强了幼儿主动参与的兴趣,使幼儿对于民间音乐有了新的认识。

《3—6岁幼儿发展指南》中提到,幼儿艺术领域学习的关键在于充分创造条件和机会,在大自然和社会文化生活中萌发幼儿对美的感受和体验,丰富其想象力和创造力,引导幼儿学会用心灵去感受和体验,丰富其想象力和创造力,引导幼儿学会用心灵去感受和发现美,用自己的方式去表现和创造美。所以,在生活中我们应该鼓励引导幼儿多听民间音乐,尝试与家长一同探讨民间音乐内容,积累生活经验。

　　为帮助幼儿创设良好的民间音乐环境,提高幼儿对民间音乐的情感体验,教师要善于思考。教师在每节教育活动中都会渗透自己的智慧,活动渗透得好、形式多样化幼儿就会感兴趣,就容易理解与接受,就会愿意演唱并喜欢表达民间音乐的经典内容。教师根据幼儿的年龄特点与幼儿已有的知识经验进行选材,在幼儿有了一定的音乐能力之后,教师可以有意识、有目的地与教材相关的知识技能和生活经验相结合,安排和制定教学计划,引导幼儿感受和领悟民间音乐的情绪情感和教育内涵,使幼儿循序渐进地接受新知识,这样不仅能促进幼儿多方面的发展,教育效果也会事半功倍。教师在游戏活动中渗透民族民间音乐活动,采用传统与现代相结合的教育手段,最大限度地激发幼儿感受、参与、学习民间音乐的兴趣。教师在研究的过程中,通过分析、反思进行阶段性经验交流,并开展民族民间音乐对培养幼儿音乐感受力、表现力和理解力等多方面的研究。

　　总之,民间音乐能培养幼儿敏锐的感知能力、丰富的想象力、透彻的理解力,能带给他们以真的启迪、善的熏陶、美的享受。只有让幼儿寻找和体味到民间艺术的美,他们才能真正进入民间艺术的天地。因此,要促进幼儿全身心投入到民间音乐活动中,从而激发幼儿对民间音乐的欣赏能力,丰富幼儿情感,让他们充分体验到感知美、想象美、理解美、创造美的愉悦。教师需要通过各种教育方法和教育途径,逐步激发幼儿学习民间音乐的兴趣,让他们去感受、去体会、去热爱、去接受熏陶。利用各种时间让幼儿欣赏一些民间音乐,让幼儿去感受民间音乐的独特美,幼儿通过"看"和"听",潜移默化地使民间音乐在幼儿脑中扎下根,调动他们对民间音乐的兴趣,产生学习民间音乐的强烈情感,使幼儿感受祖国的博大、文化艺术的丰富,萌发民族自豪感。

(胡紫檬)

浅谈实施京剧启蒙教育培养幼儿民族认同感的实践探索

一、研究背景

京剧是中华传统文化的璀璨瑰宝,迄今已有 200 多年的历史,令每一位中国人为此而感到骄傲与自豪!其华美的舞台布景、服饰和道具、光怪陆离的脸谱、独特的彩妆无不散发着独特的艺术魅力。

自从 2008 年 3 月,京剧被教育部列入中小学必修课,此举立刻引起了社会各界的广泛关注,"京剧进课堂"的活动轰轰烈烈地开展起来,在北京的校园里涌动着一股"京剧热",收到了良好的效果。

但京剧艺术在幼儿园内开展与实践现状是不容乐观的,著名的京剧大师梅葆玖先生说:"时下通俗流行音乐充斥着孩子们的头脑,崇拜偶像明星,让京剧课程从小根植于孩子的心中,是一件任重而道远的事情。"中国戏曲学院赵景勃教授也曾说:"中国的戏曲艺术源远流长,作为国粹的京剧更是具有独特的艺术魅力,但通俗音乐弥漫流行的今天,京剧离孩子越来越远,所以加强民族音乐传承,保住民族的根,变得尤为重要……"

因此,让幼儿从小接触、了解京剧艺术可以陶冶情操,弘扬传统艺术,引导幼儿接受民族优秀文化的熏陶,培养深厚的民族情感,即民族认同感。因此,我进行了"通过京剧启蒙教育培养幼儿民族认同感的实践研究"。

二、核心概念

(一)京剧

京剧是以徽剧为戏母兼容昆曲、越剧等多种地方戏曲元素最终而成的"国粹",综合了"唱、念、做、打"的多元艺术,蕴涵着丰富的文学、音乐、舞蹈、美术、历史等知识,手眼身法都有着独特的艺术魅力。

(二)启蒙教育

启蒙有两个层面的含义,首先是以感受和体验为基础,根据幼儿的年龄特点和学习方式激发幼儿对京剧艺术的认知兴趣和探究欲望,挖掘京剧艺术中的情感教育价值,使幼儿对京剧艺术产生兴趣;其次,在感受和欣赏与社会实践体验的基础上,根据幼儿的实际活动需要和兴趣提供多种形式的艺术表现活动,让幼儿初步尝试京剧艺术表现活动。

(三)国家认同感

国家认同感也叫民族认同性,它是"同一民族的人感受到自己属于同一个群体的自己人的一种心理",民族的认同感来源于文化的认同感。

三、研究过程

本研究针对传统文化——京剧在幼儿园的启蒙教育及其对幼儿民族认同感促进作用进行一系列研究,重点从以下四方面进行阐述:

(一)捕捉幼儿的兴趣,在活动区中丰富幼儿对京剧的认识

班上一名幼儿从家里拿来了一个花样特别、色彩斑斓的京剧脸谱,孩子们很高兴,围上去叽叽喳喳议论不停。有的说:"这是京剧里的人。""这是大花脸。""这是窦尔墩,我爷爷总唱。"我马上意识到这是一个极好的弘扬京剧艺术的机会,于是我紧紧抓住这个有利的教育契机,和孩子们一起开始了感受、体验中国京剧艺术的教学活动。第一步,我在多个活动区投放相关材料,以丰富幼儿对京剧的认识。

1. 美工区——根据幼儿已有的知识、经验,投放了自制马鞭、水袖、髯口、令旗、官帽的任务,让孩子们在做做玩玩中潜移默化地掌握了相关的知识。同时,多种形式的脸谱绘画,如脸谱面具的绘画、脸谱线描画及幼儿脸谱彩妆等,使幼儿情感得到了丰富,感受到了艺术文化的熏陶,帮助他们在识别脸谱颜色与人物性别的关系中分清美与丑、善与恶,例如,白色脸谱一般表示该人物奸诈阴险,代表坏人;红色脸谱表示该人物勇敢忠诚,代表好人,通过绘画、剪纸、粘贴等方式,培养幼儿体验京剧人物服饰、动作、表情及感受传统文化美的能力。

2. 语言区——投放相关的图片、图书、图像、音频。如亲自制作的《我喜欢的京剧》自制图书、故事机中《女起解》《红灯记》《穆桂英挂帅》《智取威虎山》等京剧唱段,"京剧知识我知道"的环境背景图、"我来讲京剧"故事角等,使幼儿从视听多种感觉中感受京剧艺术美,在聆听故事、欣赏图画中接触到京剧故事,既能使幼儿掌握故事情节,又可以启发幼儿展开充分的想象。

3. 音乐表演区——京剧的唱腔是京剧音乐的中心,是区别其他剧种的主要标志。因此,在京剧活动中我选择旋律简单、形象鲜明的唱段,以调动幼儿学习的积极性,利于幼儿更好地欣赏经典曲牌、学习锣鼓经、认识京剧乐器并感受京剧音乐的魅力;在科学区——通过对京剧人物进行多维度的分类(如性别、行当、人物特征、不同时代、所用道具、唱腔特点等)、认识京剧脸谱及服饰的颜色、

感受京剧道具的材质、形状、薄厚、轻重等,提高幼儿探索及发现的能力。

(二)在与京剧票友互动的社会实践体验中,感受参与京剧活动的乐趣

当幼儿对京剧服装、脸谱研究告一段落后,他们对舞台上咿咿呀呀的唱腔和乒乒乓乓的锣鼓声产生了浓厚的兴趣。这时,一名幼儿将他的经验与大家进行了分享:爸爸妈妈经常带他去"西海子"公园玩,在河边看到过许多的京剧票友穿着漂亮的京剧服装在唱京剧,敲锣打鼓可热闹了。当孩子们产生了实地考察的愿望后,一系列的新问题又产生了:"西海子"公园在哪? 什么时间去? 和谁去? 怎么去? 我们要问什么问题? ……

于是,我建议幼儿先将自己打算要做的事情一一记录下来,孩子们称之为"计划书"。幼儿用图文并茂的形式记录着他们的设想和打算:

时间:2017 年 11 月 26 日上午九点

目的地:"西海子"公园

集合地点:幼儿园大门口

导游:月月的妈妈

交通工具:琛琛家的汽车

设计的问题:京剧从哪儿来的? 脸谱的颜色代表什么? ……

摄像器材:由洋洋家提供一台摄像机和两台照相机。

孩子们与京剧艺术进行了零距离的接触,更深一步感受到京剧的美,同时也解答了自己心中的疑问。京剧票友眼中流露着对京剧艺术的喜爱,这深深感染着孩子,孩子在互动交流的过程中也增强了自信和成功的喜悦,更加喜爱京剧了。

(三)从贴近幼儿生活的"京歌"入手,感受京剧艺术的独特韵味

中国人运用自己的智慧,创作了很多首既有浓郁京剧味道又和歌曲相类似的一些特殊的音乐作品,我们称之为"京歌",有很多经典作品至今还广为流传,如《故乡是北京》《北京的桥》《前门情思大碗茶》等,还有专业人士专门为幼儿园的孩子谱写了适于幼儿学唱的京歌《谢谢老师哺育我》《龟兔赛跑》等,在教孩子们学唱的过程中,我也深有体会。

在大班幼儿即将毕业的时候,一首用京剧曲调谱写的幼儿歌曲《谢谢老师哺育我》深深地吸引了我。歌词中表达了即将毕业的孩子对幼儿园、老师、小朋友依依不舍的留恋之情。更重要的一点是它的曲调、旋律融入了京剧音乐的元素(有点类似京剧中《苏三起解》西皮流水板的板式),具有浓郁的京剧韵味。京剧是我国的国粹,培养幼儿了解、学唱一些简单的蕴涵京剧元素的作品,欣赏京剧优美的唱腔和舞蹈,弘扬民族艺术,激发幼儿感受美、表现美、创造美的能

力,利于萌发幼儿热爱祖国的情感。

在教唱歌曲之前,我做了大量的铺垫工作:和幼儿共同欣赏京剧表演的光盘;讲述京剧表演艺术家的故事;观察京剧舞台上的布景、演员的服装、化妆、脸谱;倾听、对比京剧的演唱和普通歌曲的不同;体会京剧演唱中特有的真假声结合的唱法,感受京剧字正腔圆、京腔京韵的演唱特点。

在活动前我为幼儿创设了丰富的教育环境,墙饰上张贴了各个行当的京剧演员剧照,幼儿的周围摆放了我和幼儿共同制作的京剧服饰、道具,使幼儿在京剧艺术浓郁的氛围中学唱该首歌曲。进场的音乐我选择了具有古典气息的琵琶协奏曲《春江花月夜》,使歌唱活动在悠扬的乐声中开始。我利用自身京剧艺术的特长用京胡伴奏并进行范唱,使幼儿感受到京剧的特色及发音、换气的技巧。这首歌曲虽然有京剧的韵味,但是歌词简单易懂,幼儿比较容易接受,所以学习起来比较顺利。由于艺术教育应充分发挥情感教育功能,因此在学唱歌曲的同时更要注重引导幼儿感受作品其中的情感:教师对自己的爱及幼儿对教师的感激之情。

在活动中,幼儿对歌曲学习的积极性很高,学得很快,于是我对幼儿提出了更高的要求,重点是吐字和装饰音的表现,因为京剧中要求“吐字归音、满弓满调”,装饰音要唱得轻巧才有韵味,通过重点小节的示范,幼儿很快就掌握了相关技巧。于是根据大班幼儿音乐能力的发展特点,我们又尝试了轮唱、对唱(师幼、幼幼、男女),使幼儿充分感受到了艺术活动给自己带来的愉悦。

通过今天的活动,我发现幼儿对这种京剧曲调谱写的歌曲很感兴趣,今后我还要向幼儿介绍更多类似的如《故乡是北京》《前门情思大碗茶》《北京的桥》等经典作品供幼儿学习和欣赏,使幼儿了解和喜爱中国的京剧艺术,感受其中的魅力。

(四)为幼儿创设表演京剧展示活动的机会,在合作中体验同伴交往的快乐

当京剧活动进行到最后高潮阶段时,孩子们非常希望举办一个京剧展示会,将自己的发现与收获一一表现出来。于是又产生了新的问题:要展示什么?在哪展示?什么时间?邀请谁来?怎么邀请?谁来介绍?需要门票吗?……这一系列的问题促使孩子们经过协商、讨论找到了答案。

一组幼儿负责设计服装展示会,一组幼儿负责筹备脸谱画展,喜欢孙悟空的幼儿负责布置“美猴王”展厅,还有一部分幼儿组成了小小导游团。接下来,我引导幼儿一起讨论:如何使我们的工作又省时又出色?大家一致同意分工合作,由各组先推选组长,再由组长负责分配组员的具体工作。

下面是其中的两个小片段:

场景一:设计服装展示会的组员在制作京剧服装时,发现很大、很软的绸纹纸要经过剪裁、粘贴甚至缝合才能制成一件衣服,光靠一个人是不行的,于是幼儿养成了发现谁有困难就马上援助的习惯。

场景二:小小导游团的组员再一次展开了激烈的争论:游客需要持门票入场,为了让大家知道这场京剧展示会,需要绘制大型海报以做宣传。有的孩子提出看到过真正的导游拿着小旗子引领大家,有人提议还需借个喇叭来扩大音量招揽游客,因此做门票、画海报、做旗子、借喇叭这些琐碎繁杂的工作怎样才能完成得又快又好呢? 于是幼儿再一次通过分工合作解决了这个难题。

最激动人心的场面发生在新年联欢会中的京剧展示会上。当参观者凭票进入到班中,由"导游"引领并振振有词的介绍着京剧服装展示会、幼儿现场制作水墨画京剧脸谱、幼儿表演《孙悟空三借芭蕉扇》《贵妃醉酒》等活动时,成人和其他班的幼儿无不拍手称赞,不时迎来阵阵喝彩。

互助合作是社会发展的需要,同时对孩子的成长也有着积极的影响。很多幼儿普遍都是成长于独生子女的家庭中,幼儿往往是与父母互动,而与同伴间的合作则少之又少。作为教师应努力创造条件,使幼儿有更多的机会与同伴交流、合作。

四、研究结果

通过实践,依据《幼儿园教育指导纲要(试行)》《幼儿园快乐与发展课程》《3—6 岁儿童学习与发展指南》中幼儿年龄特点、艺术领域中的培养目标、教师指导要点,归纳出适宜小、中、大班幼儿欣赏和表演的曲目。

幼儿学习目标	适宜欣赏的表演曲目
小班: 　以欣赏为主,初步感受京剧的唱腔和行当特点,激发幼儿学习的兴趣。	生行:《定军山》"这一封书信来得巧" 旦行:《红灯记》"都有一颗红亮的心" 《天女散花》中的绸带舞 净行:《海港》"大吊车真厉害" 丑行:《打龙袍》"报灯明"数板 花旦、丑行:《小放牛》"赵州桥来什么人修"对唱

续表

幼儿学习目标	适宜欣赏的表演曲目
中班: 在欣赏的基础上,尝试演唱京剧经典曲目,学会用正确的发声方法进行演唱,喜欢参加京剧表演活动。	生行:《红灯记》"穷人的孩子早当家" 《智取威虎山》"今日痛饮庆功酒" 旦行:《红灯记》"闹工潮" 《女起解》"苏三离了洪洞县" 《穆桂英挂帅》"猛听得金鼓响画角声震" 老旦:《红灯记》"闹工潮" 《沙家浜》"军民鱼水情"
大班: 积极参与京剧活动,能与同伴合作进行演唱和身段表演。	生、旦、净对唱《沙家浜》"智斗" 生行:《智取威虎山》"我们是工农子弟兵" 《秦琼卖马》"将身儿来至在大街口" 旦行:《天女散花》"观世音满月面珠开妙相" 《卖水》"十一腊月没有花采" 《桃花村》"非是我嘱咐叮咛把话讲" 净行:《奇袭白虎团》"趁夜晚出奇兵突破防线" 《牧虎关》"高老爷来在牧虎关" 《铡美案》"驸马不必巧言讲" 花脸、老旦:《赤桑镇》"见包拯怒火满胸膛"对唱

结束语:儿童时期是培养民族认同感的有效期,幼儿只有喜欢、接受才能认同。京剧中蕴含了丰富的民族文化,便于对幼儿实施京剧启蒙教育,通过感受、体验、表现,使幼儿接纳、喜爱中国的国粹艺术,进而对幼儿进行爱国主义精神的培养,增强民族认同感。

(刘桂琴)

参考文献:

1. 印春红. 唯美教育:京剧活动的德育价值[J]. 新课程(综合版),2015(06):34－57.

2. 马杰. 京剧艺术启蒙教育对幼儿审美能力影响的研究[D]. 山东师范大学,2010.

3. 张文慧. 民间文学启蒙教育对幼儿民族认同感培养的研究[D]. 山东师范大学,2016.

4. 黄龙光. 增强民族认同感,保持和发展民族文化传统[J]. 大理学院学报,2007(1):1－4.

浅谈如何激发幼儿对经典民间音乐的兴趣

幼儿音乐教育是幼儿园教育中最重要的领域之一,对陶冶幼儿道德情操、发展幼儿想象力和创造思维、增强审美体验等具有重要作用。而民间音乐教育是幼儿园艺术教育中的重要组成部分,民间音乐是各民族人民在漫长的历史进程中创造、发展形成的独特音乐,在众多的民间艺术教育中有其独特的教育价值。它富有趣味性、形式繁多且保留了民族的语言、音乐特点、旋律曲调等。经典民间音乐渗透在幼儿园音乐教育活动中,使幼儿在接受民间音乐教育的过程中,潜移默化地受到民族民间文化的熏陶,从而激发幼儿对民族音乐文化的兴趣和对中国传统文化的认知,培养幼儿的民族认同感,是"弘扬民族艺术,培养民族精神"的有效途径。

本文旨在对民间音乐教育活动中如何激发幼儿对民间音乐的兴趣,进一步提高幼儿的音乐素养和良好个性中探索出的有效方法及策略进行了梳理和总结。

一、选择适宜的音乐作品,吸引幼儿对民间音乐的注意

音乐活动的选材要适合幼儿的年龄特点,与他们的生活经验密切联系,易于他们理解和接受,以本民族的作品为主。《纲要》指出,我国民间音乐种类繁多、形式各异,教师要有目的地对音乐作品进行筛选和选择,确定适合幼儿学习与发展需要的音乐作品。

首先,音乐作品的选择要符合幼儿年龄特点和发展水平。小班幼儿活泼好动,具有具体形象性思维的特点,因此可以选择富有生动的动物形象的作品,如《小老鼠上灯台》,且小班歌曲以 2/4 拍为主,适宜选择结构短小、节奏简单、幼儿熟悉的歌曲或乐曲。而中大班的幼儿积累了一定的生活经验和音乐经验,学习能力也在不断增强,这时候,我们则可以尝试在教唱歌曲的基础上,增加民族舞蹈、民间戏曲或民族民间音乐欣赏的内容,如新疆舞蹈《尝葡萄》、江苏民歌《茉莉花》、地方戏曲《小放牛》等,也可以配合教学内容,适当地让幼儿了解一些剧种唱腔,或者少数民族的风俗习惯、民族乐器等。

其次,音乐作品的选择要贴近幼儿的生活经验。如小班幼儿民间童谣《过端午》作品的内容是幼儿可以亲身尝试的民间习俗活动,可以通过家园共育,让

家长和幼儿一起在家通过包粽子、挂艾草等活动亲身体验传统节日的习俗和氛围;还可以通过组织一节实践活动,以丰富幼儿的生活经验,从而为所选音乐作品的活动作铺垫,教师在运用这些作品进行音乐活动时也可以通过图片视频等方式调动幼儿原有经验,从而使幼儿在已有经验的基础上对音乐作品和活动内容产生兴趣并积极地参与到活动中。

最后,音乐作品的选择要具有一定的教育意义,《纲要》中提出:"要提供优美动听和形象鲜明的歌曲、歌谣、器乐曲等形式多样的音乐作品,让幼儿从中获得美的感受。"这就需要教师从不同角度对音乐作品进行分析,把握音乐作品的创作背景、音乐作品特点、表达的情感及情感关键词和能够丰富幼儿情感体验的相关内容。将一些优秀、健康、积极向上的,适宜幼儿年龄特点及发展需要的经典民间音乐渗入幼儿艺术活动中,使幼儿在接受民间音乐教育的过程中,潜移默化地受到民族文化的熏陶,从而激发幼儿对民族音乐文化的兴趣和对中国传统文化的认知,培养幼儿的民族认同感。

二、创设良好的音乐教育氛围,激发幼儿对民间音乐的兴趣

音乐是最富有情感的艺术,只有创设与音乐相适应的环境氛围,才能激发幼儿学习的兴趣与热情。《纲要》中指出:"环境是重要的教育资源。"因此,创设民间音乐教育环境、营造宽松愉快的音乐氛围,让幼儿充分感受民间音乐,是激发幼儿对民间音乐兴趣不可缺少的基本条件。

(一)将民间音乐和主题活动有机结合

本学期我们把主题活动与民间音乐相结合,开展了多种形式的文化主题活动。通过一学期文化主题活动的开展,我们深深感受到,文化主题绝不是局限于民间音乐作品的"音乐主题",它是依托经典民间音乐作品丰富幼儿民族情感、拓展幼儿园音乐教育内容和帮助儿童体验不同民族的艺术文化魅力的一种方式。它可以激发幼儿对中国传统文化的兴趣,萌发民族自豪感。以小班文化主题活动"快快乐乐过端午"为例:民间流传着众多与端午节有关的音乐作品,这就为幼儿提供了丰富的素材,该主题活动以传统节日——端午节为依托,以童谣《过端午》为切入点,通过与幼儿商讨,创设幼儿感兴趣的文化主题。从主题出发,根据幼儿的年龄特点筛选适宜的学习内容,建立资料库,以"艺术为载体的文化主题活动课程"进行班级文化主题创设,根据内容之间的逻辑关系和难度差异理出学习内容目标的相互关系,整理出一套有序的学习内容。

(二)创设与民间音乐内容相适应的物质环境和富有民间文化气息的氛围

幼儿兴趣的产生与他们所处的环境有密切的关系,因此,教师应创设与民间音乐内容相适应的物质环境,让幼儿有身临其境的感觉。例如,端午将至,教师在环境中渗透与端午节相关的元素。如在班中悬挂艾叶、香包,同时将端午节的元素渗透在区域当中。表演区投放"龙舟"道具,幼儿伴随端午节民间音乐《赛龙舟》利用道具进行有趣的表演活动;"娃娃家"投放包粽子的粽叶、红枣等材料供幼儿动手操作,亲身体验包粽子的有趣;图书区投放端午节的自制图书、图片等帮助幼儿了解端午节的传统习俗。通过创设与民间音乐内容相适应的物质环境,营造出一种端午节来临的热闹欢腾的气氛,使幼儿在摸一摸、闻一闻、做一做的过程中充分感知、体验端午节热闹的节日氛围,了解端午节多种多样的民俗文化,让幼儿一进入活动室就有一种过端午热闹欢腾的欢乐情绪,进而感受和欣赏端午节的环境美和氛围乐。

(三)为幼儿创设良好的音乐氛围,培养幼儿对民间音乐的兴趣

在幼儿一日生活中,教师可以有意识地在各个环节渗透民间音乐作品。例如:在早晨来园时,为幼儿播放一些欢快、活泼的民间乐曲或歌曲,如《紫竹调》《沂蒙山小调》。这样,在愉悦幼儿来园情绪的同时,也能使幼儿的情绪、情感得到音乐的熏陶。午睡前,播放一些安静舒缓的民间音乐,如《茉莉花》,使幼儿产生安宁、亲切的感觉,既达到了较好的午睡效果,又发展了孩子对音乐的感受能力。户外环节也可以与民间音乐相结合,如《划龙舟》《赛马》等乐曲欢快、节奏激烈的音乐,不仅可以调动幼儿参与运动的情绪,还可以使幼儿体验和感受到比赛的激烈音乐的欢快。总之,民间音乐教育不应局限于音乐教育活动,应当渗透于日常生活之中。教师为幼儿创造多样化的环境,使幼儿在生活、游戏、劳动等活动中都有音乐伴随。慢慢地,幼儿对音乐的兴趣也就越来越强烈,且有利于培养幼儿活泼、开朗的性格,促进幼儿身心和谐发展。

(四)创设与民间音乐想象、表达相适应的活动环境,激发幼儿参与民间音乐活动的兴趣

《纲要》中把培养幼儿喜欢参与艺术活动作为艺术领域目标之一,要求支持、鼓励幼儿积极参与各种艺术活动。因此,在幼儿学习民间音乐过程中,要创设富有浓厚趣味性、生动活泼的活动环境,在活动中鼓励、引导幼儿自由地用自身喜欢的方式进行表达,如动作表达、绘画表达、肢体伴奏、打击乐活动等。在活动,教师应引导幼儿积极、主动地体验和感受民间音乐的美和趣,进一步激发幼儿参与活动的积极性,丰富他们的审美体验,提高他们艺术表达的技能和能力,增强他们的自信心与创造力。

三、运用多种教学策略,保证幼儿的参与热情

由于幼儿缺乏与经典民间音乐相关的生活经验,可能会出现注意力保持时间短、兴趣丧失较快的现象。因此,教师在开展音乐主题活动的同时,应学会使用有效的教学策略,提高幼儿参与活动的积极性,保证幼儿的参与热情。

(一)多媒体激趣

幼儿的思维特点是具体形象性思维,因此,运用能体现民族民间音乐内容的图片、视频或动画等来具体形象地加以展示,有利于让幼儿充分感知、理解和欣赏民族民间音乐的内容。结合幼儿的年龄特点,选择与活动内容相关的视频材料、直观动态的视频形式帮助幼儿了解音乐作品内涵,丰富幼儿的感知经验。

幼儿对教育内容进行感知的时候,需要大量的感性经验作基础。幼儿的感性认识有些是在生活中取得的,有些是在学习中积累的,但大部分都需要通过观察教师在活动中演示的直观材料来取得。如在学习歌曲《划龙舟》时,教师除了可以通过家园共育,让幼儿置身于划龙舟的情境中,看一看划龙舟的场面和过程,还可以将端午节划龙舟热闹的场面和激烈的呐喊声等过程制作成课件,让幼儿感受端午节划龙舟热闹、激烈的欢快情绪,激发幼儿参与活动的愿望。这样孩子能很快感知这个情景,理解歌词大意。教师应用媒体手段呈现出幼儿必须做出反应的信息或情境,并且应该尽可能像幼儿在现实生活中遇到的那样,使之产生身临其境的感觉。课堂上,教师只凭语言和文字所能唤起表象的完整性和鲜明性,远不如影像、声音直接作用于幼儿的感官产生的直觉鲜明具体。

音乐的多元化不仅在于它的表现形式、演唱方法、创作手法,同时它本身也有丰富的文化背景,如民间歌曲中蕴含着各民族不同的风俗、建筑、语言、服装、舞蹈等。在教学中,教师用语言、图片等方式传授给幼儿是远远不够的,也不能达到目的,而运用多媒体,教师可以把所有需幼儿了解的知识做成课件,让幼儿去体会,这样既真实又自然,幼儿也不仅是学会了一首歌,而是了解了这个民族。如在欣赏《尝葡萄》这首歌时,把新疆的特产、歌舞形式、风俗、服饰等做成课件,通过观看图片和生动的语言讲述,利于幼儿充分了解这一民族的文化,并对歌曲中表现的内容有更加具体的体验,促使幼儿在进行舞蹈表演的时候也就更有表现的欲望和想法啦!

(二)创设情境

创设与民族民间音乐想象、表达相适应的活动环境,让幼儿有身临其境的感觉,使幼儿充分感受民间音乐作品;引导幼儿在活动中自由地用自己喜欢的

方式进行表达,积极、主动地体验和感受民族民间音乐的美,激发幼儿情感的共鸣。教师可以运用"情境体验法",结合歌曲的内容创设情境。通过具体的音乐形象来表现,使幼儿通过想象、联想来理解歌曲。在童谣《过端午》的律动活动中,通过创设"大家一起过端午"的游戏情境,调动幼儿参与活动的积极性,让幼儿在游戏过程中熟悉童谣中"包粽子""悬艾叶""划龙舟"等歌词内容及童谣的旋律、风格、形象等,帮助幼儿更好地投入到活动中。情境体验法不仅可以反映歌曲的内容,让幼儿身临其境,产生同感,而且还能增强幼儿的主动参与意识,自然地将自己角色化,与角色贴近,产生情感共鸣,另外,这种教学形式可使活动变得更加情趣盎然,生动活泼。

(三)图谱教学

图谱是音乐活动中幼儿所喜欢的一种教学形式,它能形象直观地使幼儿感受音乐旋律的变化和曲式结构,帮助幼儿理解音乐作品所要表达的内容和情感。通过生动有趣的图谱,幼儿能更具体、更形象地去感知。例如,在打击乐《花好月圆》教学活动中,教师利用"图谱教学法"这一策略,在活动中引导幼儿结合图谱中"荷花""小青蛙"等形象进一步感受乐曲的柔和轻盈、欢快愉悦、热闹欢腾的情绪情感。小班童谣《过端午》活动中,根据幼儿具体形象性思维为主的特点,教师运用"图谱教学法",出示"艾草""龙舟""粽子""香包"等与童谣内容相关的图片,调动幼儿原有经验,增加了活动的趣味性,帮助幼儿更好地理解童谣内容,激发幼儿参与活动的兴趣,从而更好地培养幼儿对民族音乐的喜爱之情。

(四)游戏教学

游戏是幼儿学习的主要活动方式,也是幼儿最喜爱和接受的。将游戏融入到幼儿的民间音乐教学活动中是有效的方法。教师可充分利用各种多媒体设备、音频、视频、图片、动画等方式,创设情境,让幼儿去看、去听、去摸、去感知,使他们直观、形象、具体地感知民族民间音乐的特点,理解民族民间音乐的美,从而培养幼儿感受美、表现美、创造美的能力。

例如,在律动《拾豆豆》活动中,教师运用"游戏激趣法"开展教学,结合歌曲内容创设游戏情境,让幼儿在游戏过程中熟悉歌词、旋律、风格、形象等。幼儿一个人扮演胖丫丫,一个人扮演俊妞妞,穿上红色的肚兜兜来面对面一起做拾豆豆的游戏。这增强了活动的幼儿参与性、游戏性、趣味性,进一步让幼儿感受了歌曲中描绘的孩子们在田间拾豆豆时那顽皮、愉快而又朴实的形象,增强了幼儿主动参与活动的意识。通过游戏或扮演角色,帮助幼儿理解歌曲、乐曲的内容,进一步激发幼儿参加音乐活动的兴趣。再如:在民间童谣《小老鼠上灯台》活动中,教师通过创设"小老鼠偷油吃"的游戏情境,使每位幼儿都参与到音乐游戏中。在教室中用道具布置小老鼠的家,每位幼儿戴小老鼠头饰扮演"偷油吃"的小老鼠,教师扮演"大花猫"。游戏开始前,教师利用"小老鼠上灯台"动画视频,丰富幼儿对"小老鼠"动作、神态的经验。游戏过程中,引导幼儿大胆且有节奏地表现出小老鼠找油吃时体态和动作的小心翼翼和大花猫出现时小老鼠惊慌害怕的情态。通过游戏情境教学,幼儿在愉快、有趣的游戏中充分体会到了童谣内容的有趣和节奏的韵律美。

　　除了幼儿园的努力外,还需要家庭的共同努力,幼儿园可以利用家长及社会资源,以经典民间音乐为切入点,开展丰富多彩的亲子活动,激发幼儿对经典民间音乐的兴趣。同时,鼓励家长利用假期外出游玩的机会,引导幼儿对祖国各地区、各民族的音乐作品特色和风格有初步的了解,引导幼儿感受民族音乐文化,增强民族自信心和民族自豪感,培养幼儿对民间音乐的兴趣爱好,感受中国文化的多元和各地风俗民情,萌发幼儿热爱祖国的情感。在家中可以经常播放幼儿喜欢的民间音乐,和幼儿一起唱喜欢的民间歌曲,感染和影响幼儿。有机会带幼儿听民乐会、看民族舞蹈演出等,为幼儿创造各种欣赏民间音乐、舞蹈的机会。在进行文化主题活动时,也可以请家长在家中与幼儿一起收集民间音乐作品,查阅相关资料,与幼儿一起唱童谣等。这样不仅让家长在运用民间音乐和孩子进行亲密的接触和交流中增进了亲子感情,而且幼儿园与家庭的这种双向互动,有效提升了幼儿感受、表达民族民间音乐的能力,这样才能真正地使民间音乐融入到幼儿的学习、生活、游戏当中。

(刘　晴)

以国民认同感培养为目标的民间音乐教育
活动的音乐选择

《幼儿园教育指导纲要》指出:"艺术是实施美育的主要途径,应充分发挥艺术的情感教育功能,促进幼儿健全人格的形成。要立足于我国民族民间艺术的学习,尤其要充分利用各地的艺术文化资源。同时,初步接触不同地区、民族的艺术文化,拓展艺术视野。"这不仅是为了拓展幼儿的艺术视野,更是为了培养现代中国人,增强幼儿的国家认同感。

国家认同是一个国家的公民对自己归属哪个国家的认知及对这个国家的构成如政治、文化、族群等要素的评价和情感,是族群认同和文化认同的升华。中国是一个由汉族和55个少数民族共同组成的多民族国家。民族认同与国家认同相统一,是多民族国家保持国家统一和社会稳定的思想基础。如果民族认同与国家认同不能统一,很容易破坏国家的统一与民族的团结。

一个民族的消失,意味着包括其民间音乐在内的民族文化的消亡。一个民族的强盛,一定伴随着包括民间音乐在内的民族文化的广泛传播。民族文化是国家的重要组成部分。我国地域广阔,不同地区和民族有着各自独特的文化传统和价值观念。我国幼儿园教育应坚守"尊重民族多元,强化国家认同,形成国家一体"的基本理念,从小全方位、多角度地培养幼儿的爱国主义情感,使爱国主义融入每名幼儿的血液之中。

通过幼儿园民间音乐教育来加强幼儿的国家认同,对促进我国幼教改革、增强我国未来公民的公民素养、推进国家发展和民族文化的传承,都具有长远的现实意义。我们幼儿园"深入研究、挖掘本土音乐文化的精髓,选择适宜的音乐内容和题材,与幼儿园的基本课程相整合",组织构建了"以民间音乐作品为中心、以加强国家认同为目标"的主题课程,对幼儿国民认同的加强效果显著。

在此过程中,我们选择了一些比较有代表性的民族民间音乐,包括传统地方戏曲、民间歌曲、民间舞蹈等,将其用于音乐主题教学活动的主要内容。并且,在主题课程构建过程中,我们深入剖析音乐作品的创作背景,挖掘其中的教育价值,以从与音乐相关的自然、历史、人文与当代国情四个层面设计国民认同教育的着力点。以下就我们如何选择民族民间艺术作品进行详细的阐述。

一、选择经典且浅显易懂的民间音乐作品

民间音乐选择首先要考虑作品本身的代表性与经典程度，要选择能够代表不同地域文化和不同民族风格的经典作品。民间音乐是对地域或民族文化的一种记忆与表现。幼儿园课程的容量是有限的，并且，在幼儿时期，我们应该给幼儿最经典的内容来学习，这也是最值得传承的音乐文化。

同时，经典作品一定是通俗、浅显、易学、易懂的，这样才能进入幼儿园课程，为幼儿所理解与接受。在选择作品的过程中，我们发现不少民间音乐作品歌词简单、曲调通俗且与生活联系紧密，易于幼儿欣赏和表现。

例如，从民族分布的角度出发，我们选择了蒙古族作为了解对象之一。我们首先遴选了经典的蒙古族音乐，进而找到了《赛马》这首适合幼儿的经典曲目。乐曲根据蒙古族民族音乐创作而成。乐曲将蒙古风格的音阶和节奏同汉族音乐中常用的装饰音巧妙地结合使用，使乐曲既有欢快奔腾的场景，又有抒情般的歌唱景象。同时，拨奏和连奏的技巧运用，使乐曲显得生动活泼，策马奔腾的景象被二胡演奏得栩栩如生。幼儿可以从该作品的意象、节奏、速度和旋律中感受到蒙古族人民的生活风俗、粗犷豪迈的性格，以及浓浓的热爱家乡与生活的情感。

二、选择形象生动的民间音乐作品

幼儿喜欢生活化、活动性强、能够给幼儿带来直接体验的教育活动。民间音乐本身一定要形象生动，这样才能够激发幼儿的兴趣与热情。民间歌舞中常常使用形象化的艺术道具，如舞狮中的狮子与绣球、跑旱船中的旱船与轿子等。这些具体实物，既有很强的文化俗味，代表民间音乐之美的一种类型，又能够吸引幼儿，让幼儿在直接感知、亲身体验、实践操作中欣赏与表达民间音乐，亲近民间文化。

音乐的生动形象不等于说一定要有具体可触摸的文化载体，还可以来自音乐本身的内容或风格。如在学习《掀起你的盖头来》时，幼儿感受维吾尔族音乐风格之后，可以学习其特有的舞蹈动作，并感受到我国的多元文化。又如，在作品《采茶扑蝶》的活动中，幼儿在欣赏之后，可以跟着音乐的变化来模仿采茶人采茶等动作。类似这样表现动态内容的作品，幼儿更乐于用身体动作表现自身对音乐的感受。好动是孩子的天性，他们是在"动"中认识世界，获取知识，同时活跃思维，产生想象。

三、选择富有趣味的民间音乐作品

民间音乐是劳动人民为缓解劳动的劳累而自娱自乐的一种形式,它本身就具有游戏性、娱乐性,因而富有戏趣。而戏趣中既有雅趣,也有俗趣。比如,东北的"扭秧歌",诙谐的"对歌""号子""小调"等这些富有游戏性的民间音乐作品迎合了幼儿爱游戏的天性,因此备受孩子们的喜爱。再如,一些民间音乐与方言结合紧密,尤其是一些语气词或感叹词的使用十分有趣,幼儿很乐意学习其中富有韵律和趣味的语气词或感叹词。

如:我们学习过的刘三姐电影中的插曲《对歌》,它的音乐形式很简单,就是一问一答,我们班的幼儿也接触过这种形式的对唱歌曲。在幼儿熟悉这首歌曲的旋律以后,我们尝试让幼儿通过创编歌词的形式,以小朋友熟悉的小动物为例,把动物身上最大的特征用谜语的形式编进对歌当中,例如,问"什么动物脖子长哎,哎嘿呦",答"长颈鹿脖子长,哎嘿呦"等,我们通过男女对唱,一问一答,使幼儿更加能够理解对唱的形式,乐于去参加对歌,感知民间对歌的歌唱形式,体验对歌的乐趣。

四、选择类型多样的民间音乐作品

民间音乐分为民歌、说唱、戏曲、歌舞音乐和民族器乐五大类。在选择音乐作品的过程中,我们有意让音乐作品的类型多样化,让幼儿有机会接触以往接触较少的戏曲和器乐。

听赏有代表性的地方戏曲,能够扩展幼儿对民族音乐的了解。我国戏曲种类繁多,几乎每个地区都有地方剧种,各地唱腔也各有特色。如黄梅戏的委婉抒情、豫剧的高亢激越、京剧的婉转妩媚。考虑到幼儿的理解能力和北京的地理位置,我们以京剧的欣赏为主,选择了《红灯记》中的选段《都有一颗红亮的心》和《穷人的孩子早当家》,并由《说唱脸谱》这首带有京剧色彩风格的歌曲进入。

我国有很多优秀的器乐曲,它们都独具特色、优美动听、婉转低迴,如民族管弦乐《春江花月夜》。我们选择其作为欣赏对象。在欣赏时,教师运用艺术通感的原理,请幼儿选择图片来表达自己对器乐曲内容与意境的理解。

五、选择积极向上的民间音乐作品

民间音乐作品中也有一些反映的是民间生活中低趣味的内容,或者是对当代生活毫无贡献的内容。我们作为一名教育工作者,应该让幼儿多了解民间音乐,但一定要为幼儿选择优秀的、健康的、积极向上的、能正面反映生活的民间音乐作品,对幼儿进行主题教育,从而达到"弘扬民族艺术,振奋民族精神"的目的。

选择积极向上的民间音乐作品,营造与民间音乐内容相适应的物质环境和富有民间文化气息的氛围,让幼儿有身临其境的感觉。例如,在欣赏民间音乐《喜洋洋》前,为了帮助幼儿感受乐曲所表达的过年的喜庆气氛,体验中华民俗文化,教师在教室里垂吊了一些过年常用的饰品,如红灯笼、彩带、中国结等,窗户上还张贴了民间剪纸窗花,营造出一种中国人过春节、春节来临的欢快喜庆气氛,让幼儿一进教室就有一种过新年喜气洋洋的欢乐情绪。比如,听一曲《美丽草原我的家》,我们能领略大草原的辽阔壮美和牧民的幸福生活。又比如,听一曲《步步高》,更能让我们精神振作、心胸豁达,其轻快活泼的节奏对提振信心十分有益。

反之,对于那些比较悲凉的、不积极的、不适合孩子欣赏和学唱的歌曲我们就没有选择,例如,河北的民歌小调《小白菜》,里面的内容比较悲凉、痛苦,这首歌曲虽然广为流传,但不适合幼儿来欣赏理解,所以我们没有选择这首歌曲。民间音乐歌曲,多来自于老百姓自创自编,所以,一些歌曲适合于成人学习,而不适合幼儿阶段学习,有的歌曲比较具有时代感,有的具有地域方言特色,如《信天游》《川江船夫号子》《走西口》《阿里郎》等,都不太适宜幼儿理解和接受。

总之,我们通过筛选有代表性的民间音乐作品,通过歌唱、欣赏、舞蹈等活动形式,来培养幼儿对民族音乐的喜爱之情,以此来弘扬我们中华民族的音乐文化。中国传统民间音乐是中国文化宝库中十分重要的一部分,需要我们把它传承、发扬下去。我们民间音乐教育的终极目标是增强幼儿的国家认同感,弘扬幼儿的爱国主义精神,通过民间音乐这一特有的艺术表现形式和手段对幼儿进行爱国、爱人民、爱生活等方面的情感教育,教育幼儿继承和发展传统的优秀民族文化,提高幼儿辨别真善美的能力,把幼儿培养成有爱心、孝心、忠心、报国之心的一代新人。

(马丽童)

如何在民间音乐活动中丰富幼儿的情感体验

——以大班的《赛马》活动为例

北师大李晋媛教授在《幼儿音乐教育》①中指出:"艺术教育寓于情感之中,在审美活动中,让幼儿获得情绪体验,产生情感共鸣。通过音乐作品让幼儿领略音乐艺术美和人类美好的思想感情,在音乐美的熏陶感染中陶冶孩子的性情和品格,为此,在给孩子听音乐的时候要选择人类音乐艺术宝库中的优秀作品。"简练、淳朴、富有生活情趣的经典民间音乐是引导幼儿喜爱经典民间音乐的有效手段,实施切实有效的教育策略对幼儿音乐艺术领域的发展,激发幼儿热爱祖国之情有着重要作用。

音乐是一种情感艺术,经典民间音乐里面有一定的内容、情节,大班幼儿随着自身音乐经验的不断积累和丰富,能够对音乐作品进行细致的欣赏,从中体会通过民间音乐传达出来的"民族情感",在经典民间音乐的学习过程中,幼儿可以以欣赏到的、了解到的音乐为切入点,开阔自己的视野,陶冶幼儿的情操。适宜的方法策略能够有效地丰富幼儿感受音乐所表达的情绪情感的体验。如大班主题"我是草原小骑手",由蒙古族经典乐曲《赛马》为切入点,在活动中,幼儿通过多种音乐活动形式充分感知蒙古族的音乐特点、民族文化,进一步调动幼儿的兴趣,再引导幼儿通过搜集、分享关于蒙古族的民俗文化和蒙古地域特点等方面的信息,丰富幼儿对蒙古族的认识和了解,从而引导幼儿了解我国是一个多民族国家,萌发幼儿对祖国的热爱之情。在主题活动中,我运用了以下几种有效的策略:

一、环境暗示法

音乐是一种无形的艺术形式,大班幼儿虽然开始萌芽抽象思维,但还是以具体形象思维为主,所以为幼儿创设良好的精神环境与物质环境,能通过气氛渲染,激发幼儿学习的兴趣,引起幼儿的情感共鸣,丰富幼儿的情感体验。因此,环境的创设对激发幼儿的创造能力有着举足轻重的作用。陶行知先生曾说过:"教育是要在儿童自身的基础上,过滤并运用环境的影响,以培养加强发挥

---

① 李晋媛. 幼儿音乐教育[M]. 北京:北京师范大学出版社,2002.

创造力,使他长得更有力量,以贡献于民族与人类。"营造与主题活动下的经典民间音乐内容相符合的环境,能够让幼儿有身临其境的感觉去看、去操作、去感知。

(一)装饰环境

在开展班级"我是草原小骑手"的主题活动时,结合幼儿的前期经验准备,与幼儿共同制作、绘制具有蒙古族风情的装饰物,装饰在班中环境中,统一班级环境风格,幼儿能够在这种氛围中感受蒙古族的生活文化,从而进一步激发幼儿对蒙古族的喜爱之情。如:班级的所有墙饰以蒙古特色的蓝白为主,结合班级剪纸特色与幼儿共同以剪纸的形式剪出蓝色的具有蒙古风情的花边,装饰班级环境。在班中浓浓的蒙古族风情的渲染下,孩子开始想要了解更多蒙古族的习俗文化,开始纷纷与家人共同搜集具有蒙古特色、蒙古风情的小摆件、饰品等放在班级展示架上。有的幼儿带来了假期与家人去内蒙古游玩带回来的蒙古包摆件,当他向同伴介绍时,会津津有味地讲述自己在内蒙古草原游玩时的所见所感;有的幼儿带来了蒙古族娃娃、蒙古族特有的骑马靴子。这种供幼儿直观欣赏的环境暗示,可帮助幼儿丰富其知识经验,进一步激发幼儿对蒙古族的喜爱之情。

(二)主题活动的区域渗透

语言区投放草原风情故事盒,故事盒内有幼儿根据自己已有经验自己制作的蒙古风景图、蒙古摔跤手、蒙古骑马人等皮影戏的表演材料,供幼儿大胆发挥自己的想象来创编故事,在创编中,幼儿手中的皮影戏材料时而奔跑欢腾着、时而悠闲惬意着,你一句我一句地讲述着故事,班中有一位老师会做记录,将孩子们即兴创编的故事以文字的方式记录下来,再复述给孩子们听,之后大家一起修改故事内容,然后分组制作故事图画,最后装订成册。孩子们创作兴致很高,因此班中开展了草原故事大赛的活动。如:根据自身对蒙古族生活习惯、民族文化的了解,在班中的蒙古小剧场里进行以那达慕大会等为主题的自创故事演出。美工区,尊重幼儿发展的个体差异,在美工区投放罐头瓶、彩泥、棍棍等供幼儿自由选择,幼儿可以模仿或自创制作蒙古包,有的幼儿会把罐头瓶涂满白色的丙烯,等丙烯干后会用蓝色的彩泥或者蓝色的记号笔精心制作蒙古包上的花纹,就这样我们形成了一个又一个的小部落;有的幼儿会一连几天都选择美工区,他不仅会制作蒙古包,还会制作草原,捏出羊群、马群,造出一个蒙古风情小景观。表演区,多彩新奇的蒙古族服饰深得幼儿的喜爱,在游戏时,幼儿会选择利用美工区的各种材料尝试自制蒙古族服饰并提供给表演区的小演员们,穿上自己制作的蒙古族服饰,小演员们表演得更投入了。

二、预知学习

"预知学习"一词源于德国的奥尔夫音乐教育体系,是幼儿在教师引导下的一种自学和互学的活动,是利用幼儿已有经验进行迁移性的学习。大班幼儿的学习特点又是合作化的共同学习,因此,在开展主题"我是草原小骑手"前期,我们请班中幼儿与家人共同制作了蒙古风情手抄报,孩子们有上网查找的,有看书查阅的,还有到有蒙古风情的饭店亲身感受的等,通过各自不同的方法查到并了解的知识面也各不相同,大家一一做了介绍,欣宇小朋友的手抄报上画的绿绿的大草原上有着围在一起的以白色和蓝色为主的蒙古包,他说:"这是蒙古小朋友的家,他们住的房子叫做蒙古包。"这时,孩子们开始了你言我一语的讨论,于是我引导幼儿进行细致的观察:"小朋友们,你们看蒙古包是什么样的?"孩子们纷纷从蒙古包的外形、颜色表达了自己对蒙古包的认识,接着我又引导幼儿:"小朋友再看一看蒙古包和我们住的房子有什么不一样呢?"这个问题一出,孩子们便投入了思考中,不一会儿宥嘉说:"老师我发现我们住的房子都是高高的,蒙古人的蒙古包只有一层。"宥嘉的发言给了其他小朋友启发,大家都跃跃欲试地想说一说自己的发现,子衿说:"老师我发现蒙古包是在草地上的,我们的房子在水泥地上,小草在路边上、在花园里。"接着子衿的发现我又问:"小朋友们知道为什么蒙古人要把蒙古包建在草地上、草原上吗?"听了我的问题孩子们皱起了眉头,面露难色,我又说:"你们看看蒙古人会在家养什么?"孩子们看了看图片说:"有马、有羊。""那马和羊的食物是什么?"孩子们异口同声地说:"马和羊要吃草,所以蒙古人要把蒙古包建在草多的地方。"我又向幼儿抛出一个问题:"小朋友们,这么多的马和羊总是在一个地方吃草,这里的草会越变越少,没草吃的时候,你们猜猜蒙古人会怎么办呢?"有的幼儿说:"蒙古人骑着马去有草的地方把草带回来喂马和羊吃。"我又说:"他们养的马和羊实在太多了,每家至少有上百匹马、上千头羊,如果按照小朋友说的方法,根本就不够这些羊和马吃的,怎么办?"孩子们一时被这个问题困扰住了,我向小朋友们介绍了蒙古族人的居住生活方式:"其实蒙古族人是很聪明的,蒙古族有很多的大草原,当住在这里的草原上没有什么草了的时候,他们会把蒙古包收起来放在马车上,然后全家搬到草多的草原去生活。"听了我的介绍天成大声说:"原来蒙古包是可以移动的啊。"孩子们通过这种预知学习的方法,对会移动的蒙古包逐步了解,对蒙古人的生活方式有了进一步的了解,对蒙古族的喜爱之情越来越浓。

三、游戏情景再现法

大班幼儿在对音乐作品的理解基础上，用语言描述音乐中展现的情景，用动作表现自己对音乐情景、音乐节奏变化、旋律感知的理解。在幼儿进入班中所创设的主题情景中，我们要通过幼儿实际的表现与创造，来了解幼儿对音乐作品、对蒙古族的历史文化、民族风情的感知、理解程度。在主题活动中，选择了以蒙古族最盛大的节日那达慕大会为背景开展了"草原上的音乐会"，在活动中，孩子们如火如荼地开始筹备工作，自愿担任表演的主持人、确定节目单、制作海报和邀请函。为尊重幼儿的个体差异，发挥各自优势，我们一共分了4组，有的幼儿表演蒙古族具有代表性的舞蹈，有的幼儿表演经典民间歌曲《牧歌》，有的幼儿尝试为经典民间蒙古族乐曲进行乐器伴奏，还有的幼儿朗诵具有蒙古族风情的诗歌。幼儿各自做好自己小组内的工作后，我们开始了正式演出前的一次彩排活动，在彩排中我发现，孩子们不论是自己表演还是当小观众都情绪高涨，有的时候小观众还会站起来随着小演员们一起舞动，于是彩排结束后我问幼儿："小朋友们，这次彩排特别成功，小观众们在下面看的时候都情不自禁地站起来跃跃欲试了，谁有好方法可以跟小观众互动，使来参加咱们音乐会的小朋友也来体验体验，能够了解蒙古族。"这时候浩然说："老师，我觉得可以在音乐会里请弟弟妹妹和我们一起学习骑马动作，然后比赛骑马。"浩然的话说完，班中小朋友都踊跃发表自己的想法，有的说："老师那咱们还可以来一个射箭比赛、摔跤赛……"一说到游戏，孩子们的兴趣更高了，是啊，幼儿园的学习方式就是游戏化的一日生活，既然我们举行的就是那达慕大会的音乐会，为何不把那达慕大会上的传统比赛活动变成孩子们喜欢的游戏形式。在整个音乐会现场，蒙古族小武士们之间的比赛将整个活动推向了活动的高潮。为幼儿创设主题情境，使幼儿在这种氛围的活动中积极主动地参与到音乐活动中，能更充分地体验到音乐活动的快乐，感受蒙古族音乐欢快悠扬、热烈奔腾的特点，利于培养幼儿对蒙古族的喜爱之情、对祖国的热爱之情。

瑞士达尔克罗兹说："对音乐的理解与其说是一种智力过程，不如说是情感过程。"情感是音乐的灵魂，经典的民间音乐传递的是民族文化、民族知识及民族独特的情感，在每一首民间音乐中都蕴含着丰富的情感表达，幼儿只有以正确的方式来接触、欣赏及学习民间音乐，才能够丰富他们在接触民间音乐过程中的情感体验。

（孟　旋）

参考文献:

1. 陈会. 国内幼儿音乐教育的现状分析及对策研究——结合国外音乐教学法对比分析国内幼儿音乐教育的现状[J]. 华人时刊旬刊,2014(2).

2. 倪志凌. 浅析民族音乐在幼儿音乐教育中的重要性及可行性——以云南为例[J]. 黄河之声,2015(23).

3. 曾英. 从几首《摇篮曲》看中外音乐创作差异[J]. 黄河之声,2015(8):88－89.

4. 郝一川. 大班音乐《摇篮曲》活动设计[J]. 新课程:小学版,2009(1):25.

5. 罗小坚. 浅谈小提琴协奏曲《梁祝》中的戏曲音乐因素[J]. 音乐时空,2014(16):104.

6. 韩振. 民间音乐在幼儿园音乐教育中的应用研究[J]. 北方音乐,2015(8).

中班经典民间音乐活动的组织与实施策略

经典民间音乐流传于各民族民众之间,蕴含着丰富的民族精神,在发展过程中,保留着浓厚的文化特色、生活特色和地域特色,构筑了中华传统文化的辉煌与发展。在幼儿园,开展经典民间音乐的启蒙教育,对于幼儿想象、创造、表达力的发展及健全人格的形成具有重要作用,对传承中华民族文化有着深远的意义。在中班组织经典民间音乐的教育活动中,我们根据中班幼儿年龄特点及活动方式,分析研究经典民间音乐,选取适宜的作品,实施了有效的教育方法和策略,引导幼儿感受我国优秀传统文化,并用自己喜欢的方式进行表达与创造,形成积极的态度和品质。

一、选择适宜的经典民间音乐作品,激发幼儿的活动兴趣

(一)选择节奏鲜明的经典民间音乐

中班幼儿对鲜明而有特点的节奏、音响和舞蹈具有浓厚的兴趣,因此,选择的经典民间音乐节拍主要以二拍子、三拍子为主,便于幼儿初步掌握乐曲节拍的特点、速度、力度。例如,新疆民歌《娃哈哈》《尝葡萄》,是流行很广、很久的具有浓郁新疆风格特点的儿童歌曲,歌曲带有浓郁的维吾尔族风情,节奏鲜明,结构规整对称,旋律优美动听,跳动欢快,富有儿童情趣。引导幼儿通过随音乐拍打节奏、用乐器伴奏、歌曲演唱、歌唱表演及自由舞蹈等,有助于幼儿了解新疆歌曲的节奏特点及轻松活泼的风格,感受维吾尔族的热情欢乐。

(二)选择具有形象性和感染性的经典民间音乐

中班幼儿对歌词形象生动、曲调简洁上口的歌曲记忆深刻,学习起来掌握较快。因此,教师选择的经典民间音乐,歌词内容大多以幼儿熟悉的小动物、生活物品、食物为主,贴近幼儿的生活,富有童心、童趣,便于幼儿理解与表现。例如,四川民歌《数蛤蟆》:"一只蛤蟆一张嘴,两只眼睛四条腿,乒乒乓乓跳下水呀,蛤蟆不吃水太平年。"台湾民歌《卖汤圆》:"卖汤圆,卖汤圆,小二哥的汤圆是圆又圆。"新疆童谣《小毛驴》:"我有一头小毛驴我从来也不骑,有一天我心血来潮骑着去赶集。"歌词生动形式,曲调朗朗上口,教师通过故事导入、情景表演、音乐游戏、歌唱表演等形式,引导幼儿积极主动地参与音乐活动,感受经典民间音乐诙谐幽默、欢快活泼的特点和人们热爱生活、爱护小动物等美好情感。

（三）选择音域适宜的五声音调民间歌曲

中班幼儿的发声器官稚嫩、尚在发育初期，开始唱歌时往往不易唱准音调，且音域较窄，因此，民间音乐选材要充分考虑在八度范围内（c1－c2）的五声音调歌曲，便于中班幼儿演唱，并保护嗓音，建立自信。例如，云南民歌《保护小羊》。

保护小羊

1=F　$\frac{2}{4}$　　　　　　　　　　　　云南民歌

| 1 3 2 1 5 | 1 3 2 1 5 | 5. 3 2 5 | 3 2 1 2 3 |

一群小羊　上山　岗呀，突然来了　三只　狼

保护小羊　保护　小羊，快来保护　小绵羊，

| 1 3 2 1 5 | 1 3 2 1 5 | 5. 3 2 5 | 3 2 1 2 1 |

猎人　猎人　快快　来呀，快来保护　小绵　羊。

团结　起来　力量　大呀，猎枪专打　贪心　狼。

整首歌曲音域都在 c1－c2 范围内，并且 fa 和 si 的音没有出现，通过教师范唱、幼儿合唱、分组唱、音乐游戏等形式，激发幼儿演唱的兴趣，逐步达到节奏稳定、音调准确，并有感情地表达爱护小动物的情绪情感。

二、使用有效的方法和策略，开展经典民间音乐教育活动

（一）挖掘经典民间音乐的独特价值，采用丰富多样的活动形式

我们从地域文化、曲式曲调结构、歌曲内容、情感表达多个方面对经典民间音乐进行深入分析，选取适合中班幼儿的教育形式，开展教育活动。中班幼儿活泼好动、喜欢模仿，思维以具体形象思维为主，他们喜欢在游戏中再现和表演他们感兴趣的动作和活动场面。因此，我们采用了直观生动、丰富多样的活动形式。

四川民歌《数蛤蟆》，曲调生动活泼，富有趣味性，歌词对蛤蟆的外形和动作描述非常形象，而且寄托了老百姓企盼风调雨顺、平安丰收的美好愿望，非常适合中班幼儿学习。我们围绕幼儿感兴趣的"蛤蟆"展开设计，开展了一系列形式多样的活动，包括认识蛤蟆（猜谜、了解蛤蟆的外形特征、生活习性）、绘画"蛤蟆"（用喜欢的美术材料绘画）、泥工制作蛤蟆、剪纸"蛤蟆"、演唱《数蛤蟆》（齐

唱、接唱、独唱、小组唱等)、歌唱表演《数蛤蟆》(幼儿为歌曲创编动作进行表演)、音乐游戏《数蛤蟆》等。幼儿对此有着浓厚的学习兴趣,积极参与活动,充分感受到了四川民歌的特点,并懂得了小动物是人类的朋友,应该热爱大自然、保护小动物。

例如,我们发现幼儿对模仿小青蛙很感兴趣,喜欢学青蛙蹦蹦跳跳。于是,教师为幼儿提供了小青蛙的头饰、服装,和幼儿共同创设荷塘的场景,引导幼儿随音乐进行演唱、表演和创编游戏。音乐游戏《蛤蟆与荷花》,游戏规则是幼儿伴随《数蛤蟆》的音乐在荷塘里边做蛤蟆的动作边演唱歌曲,当唱到衬词"荷儿梅子兮"的时候,幼儿则立刻转变角色,变成荷花飘在水中,并保持不动的姿势。如果谁没有变成荷花,就要学蛤蟆叫。这个音乐游戏,充分利用了民间音乐《数蛤蟆》生动活泼、节奏鲜明的特色,在活动中,幼儿随音乐学蛤蟆快乐地上下跳、学蛤蟆捉害虫、学蛤蟆游泳等,可以感知民间音乐中衬词的独特和有趣。孩子们在各种感官充分参与中感受到了民间音乐独特的韵味,并懂得了"蛤蟆不吃水,说明天气潮湿,庄家就不会干旱,寓意丰收太平年"的道理,表达了人们美好的心愿。

数蛤蟆

（二）将经典民间音乐渗透于区域活动中，激发幼儿主动探究与表现

民间音乐展现了各地人们的风土人情，有很多是以载歌载舞的形式出现的，其中的乐器也常常独具特色，代表了中华传统音乐文化。因此，结合中班阶段的幼儿活动主动性强、爱玩、会玩的特点，将经典民间音乐的相关文化和内容融入在活动区中，既符合幼儿活泼好动、积极主动的活动特点，又能满足幼儿个性化发展与自主游戏的需要，激发了幼儿用自己喜欢的方式去感受和表现民间音乐。

如安徽民歌《凤阳花鼓》具有浓郁的地方特色，融歌舞和演奏两种艺术表现形式为一体，而且凤阳花鼓入选首批国家级非物质文化遗产名录，让幼儿从小感受和了解凤阳花鼓这类民间艺术，能够丰富幼儿对中国传统文化的认识。在表演区，我们提供《凤阳花鼓》的音乐及与花鼓相关的其他音乐，以及4/4拍节奏型的不同节奏卡，具有代表性的鼓、镲、锣等乐器，鼓励幼儿在表演区演唱《凤阳花鼓》，也可以随着音乐舞蹈和打花鼓，感受和表现凤阳花鼓热烈欢快的气氛。并且，在欢度节日的时候，鼓励幼儿为幼儿园的老师和小朋友们演唱和表演。同时，在美工区，提供花鼓的图片，幼儿利用各种材料进行花鼓的绘画和制作；在建筑区，提供凤阳鼓楼的图片，与幼儿共同商量搭建凤阳鼓楼的方法；在语言区，教师与幼儿及家长共同收集关于凤阳的图书、资料，幼儿可以与同伴共同阅读、分享和交流。

（三）将经典民间音乐渗透于幼儿的一日生活中，提高幼儿的音乐感受力和想象力

经典民间音乐不仅能在教育活动、区域游戏中开展，更重要的是能将适宜的音乐融入到幼儿的一日生活中。在这个过程中，教师观察幼儿的反应、表现，引导他们的注意力，同时帮助他们理解所感受到的事物，帮助他们思考、比较，使他们注意音乐的表现性质，注意音乐作品的艺术形象，发展幼儿对音乐积极的感受力。

因此，教师用适宜的方法引导幼儿去欣赏、感受音乐，并尝试用自己喜欢的方式表达对音乐的理解和感受尤为重要。例如，《春江花月夜》是中国古典音乐名曲中的名曲、经典中的经典，如果幼儿从小欣赏经典乐曲，对幼儿的审美影响意义深远。这首乐曲旋律古朴典雅，节奏平稳舒展，对于幼儿来说，非常适宜欣赏。因此，根据乐曲典雅优美的抒情特性，我们选择在幼儿进餐、起床及画水墨画的环节播放该乐曲，有利于平稳幼儿的情绪。在播放了一段时间后，幼儿对音乐有了初步的感知，教师运用提问的形式，激发幼儿对音乐的关注和兴趣："小朋友，我们经常播放的这首乐曲叫什么名字呀？你知道它是用什么乐器演

奏的吗?"面对教师的提问,孩子们往往会调动自己已有的经验,七嘴八舌地讨论起来:"好像是古筝吧,也可能是琵琶,里面的声音像是流水一样,叮叮咚咚的。"为抓住幼儿的好奇心,我们会开展"民间乐器进课堂"活动,并邀请擅长古筝和琵琶演奏的老师为幼儿当面演奏,让幼儿感受民间乐器独特的音色和音质,并请幼儿摸一摸、弹一弹乐器,说一说听到这种声音的感受。于是,有的幼儿说,这种声音像是河水流动,有的说像是风吹过,还有的孩子说听到这种声音,就像是来到仙境一样。孩子们在听一听、摸一摸、弹一弹、说一说的过程中,对民间乐器产生了浓厚的兴趣。接下来,我们会探究乐曲《春江花月夜》表现了什么样的生活场景。于是,教师出示一些江南水乡的照片,为幼儿生动地讲述美丽的景色,孩子们会陶醉在美好的意境中,初步感受到乐曲描绘出了人间的良辰美景:暮鼓送夕阳,箫声迎来圆月的傍晚;人们泛着轻舟,荡漾于春江之上;两岸青山叠翠,花枝弄影;水面波心荡月,桨橹添声……最后,我们为幼儿提供美术材料,请幼儿将听到音乐后的感受画下来,可以是一幅画,也可以是一些线条。

通过在中班开展经典民间音乐活动,丰富了幼儿的生活经验,激发了幼儿对民间艺术的学习兴趣,培养了幼儿热爱祖国、热爱家乡、热爱小动物、热爱生活的美好情感,培养了幼儿自主自信、文明友爱、互助合作、探究创造的良好学习品质。总之,经典民间音乐启蒙教育的有效开展,真正促进了幼儿健康快乐的发展。

(王晓红)

以民间音乐为载体的幼儿国民认同教育的
组织与实施原理

——以《春江花月夜》为例

在国际化背景下,大量的西方文化涌入我们的国家,具有本土特色的文化日益被人们淡忘。例如,国际性的节日越来越被推崇,而具有我们民族特色的传统节日却不被人们提起。在学习外来先进技术和文化日益成为主流导向的现在,这种情形下,我们亟需加强传统文化教育,强化民族文化特色。近几年,全国大力提倡传统教育,振兴民族文化,将具有民族特色的内容融入到了中小学课程之中。幼儿园也应当承担责任,主动传递和弘扬民族文化。为此,我幼儿园选择民间音乐作为课程构建的载体。

国家认同是指个人在心理上认为自己归属于该共同体,意识到自己具有该国成员的身份资格。幼儿应该对自己国家的形象与文化有初步的了解,初步树立作为一名中国人的自豪感。我们园也是将"国民认同感"作为幼儿教育的目标之一,将民间音乐教育的立足点定于对幼儿国家认同的培养上。

如何通过以民间音乐为载体的艺术主题课程培养和提升幼儿的国民认同感,这是一项具有挑战性的课题。我们园对此进行了长时期的探索,我们实践背后的基本组织与实施原理如下所述。

一、通过多种途径增强幼儿对音乐的理解,丰富幼儿的感知体验

学前阶段幼儿思维主要以具象思维为主,对于一些纯音乐或是歌词不易理解的音乐,如果没有前期的经验铺垫,幼儿会从一开始失去兴趣,那么后续的各种活动就不易开展,幼儿也无法感受音乐所表达的情感。针对《春江花雨夜》,通过从幼儿兴趣、幼儿的现有经验和提升经验这三种途径,来帮助幼儿增强对音乐的理解。

由于不同地域的歌曲种类繁多、良莠不齐,因此要选出适合幼儿的年龄特点并且具有代表性的歌曲也是一个不小的挑战。在开展活动初期,教师要搜集大量的音乐资料,从中挑选一些大家耳熟能详的歌曲,然后筛选出适宜的、符合幼儿年龄特点的音乐从而展开教学活动。例如,我所选择的《春江花月夜》就是富有浓郁南方特色的歌曲,将南方春天的祥和与宁静用音乐表现出来。它不仅是我国民族音乐宝库中的珍品，在国际乐坛上也享有崇高声誉，被誉为"可以和世界上一流的室内乐团媲美"的优秀曲目，而且这首乐曲的旋律优美，能引发人们对曲子产生丰富的联想与想象。在班里开展活动前，我会在过渡环节、早来园等环节播放这首曲子，幼儿在听到这首音乐时都表现出了极大的兴趣，有的小朋友会不由自主地跟着音乐做动作，有的小朋友会来跟我说"左老师，你放的这首歌真好听"，因此我选择以《春江花月夜》这个音乐作为主题引导幼儿以音乐为切入点，从社会、艺术等领域帮助幼儿理解音乐，加深其对中国南方地域的了解，感受中国土地的幅员辽阔及地大物博，从而增强幼儿的民族认同感及自豪感。

在经过一系列的音乐筛选后，我确定以"春江花月夜"作为主题，接着一个重要的问题摆在了我们的面前。因为幼儿的原有经验不足，对事物的直接感知是他们学习的特点，他们无法像成人一样仅凭简单的乐曲简介和欣赏就能完全理解音乐的主旨，因此，活动如何有效地开展成为我们面临的难题。要将乐曲中抽象化的东西具体化，就需要充分调动幼儿已有的生活经验或是类似经验去帮助他们理解和感受。《春江花月夜》这首乐曲是对南方春天美好夜景的描述，表达的是舒适、悠闲的情绪情感。因此，在开展主题活动前，我给幼儿的爸爸妈妈布置了一个小任务，那就是晚上带着小朋友在小区里、公园里遛遛弯，感受一下春天晚上都有些什么，有什么样的感受，请去过南方游玩过的幼儿将自己游玩的照片带到幼儿园来和朋友们分享游玩经历，描述看到的景色。另外，我还从网上找到了一些南方春天的植物和夜晚相关的图片摆放在图书区，在过渡环节进行播放，通过多种渠道及形式让幼儿尽可能多地感知南方环境与文化的特点，加深幼儿对这首乐曲的前期了解。这样在开展这个主题活动的时候幼儿才会因为了解而感兴趣，才会有探究的欲望。

在活动后期，我们又接触了一首新的音乐《翠湖春晓》，这首音乐和《春江花月夜》比较相似，都属于描绘南方景色的音乐，所以在欣赏这首音乐时，因为有了前期的铺垫，幼儿更容易理解和欣赏，但是与《春江花月夜》不同的是，这首音乐是先对幼儿铺垫了相关的知识，例如，翠湖在哪里？那里的景色是什么样的？因为音乐的名称是较具体的，幼儿更容易理解，加上前期对相关知识有了些了解，但是这也可能会局限幼儿的思维，因为从地域的角度出发，就是会碰到这种情况，如果几首音乐过分相似的话，可能对于幼儿来说是经验的巩固和加深，但也可能是限制，在《翠湖春晓》的欣赏活动中，当教师问幼儿感受时，幼儿的回答和在听《春江花月夜》的回答相似，幼儿知道要从哪个角度去探索和讨论，所以教师在选择音乐时，还是要注意多样性，尽量实现知识的拓展。

二、从多个角度开展主题活动,帮助幼儿较全面地了解当地文化

以文化为脉络、以音乐为线索的主题活动中音乐是主线,但是相关的其他领域的活动更是帮助幼儿理解、认识和加强民族认同感的重要组成部分。活动内容的选择可以是从当地人文历史、地理环境等方面围绕音乐主题开展,从而一方面帮助幼儿更好地理解音乐所表达的情感,另一方面让幼儿知道中国地大物博、文化深厚,从而加深幼儿的国民认同感。《春江花月夜》音乐教学中,我和幼儿一同从当地建筑特色、环境特点及历史文化这几方面入手,围绕音乐背后的内容开展了一系列活动。在上"春江花月夜"这节欣赏活动时,当我提问听完这首音乐后你好像看到了什么景色时,孩子们说出了很多让我惊讶的答案,有的说像看到了寺庙,有的说像看到了月亮,有的说听到这首音乐感觉内心很平静,孩子们的回答远远超出了我的想象,他们对音乐的理解有时比成人还要深刻和富有想象力。在之后的活动中,孩子们从多角度出发,围绕这首乐曲进行探索活动,从南方特有的植物,到对南方建筑的探索,以及从乐曲中所延伸出来的对传统乐器的认识,这些都是孩子们感兴趣的内容。而活动中幼儿的表现也启发了教师后续设计活动的内容,活动中教师出示南方建筑图片后,有的小朋友说:"老师,这种屋子我见过,我老家就是这样的。"还有的说:"老师,我在电视上见过。"因此,在一节水墨活动中,我会引导幼儿观察南北方建筑有什么不一样,尤其是在出示了吴冠中的《江南水乡》作品后,我会为幼儿边播放一些安静的音乐,边通过浓淡墨的变化为幼儿展现南方景色中安静、祥和的特点。在活动中我们还了解了一些南方特有的植物,当时正值春天,我给幼儿布置了一个回家观察茉莉花的任务,当时周末家长们纷纷上传了幼儿在家观察茉莉花的照片,幼儿来到幼儿园后分享了自己在家观赏茉莉花的一些发现,有的说茉莉花可香了,有的说老师你知道茉莉花还能做茶吗?幼儿表现出了对茉莉花的极大兴趣,这时候我再结合幼儿的已有经验,介绍茉莉花是属于南方的植物及介绍它的生长环境等。幼儿不仅学习兴趣浓厚,而且学习的效果也很显著。很多幼儿都表示很想亲自去南方去看一看、玩一玩,感受一下当地的文化,从而加深对南方的认识,了解中国是多么的幅员辽阔,物种丰富,从而产生了民族自豪感。

在主题的设计中,一部分是教师的前期预设,另一部分就是随着活动的开展,根据幼儿的需要而生成的,当然,选择的基础还是需要围绕着帮助幼儿认识和了解当地的文化,增强幼儿的民族认同感(而展开)。尤其是对于这种幼儿之前没有怎么接触过的内容,就有更大的随机性和不确定性,那么作为教师就要擅于发现和引导,做到勤观察、勤反思。

三、将情感贯穿于整个活动中，加深幼儿的国家认同感

民间音乐不同于其他音乐，其主要特征就在于它是中国历史所传承下来的，是我们国家所特有的。在围绕音乐开展各项活动时就需要把握这一主线，将本音乐所特有的文化和爱国情感贯穿其中，这可以是在活动引入时的铺垫亦或是活动结束后的经验提升。总之，除了技能的目标外，一定要将情感目标契合在国家认同感上。

在"春江花月夜"整个主题活动开展的过程中，教师不仅需要与幼儿一起探索文化知识，而且在开展各个活动时也需要将民族认同感贯穿其中。例如，在开展"江南水乡"水墨活动时，教师不仅帮助幼儿了解了南方建筑特色，并且加深了幼儿对于南方水乡的向往之情。在进行完水墨活动后，很多孩子都说想要去看看真正的水乡是什么样子，也有家长表示会带孩子去南方走一走，让孩子感受一下南北方的差异，了解祖国的地大物博。所以在开展每个主题活动时，除了在学习、认识当地的风土人情、文化特色的同时，教师也要帮助幼儿强化对国家的了解和对本民族的认识，这样才能逐渐帮助幼儿加深对本民族的认同感和对自身作为中国人的骄傲情感。

在以"春江花月夜"为例开展的主题活动实施策略上，从前期的铺垫到活动内容的选择及在开展的形式方面，都是通过结合本班幼儿的年龄特点及内容的需要进行不断的补充和调整，目的就是帮助幼儿在理解音乐的基础上，了解南方的文化与风土人情，从而增强对自己国家的了解及作为中国人的自豪情感。儿童国家认同感的形成，也需要以部分习得并内化群体的其他成员所共有的某些信念态度和价值观为基础。对于学龄前的幼儿来说可能很难全面掌握这些复杂的情绪情感，因此，在幼儿的日常生活中，将音乐作为传播媒介，在开展多种形式多样的活动中渗透这些情感，就需要教师不断引导，在班级中形成有意识的情感导向，帮助幼儿理解和感受，在他们幼小的心灵中播撒下国民认同感的种子，对他们来说，这是一种有效的、积极的情感培养方式。

如今不少地方对于国民认同的重视程度不断攀升，并且大多采取从小对民众进行爱国主义教育的方法，对于我国来说这也是一项势在必行的工作，作为教师，我们更有责任在幼儿的心中埋下一颗爱国的种子，帮助他们从小树立一种作为中国人的自豪感和责任感。作为教师，这就需要我们用合适的教育方法帮助幼儿理解，这是我们的责任！

（左梦瑶）

参考文献:

1. 吴玉军. 提升国民的"国家认同感"[N]. 北京日报,2015 - 06 - 29
(018).

2. 佐斌. 论儿童国家认同感的形成[J]. 教育研究与实验,2000(2).

在幼儿民间音乐教学活动中,提升教师教育科研能力的有效途径

　　在幼儿园教育科研工作管理中,提升教师的教育科研能力尤为重要。《国家中长期教育改革和发展规划纲要(2010—2020年)》中明确指出:"教育大计,教师为本。有好的教师,才有好的教育。""严格教师师资,提升教师素质,努力造就一支师德高尚、业务精湛、结构合理、充满活力的高素质专业化教师队伍",这既是国家对教师队伍重要性的确认,也是国家对高素质专业化教师队伍的追求。《幼儿园教师专业标准(试行)解读》中着重强调的幼儿教师的能力是"与理论相结合的保教实践能力""研究幼儿的专业能力""反思提高的自我发展能力",这三项能力共同的指向是教师的学习、研究、创新及个人专业发展,即学习能力、研究能力、创新能力、自我规划与发展能力。教师的科研能力是指教师在参与科研创新实践活动的过程中,通过自身对专业知识的掌握,并运用自身专业知识解决实际教育问题的能力。

　　京通幼儿园在教育科研工作管理中,为了有目的、有计划地促进一线教师专业水平的提升,依托北京市"十三五"规划立项课题《经典民间音乐渗透于幼儿艺术活动中的实践研究》,在幼儿民间音乐教学活动的研究中,为教师创设环境、搭建平台、引领教师自主研究,不但使教师自身艺术素养得到了提升,而且也使教师的研究能力得到了提升。

一、构建教育科研生态环境,为教师教育科研能力提升搭建平台

(一)以教师为本,营造教育科研生态氛围

　　首先,在教科研工作中,管理者应注重激发教师在日常工作中树立研究的意识。我们以"哪里有研究"为话题在教师中展开讨论,教师由"科研课题""园本教研""个人研究专题"研究逐步拓展到日常工作中诸如"孩子的游戏""生活活动"等内容,教师在讨论中逐步意识到幼儿的一日生活、学习等各项活动内容皆为我们的研究范畴。因此,树立研究意识为教师开展科研工作奠定了良好的基础。

　　其次,我园在工作中努力营造研究的氛围。通过观察教师的科研工作,我们发现,在民间音乐教学研究中,对于一线教师来说,大部分教师注重工作中的

"做"与"做完",标准是以完成当下工作任务为目标。而对于"做"过程中的分析与改进、"做完"结果的效果分析与反思的研究意识较薄弱。针对这种现状,我们首先分析原因,在分析管理者的原因时,我们主要提出了三个问题,一是管理者是否真正了解了教师的需求。二是管理者所采用的方法是否能支持教师在研究中不断深入获得发展。三是管理者的任务目标是否具体明确、教师是否理解与认同。在反思这三个问题的同时,我们不断改进我们的科研管理工作。例如,在了解教师的真正需求方面,主要通过教师调查问卷、教师访谈、教师座谈、观察记录教师教育行为等方式,根据教师的不同需求,给予教师个性化的有效支持。比如,有的老师在民间音乐教学方法上需要支持,我们就建立学习小组进行同伴互助,请在音乐教学方面专业较强的教师进行骨干带教;有的老师不知道用什么方法激发幼儿对民间音乐作品感兴趣,我们就在科研活动中从分析民间音乐作品特点、作品在当代社会教育的价值及对幼儿发展的适切性等要素出发,结合幼儿年龄特点,以问题启发式引领教师集思广益,总结了"日常过渡环节中使用民间音乐""音乐区进行相关民间音乐的环境创设和材料投放""结合幼儿年龄特点开展室内、户外音乐游戏""结合节日教育及幼儿感兴趣的事件、人物"等方式方法创设音乐氛围,激发幼儿对民间音乐喜欢听、喜欢唱、喜欢玩的兴趣。

(二)专家进校园,提升教师的民间音乐理论素养与实践能力

京通幼儿园借助北师大高校资源,取得北师大专家支持,开展了《幼儿园经典民间音乐教育活动实践与探索》课题研究,先后聘请朱旭东教授、冯婉桢博士、张静博士等知名专家为幼儿园教师进行"国民认同感""幼儿音乐主题活动设计与实施""民间音乐作品的分析与教学实践"等培训。北京音乐特级教师从音乐教学韵律、歌唱、欣赏、打击乐四大形式的"教学活动设计组织实施""活动反思""为乐曲配器""民间音乐的特点与风格""教师打击乐活动开展的技能技巧"等方面进行了培训与实践指导,通过专家的培训与引领,深入班级进行一线教师民间音乐主题活动的实践指导工作,京通幼儿园的教师提升了在音乐教育研究的理论水平和实践能力。

(三)园所资源多利用,丰富教师视野,支持教师研究工作

幼儿园充分利用各种资源,丰富培训学习内容与形式,使教师积累了丰富的教科研理论知识和经验,为教师开展教科研实践活动奠定了坚实的基础。园所长期为教师订阅《学前教育》《学前教育研究》等期刊杂志 10 余种;每学期为教师购买《到中小学去研究教育》《学前儿童艺术教育》《中国民间音乐概论》等大量与教育教学研究理论与实践相关的书籍;建立了幼儿园局域网"京通收获

即时网络学习与交流平台";成立了幼儿园课题研究网络资源信息库;借助知网、北师大图书馆等资源,查阅积累大量的信息,实现多渠道的教科研信息采集,为幼儿园教科研工作积累了大量的文献资料,有力地支持教师在民间音乐领域的研究能力得以不断提升。

二、科研方式多样化,解决实际问题,激发研究动力

在工作中,作为科研工作的管理者,我们善于发现教师存在的问题,并采用适宜的教科研方式,做到真正解决教师的问题,激发教师自主学习、自主研究的动力,为教师的教科研工作起到有效的支持作用。

(一)"问题引领式"——提高教师发现与解决问题的能力

在研究民间音乐作品分析活动中,最初大多数教师对作品分析不够深刻,停留在作品的出处、作品所表现的内容与情感等简单说明层面。根据这一现状,我们采用"问题引领式"教研方式,向教师提出问题,如作品来自哪个地域(或民族)? 作品所表现的当地的自然、地域、文化是什么? 作品中蕴含了哪些丰富的情感? 作品的曲式结构、节奏、旋律特点和所表达的情感是什么? 孩子与音乐作品的关系是什么? 可以挖掘的意义和价值有哪些? 你对这首作品的理解是什么? 围绕问题,教师展开思考和学习,并通知幼儿通过查阅资料、同伴互助、资源共享等回答以上问题。教师发现,科学地分析民间音乐作品是开展音乐教育活动的前提与关键,也是主题活动开展的重要要素。通过研究,教师梳理出了分析作品的四大要素:背景要素——从作品的地域文化方面进行分析;特点要素——从乐曲的曲调、曲式结构等音乐本身的特点进行分析;选择缘由要素——从对国家认同的贡献、儿童适宜性、音乐上的地位与价值等方面进行分析;相关资源要素——从与乐曲相关的自然地域、故事、人文景观、其他艺术作品的生活运用等方面进行分析。教师对音乐作品的深刻理解不但能较成功地开展以音乐作品为载体的主题活动,而且对以往所选的幼儿各年龄段的适宜的民间音乐作品进行了再次筛选,从收集的70多首音乐作品中最后遴选出适宜小、中、大班幼儿开展欣赏、歌唱、打击乐、舞蹈等活动形式的民间音乐作品共50首。通过问题引领式科研活动,教师提升了对民间音乐作品的研究与把握能力,教师能在研究分析民间音乐作品、听辨赏析中获得对作品的深刻理解,从而能更好地把音乐作品的内涵价值传递给幼儿,为教师开展实践活动奠定了坚实的基础。

(二)"体验感悟式"——寻找适宜的教学方法与策略

在进行音乐教学活动时,多数教师能够预设教学策略并在实践中运用,但是预设的教学策略在实践中运用时是否对幼儿的学习起到有效的支持作用,教师还需进一步研究。为了使教师进一步感受预设教学策略的适宜性、在研讨中采用"体验感悟"的教研方式,使教师在亲身感受音乐游戏、节奏节拍及动作的同时,更加准确地把握幼儿的年龄特点和学习规律,教师应当合理准确制定目标及设计组织形式。

(三)"微格评析式"——改进自身教育教学行为的"镜子"

在教学活动中,教师的哪些语言、行为、教学方法体现了与幼儿的有效互动,这是一个长期令教师思考和研究的问题,因为教学内容、幼儿发展水平、教学现场情境的不确定性,对于教师与幼儿的有效互动提出了挑战。在研究教师与幼儿的有效互动方面,我们借鉴微格评析的教学方法,运用微格评析式的教研方式,通过现代化传输手段展示教学片段或全程,分析教师的有效互动行为。例如,在音乐欣赏《赛马》活动中,通过观察教师与幼儿有效互动的言行,观察教师互动的过程与效果,观察幼儿的行为表现,分析诊断教师提问的有效性、教育策略的适宜性。通过教师活动录像片段微格分析,教师相互学习、诊断,理解有效互动对幼儿学习的重要价值,形成教师灵活调整自身行为的教育机制,形成教育智慧。

(四)"案例分析式"——互助学习,共同进步

幼儿教师在工作中经常发生的典型教育事件形成的案例是教师互相学习的宝贵资源。美国学者鲁宾斯(Robbins)曾经对同伴互助界定为"两个或两个以上的教师同事一起检查、反思教学情况,扩展、精进、树立新的教学技巧,分享教学理念与想法,互相教导、共同做研究"。为了使案例分享学习价值最大化,在"幼儿对民间音乐作品的表现力"的研讨中,管理者采用"案例分析式"的教研方式,小、中、大班的教师分享了幼儿在歌唱、音乐游戏、舞蹈、律动等不同形式活动中的观察案例,管理者与教师边研边学,从案例所描述的"环境创设""教师支持策略""幼儿行为表现"等方面进行幼儿的年龄特点、学习特点和发展目标等方面的研究,分析寻找发展幼儿民间音乐表现力的教育行为和做法,反思"案例分析"反射出教师的哪些语言、行为、支持策略能促进幼儿表现力的发展。"案例分析式"教研方式帮助教师自觉的系统反思教育教学行为,解决教学中的问题,并且加强了教师之间的经验交流,体现了同伴间互助学习、共同进步的理念。

(五)"尝试—探索—反思—改进"——四步循环,理论联系实践

许多教师在理论知识转化为教师的教育技能方面还需要亟待加强,为了使教师突破瓶颈,我们采取了"尝试—探索—反思—改进"四步循环的方式搭建理

论联系实践的桥梁,引领教师在民间音乐教学中关注自身教学方法、策略的研究与运用,关注教育教学组织的过程与效果。如在以民间音乐为载体的主题教学"歌唱二小放牛郎"的主题活动中,教师从《歌唱二小放牛郎》音乐作品的特点、教育的价值等要素对歌曲进行了较准确的分析,教师对于歌曲的情感有了很好的体验,教师也能较好地掌握歌曲的演唱技能。但是,这样一首内容丰富、含有七段歌词的歌曲,对于大班幼儿如何来演绎?怎样发掘幼儿才会喜欢听、喜欢唱?运用什么形式或方法幼儿才能初步理解作品中的丰富情感?教师通过尝试(开展小音乐剧)—探索(音乐作品的表达与演绎)—反思(实践活动过程中的问题与思考)—改进(结合幼儿的发展对小音乐剧的创新)四步循环的方式,创造性地开展了小音乐剧的活动。

　　主题活动时设计应体现教师在研究与实践中的主体地位,使教师能主动地研究民间音乐与主题教学的关系、作品在主题中所发挥的作用与价值,例如"哪些是幼儿适宜的民间音乐作品"的遴选研究中,根据时代背景,教育目标要求激励教师有一双发现的眼睛、有一个具备研究意识的头脑、有勇于创新实践的言行,促使教师在不断地尝试探索中获得自信。

三、建立教师发展档案,进行分层培养,在教育科研展示中促发展

　　为了激发教师的教科研动力,促使教师主动谋求发展,我们应当开展形式多样的教育科研管理活动,为教师建立自信、体验成功提供保障。

　　(一)建立教师个人教育科研能力发展档案

　　建立教师个人教育科研能力发展档案,记录教师教育科研能力,提升发展的轨迹。教师的档案主要包括学习篇、能力篇、成果篇三部分。在学习篇中,教师主动学习教育科研方法、掌握教育科研方法,把自己学习的方法用笔记的方式不断补充到自己的学习篇中;在能力篇中,教师自发地在实践工作中运用学到的教育科研方法,检验自己对教育科研方法的掌握和使用,教师用案例、观察记录等文本方式加入到自己的能力篇中,并能切实地反思自己理论联系实践工作的能力。在成果篇中,教师把自己的研究论文、研究案例、发表文章等收集整理,定期开展个人档案展示活动,互相分享汲取营养,可以说,档案的建立使教师从胆怯走向自信。

　　(二)分层培养

　　依据教师专业成长阶段和自身实际能力与水平,打造个性化的分层培养路径。把教师队伍灵活分层,分为"成长、成熟、优秀"三个时期,园所管理者为三个不同时期的教师提供各种教科研支持与服务,促进了教师教学及研究能力的

全面提升。

成长教师——通过《纲要》《指南》的学习及各种专业培训,丰富其专业知识,并通过建立成长档案、园本培训等方法,给予个性化的"成长资助",促其尽快成长,让教师感受从事幼教职业的快乐。

成熟教师——通过观摩、研讨、专业进修等方法,提升职业素养,并通过课题引领、专家指导、经验推广等方法,促其成为业务扎实的教学骨干。

优秀教师——通过主持课题、编写园本教材、组织评价活动等方法,引领其在反思探究中形成教学风格,并通过骨干教师带教、主持园本培训、建立学习小组等活动,发挥优秀教师的专业优势,使其在教育科研工作中引领同伴共同成长。

(三)在展示活动中促发展

为了进一步发挥教师的主观能动性,使教师把日常工作作为教育科研的根基,使教育科研常态化。园所依托《幼儿民间音乐教学活动实践与探索》课题,定期开展"新星闪烁""师王争霸""杏坛论教"等教师教育科研能力展示活动,不但激发了教师主动学习、主动研究的动力,同时,还通过展示活动树立了教师的理论自信、能力自信。在新星闪烁活动中,成长期教师找到了自己的亮点,把自己班级民间音乐教学活动研究的观察记录、教育案例研究进行"新星闪烁,我的闪光点"分享交流。在"师王争霸"活动中,成熟期教师为大家介绍自己开展音乐主题活动的构思、做法、效果、反思、成功经验,成为幼儿教育科研工作的中流砥柱;在"杏坛论教"活动中,优秀教师充分起到引领作用,把自己在课题研究中的感悟、经验、教育科研方法的有效选择与运用、创新工作方式分享给大家,以课题中案例剖析的形式引领广大教师建立理论联系实践工作的有效联系。每一次的活动无不提升了各层级教师的教育科研能力。

四、在教育科学研究中获得长足发展

通过多种形式的学习和实践研究,教师有了较强的研究意识,建立了研究与幼儿一日生活的必然联系,发现了幼儿各项活动中教育科学研究的丰富信息和价值,使教师的教育科研能力获得提升。教师的教育科研能力主要包括:发现问题的能力、预测和设计的能力、信息的获取与筛选能力、实施和操作的能力、书面表达能力。例如,在观察幼儿方面,教师掌握了观察幼儿的"轶事记录""事件取样""实况详录"等多种记录方法,通过对幼儿科学的观察和记录,为教师在实践工作中解决问题与困惑、开展自主研究、发现教育规律积累了第一手资料。在专题研究方面,教师能根据自身特点及感兴趣的内容制定自己的研究

专题，主动在班级开展相关研究实践。在经典民间艺术课题研究内容引领下，教师开展了《幼儿对民间音乐的兴趣激发研究》《民间音乐主题活动实施效果的表现性评价研究》《幼儿国家认同感在民间音乐主题活动中的表现研究》《民间音乐活动中丰富幼儿情感体验的研究》等多个专题研究，并撰写了相关的研究论文。

教育科学研究是从事教育教学的必须工作，也是教师必备的专业素养。一名优秀的幼儿教师必须具备教育科学研究能力和素养，才能不断地发现工作中的教育问题并解决问题，促进教师专业发展。新形势下提高幼儿教师教育科研能力的有效途径是每个管理者应当深入思考的问题，教科研管理的创新工作思维为每一位管理者提出了新的挑战。幼儿教师教育科研能力提升的有效途径是促进教师队伍建设的一个重要组成部分。在当今出现职业倦怠现象的影响下，管理者运用有效策略激发教师主动学习、主动研究、实现自我发展显得尤为重要。通过各种有效途径提高教师的教科研能力，有助于教师从不同角度对自己的教育能力、科研能力进行评价，帮助教师认识到自身专业成长过程中的一些问题，从而深刻地认识到教育科研能力对专业发展、自我提高的重要性，便于教师提高自己的教育科研水平。发挥园所团队作用，带领教师进行教科研培训，解决教师教育教学问题，能更好地提高教师教科研能力、完善教师专业素养，最终实现提高教育质量、提高园所教师专业水平的目标。

（任冬花）

参考文献：

1. 蔡笑岳. 教师专业发展与教育科研[M]. 广东：暨南大学出版社，2007.
2. 王杰. 常熟市幼儿教师科研能力调查研究[D]. 苏州大学，2015：7.

后 记

　　《艺术综合主题课程与幼儿国民认同教育（音乐卷）》是北京市朝阳区京通幼儿园立项的"十三五"北京市教育科学规划课题《经典民间艺术渗透于幼儿艺术活动中的实践研究》的阶段研究成果，是京通幼儿园在"十三五"期间开始实施的一项通过多种民间艺术的手段提升幼儿国民认同感的教学研究。

　　感谢北京师范大学教师教育研究中心主任朱旭东教授在百忙之中为本书作序。

　　感谢朱旭东教授、冯婉桢博士等知名专家在京通幼儿园课题研究过程中所给予的专业支持。研究实施期间，课题组专家多次进园深入指导，在理论提升和实践操作层面，为京通幼儿园教师的专业成长和京通幼儿园的特色发展提供了很大的支持与帮助。

　　感谢我园教师在课题研究过程中不怕困难、刻苦钻研，勇于走出自己的舒适区，为综合主题活动的实施付出了许多的精力和心血。

　　《艺术综合主题课程与幼儿国民认同教育（音乐卷）》凝聚了每个参与者对"弘扬中国传统文化从幼儿做起"的热情与心血。但书中也难免存在不足之处，敬请每一位读者批评指正，我们将感激不尽，并在下一阶段的研究中努力做到更好。

孟昭荣

2018 年 5 月